Rainer Höh

DIE SCHÖNSTEN ROUTEN DURCH KROATIEN – KÜSTE UND INSELN

„Wenn du den Finger ins Meer tauchst, bist du mit der ganzen Welt verbunden."

Dalmatinisches Sprichwort

Reise Know-How IM INTERNET

www.reise-know-how.de
- Ergänzungen nach Redaktionsschluss
- kostenlose Zusatzinfos und Downloads
- das komplette Verlagsprogramm
- aktuelle Erscheinungstermine
- Newsletter abonnieren

Verlagsshop mit Sonderangeboten

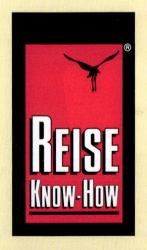

103kr Abb.: rh

Die schönsten Routen durch KROATIEN

KÜSTE UND INSELN

Rainer Höh
Die schönsten Routen durch Kroatien – Küste und Inseln

erschienen im REISE KNOW-HOW Verlag Peter Rump GmbH
Osnabrücker Straße 79, 33649 Bielefeld

Herausgeber: Klaus Werner
© REISE KNOW HOW Verlag Peter Rump GmbH 2006, 2009, 2012, 2013
5., neu bearbeitete und komplett aktualisierte Auflage 2015
Alle Rechte vorbehalten.

Gestaltung: amundo media GmbH, Fotos: siehe Bildnachweis Seite 11
Karten im Innenteil: der Verlag, amundo media GmbH, Catherine Raisin
Routenatlas: world mapping project™

Druck und Bindung: Media-Print, Paderborn

ISBN 978-3-8317-2563-2
Printed in Germany

Dieses Buch ist erhältlich in jeder Buchhandlung Deutschlands, Österreichs, der Schweiz, Belgiens und der Niederlande. Bitte informieren Sie Ihren Buchhändler über folgende Bezugsadressen:

Deutschland: Prolit GmbH, Postfach 9, D-35461 Fernwald (Annerod)
   sowie alle Barsortimente
Schweiz: AVA Verlagsauslieferung AG, Postfach 27, CH-8910 Affoltern
Österreich: Mohr Morawa Buchvertrieb GmbH, Sulzengasse 2, A-1230 Wien
Niederlande, Belgien: Willems Adventure, www.willemsadventure.nl

Wer im Buchhandel trotzdem kein Glück hat, bekommt unsere Bücher auch über unseren Büchershop im Internet: www.reise-know-how.de.

Wir freuen uns über Kritik, Kommentare und Verbesserungsvorschläge, gern auch per E-Mail an info@reise-know-how.de. Alle Informationen in diesem Buch sind vom Autor mit größter Sorgfalt gesammelt und vom Lektorat des Verlages gewissenhaft bearbeitet und überprüft worden. Da inhaltliche und sachliche Fehler nicht ausgeschlossen werden können, erklärt der Verlag, dass alle Angaben im Sinne der Produkthaftung ohne Garantie erfolgen und dass Verlag wie Autor keinerlei Verantwortung und Haftung für inhaltliche und sachliche Fehler übernehmen. Die Nennung von Firmen und ihren Produkten und ihre Reihenfolge sind als Beispiel ohne Wertung gegenüber anderen anzusehen. Qualitäts- und Quantitätsangaben sind rein subjektive Einschätzungen des Autors und dienen keinesfalls der Bewerbung von Firmen oder Produkten.

INHALTSVERZEICHNIS

Vorwort: Sonnenküste und Inselparadiese 7
GPS-Koordinaten 9
Zu den Routenbeschreibungen 10

Praktische Reisetipps A–Z 12

Anreise (14); Ausflüge (19); Barrierefreies Reisen (19); Diplomatische Vertretungen (19); Einkaufen (20); Einreisebestimmungen (22); Essen und Trinken (23); Fähren (27); Feste und Feiertage (29); Fotografieren (30); Gasversorgung (31); Geld (31); Gesundheit (32); Haustiere (33); Informationen (34); Karten (36); Panne und Unfall (37); Parken (38); Post (38); Reisezeit und Klima (39); Rundfunk (40); Sicherheit (40); Sportliche Urlaubsaktivitäten (41); Straßenverhältnisse (46); Strom (48); Tanken (48); Telefon (48); Trinkgeld (50); Übernachten (51); Umsatzsteuer (57); Verkehrsregeln (57); Ver- und Entsorgung (58); Zoll (61)

Route 1: Istriens Küste 62

Streckenverlauf. 64
Die Riviera von Umag 64
Die Riviera von Poreč 70
Rundfahrt durch das Binnenland Istriens 79
Die Küste von Rovinj 89
Pula (Polana). 96
Die Ostküste 101

Route 2: Kvarner Badeküsten 104

Streckenverlauf. 106
Die Riviera von Opatija 106
Rijeka. 109
Die Vinodolski-Riviera. 111
Die Velebit-Küste 113

Route 3: Kvarner Inseln 122

Streckenverlauf. 124
Cres 124
Lošinj 132
Krk 136
Rab. 142

Inhaltsverzeichnis

Route 4: Norddalmatien — 146
Streckenverlauf 148
Insel Pag 148
Nin 153
Zadar 154
Abstecher zu den Inseln Ugljan und Pašman 158
Abstecher zur Insel Dugi Otok 160
Zwischen Zadar und Šibenik 164
Šibenik 169
Krka-Nationalpark 173

Route 5: Die Küste Mitteldalmatiens — 176
Streckenverlauf 178
Zwischen Šibenik und Split 178
Split 188
Von Split zur Makarska Riviera 191
Makarska Riviera 194

Route 6: Die Inselwelt Mitteldalmatiens — 202
Streckenverlauf 204
Brač 204
Hvar 211
Korčula 217
Pelješac 222

Route 7: Süddalmatien — 228
Streckenverlauf 230
Zwischen Ploče und Dubrovnik 230
Dubrovnik 234
Cavtat und das Konavle-Tal 240
Mljet 242

Anhang — 244
Übersicht Stell- und Campingplätze 246
Kleine Sprachhilfe Kroatisch 249
Register 256
Über den Autor 261
Routenatlas .... **II–XIX**

VORWORT:
SONNENKÜSTE UND INSELPARADIESE

Jahrzehntelang war die östliche Adriaküste zwischen Istrien und der Bucht von Kotor der Inbegriff für Camping-Urlaub: eine zerklüftete, buchtenreiche Küste gesäumt von einem Labyrinth aus Hunderten von wildromantischen Inseln. Ein Sonnenparadies mit klarem Wasser und zahlreichen Campingplätzen, mit malerischen Fischerstädtchen und Baudenkmälern aus römischer und venezianischer Zeit, mit einer hervorragenden und äußerst vielfältigen Gastronomie, faszinierenden Nationalparks und vor allem mit gastfreundlichen Menschen.

Beim Auseinanderbrechen des Vielvölkerstaates Jugoslawien blieb der Sonnenbalkon für mehrere Jahre leer. Die Sonnenküste ist aber heute schöner und verlockender denn je und stetig steigende Besucherzahlen sprechen für sich. Die Küste und ihre zahlreichen Inseln sind ein gefragtes Ziel von Camping-Urlaubern – und in rasch wachsendem Maße auch von Wohnmobil-Reisenden.

Sie gliedert sich in drei Hauptregionen: die Halbinsel Istrien mit einer touristisch intensiv erschlossenen Küste und einem idyllischen Hinterland, die Region Kvarner (von Mošćenička Draga bis Senj mit den Inseln Cres, Lošinj, Krk und Rab) und Dalmatien, das sich etwa von Starigrad-Paklenica bis zur Bucht von Kotor erstreckt. Politisch und touristisch wird Dalmatien weiter unterteilt in die Bezirke *(Županije)* Zadar, Šibenik-Knin, Split-Mitteldalmatien und Dubrovnik-Neretva. Bei der Routenplanung habe ich mich nach Möglichkeit an dieser Gliederung orientiert – wo es aus praktischen Gründen der Routenführung nicht sinnvoll erschien, bin ich davon abgewichen.

Die gesamte kroatische Küste ist eine Ferienregion, deren Trumpfkarten sich sehen lassen können: fast 2000 km Festlandküste, rund 1000 Inseln und Hunderte von Felsenriffen mit zusätzlichen 4000 km Küstenlinie, das sauberste Wasser des Mittelmeers und Paradiese für Taucher, Segler und Wassersportler mit so stabilem Wetter, dass die Hotels teilweise eine „Sonnengarantie" geben!

Dabei sollte man nicht übersehen, dass diese Küste weit mehr zu bieten hat als Badestrände und Wassersport. Nur wenige Kilometer vom Meer entfernt kann man auf Bergpfaden durch ursprüngliche Wälder und Felslandschaften wandern oder wilde Canyons, faszinierende Wasserfälle, Sinterterrassen und Höhlen entdecken.

Kulturbeflissene werden begeistert sein von mittelalterlichen Städten wie Dubrovnik, Trogir, Korčula und Zadar oder von den zahlreichen Bauwerken aus venezianischer und römischer Zeit. Traditionsreiche Kurorte wie Opatija und Hvar versinken in der Pracht von Palmen und Oleanderblüten, karge Bergdörfer sehen aus, als wäre die Zeit dort stehen geblieben, Inselstädtchen faszinieren durch ihr schattiges Gassenlabyrinth – und in Split kann man sogar eine Altstadt entdecken, die in einen Römerpalast hineingebaut wurde.

Viele der Restaurants servieren köstliche Fischgerichte und Meeresfrüchte aus dem Mittelmeer, die Qualität der Weine kann seit einigen Jahren ebenfalls überzeugen – und farbenfrohe Trachtenfeste, wilde Reiterspiele und akrobatische Schwerttänze unter Palmen sorgen für Unterhaltung. Urlauberherz, was willst du mehr?!

Was früher die jugoslawische Adria war, ist heute die kroatische Adria: vom nördlichen Kap Istriens bis hinunter zur Bucht von Kotor. Und doch hat sich einiges verändert. Überall wurde in den letzten Jahren gearbeitet und gebaut: Wertvolle Baudenkmäler, die man zu jugoslawischer Zeit vernachlässigt hatte, wurden restauriert, modernere Sanitäranlagen, Kanalisationen und Kläranlagen wurden eingerichtet, neue Straßen wurden geschaffen und bestehende wurden ausgebaut – und etwas hinter der Küste wurde eine nagelneue Autobahn gebaut, die den Besucher weit schneller und bequemer zu Strand und Sonne bringt. Dafür sind allerdings die Preise auch spürbar gestiegen. Kroatien ist nicht mehr das Billigland des Massentourismus wie vor der Unabhängigkeit. Die heutigen Preise sind mit denen anderer Mittelmeerländer vergleichbar. Aber dafür werden jetzt auch höhere Qualität und besserer Service geboten werden. Daran wird unübersehbar und intensiv gearbeitet und die Resultate können sich durchaus sehen lassen. Dennoch haben die Campingpreise ein kritisches Niveau erreicht. Für eine Wohnmobil-Übernachtung (2 Personen, Strom, Kurtaxe) bezahlt man in der Hauptsaison durchschnittlich schon etwa 30 bis 40 Euro – und auf den besseren Plätzen teils über 50 Euro. Freistehen ist verboten, strafbar und kaum noch möglich. Und selbst für einen schlichten Parkplatz ohne alles bezahlt der Wohnmobilist mancherorts schon über 15 Euro pro Tag. Städte wie Poreč und Rovinj verlangen sogar rund 4 Euro pro Stunde! Ähnliche Beispiele gibt es auch in der Gastronomie. Ein Leser schreibt: „In den Küstenorten herrscht wieder der alte Nepp. Die Touristen werden fleißig abgezockt. Einmal Pljeskavica mit Käse – ohne Beilage – kostet 70 kn, also knapp 10 €! Dies hat uns wieder an den Campinggrill zurückgebracht." Kein Wunder, dass sich viele enttäuscht abwenden. Nachdem anfangs alles helle Begeisterung war, habe ich auf meinen letzten Reisen immer öfter unzufriedene Wohnmobil- und Camping-Urlauber getroffen. Sie fühlten sich abgezockt und ausgenutzt. Das Risiko ist groß, dass dem erfreulichen Boom ein plötzlicher Absturz folgt.

Wir können nur hoffen, dass es nicht so kommen wird, sondern dass die Verantwortlichen in der Tourismusplanung und die kleinen Privatunternehmer, die ihren Vorgarten zum Campingplatz umdeklarieren, das richtige Gespür haben werden, um den Bogen nicht zu überspannen. Es wäre jammerschade! Für das Land, denn es braucht den Tourismus, – und für die Besucher, denn Kroatien hat wahrlich ein fantastisches Potenzial!

Ich wünsche Ihnen eine angenehme Reise mit positiven Erfahrungen,
Rainer Höh

GPS-Koordinaten in diesem Buch
*Die GPS-Koordinaten in diesem Buch sind generell als geografische Koordinaten angegeben. Auf zusätzliche UTM-Angaben verzichten wir, da diese sich im Wohnmobilbereich nicht durchgesetzt haben und und manche GPS-Geräte zur Sucheingabe nur Breite/Länge-Koordinaten akzeptieren. Das **Kartendatum** ist WGS84. Die Angabe der **geografischen Koordinaten** (Breite und Länge, Lat./Lon.) erfolgt in **Dezimalgrad** (hddd,ddddd), also z. B. 44,35816°N 5,13844°O.*

Umrechnung von Koordinaten
Geografische Koordinaten können in drei Varianten angegeben werden: Dezimalgrad (zum Beispiel 45,34765°), Dezimalminuten (45° 32,45') und Dezimalsekunden (45° 32' 23,54"). In diesem Buch verwenden wir ausschließlich Angaben in Dezimalgrad. Die Umrechnung zwischen diesen Varianten führt immer wieder zu Fehlern, denn ein Grad hat 60 (nicht 100!) Minuten. Die Angaben in Dezimalgrad können daher nicht einfach durch Kommaverschiebung in Dezimalminuten umgewandelt werden! 45,31957°N sind nicht gleich 45° 31,957', sondern 45° 19,174'. Wer dies nicht beachtet, erhält beträchtliche Fehler. Bitte überprüfen Sie diesen Punkt, ehe Sie die im Buch angegebenen Koordinaten eventuell für falsch ansehen. Achten Sie darauf, dass Sie für die Eingabe am GPS-Gerät das Format auswählen, in dem Ihnen die Koordinaten vorliegen. Falls dies nicht möglich ist, erleichtert ein Datenkonverter die Umrechnung, z. B. im Internet unter http://gpso.de/maps.

Nutzung der GPS-Koordinaten
*Wer ein **GPS-Gerät oder Navigationssystem** benutzt, das Wegpunkt-Eingaben akzeptiert, der kann sich von diesem Gerät direkt zu den jeweiligen Punkten führen lassen. Praktisch alle GPS-Handgeräte bieten diese Möglichkeit, während manche Navigationssysteme nur Eingaben von Adressen akzeptieren – doch Park- oder Stellplätze haben nun einmal nicht immer eine Adresse. Einige **Internet-Kartendienste oder Routenplaner** wie GoogleMaps™ (http://maps.google.de) zeigen nach Eingabe der geografischen Daten den gesuchten Punkt an, auf Wunsch mit Luftbildansicht und an vielen Stellen mit StreetView-Funktion. (Achtung: GoogleMaps™ erwartet die Eingabe mit Punkt als Dezimalzeichen ohne Buchstaben, z. B. 45.31957 5.13844.)*

Koordinaten zum Download
Auf der Artikelseite dieses Buches unter www.reise-know-how.de finden Sie alle Stellplatzkoordinaten zum Download auf den PC. Von dort können Sie die gesamte Liste per Datenkabel binnen Sekunden auf Ihr GPS-Gerät oder Navi übertragen und ersparen sich die mühsame Eingabe per Tastatur. Zudem rechnet das Gerät die Koordinaten automatisch in das richtige Format um! Das Gerät zeigt danach (unter Favoriten) eine Auswahl der nächstgelegenen Plätze an.

Service für Smartphones und Tablets
Durch Einscannen des QR-Codes auf dem Umschlag bzw. durch Eingabe der Internet-Adresse www.reise-know-how.de/wohnmobil-tourguide/kroatien15 wird ein für den mobilen Einsatz optimierter Internet-Dienst aufgerufen. Damit kann die Lage der Stellplätze auf einer Karte und die Route dorthin angezeigt werden. Voraussetzung ist eine Datenverbindung über das Mobilfunknetz oder WLAN.

ZU DEN ROUTENBESCHREIBUNGEN

Eines der größten Probleme – bzw. eine der mühsamsten Arbeiten – vor einer Wohnmobilreise in unbekannte Regionen ist nach meiner Erfahrung die Routenplanung. Wie fahre ich am besten, um alle Orte und Attraktionen, die mich interessieren, zu sehen? Wo befinden sich diese überhaupt? Und welche Route erlaubt mir, sie optimal und ohne endloses Hin und Her zu verknüpfen? Man kann Tage und Wochen mit der Planung verbringen, Bücher und Karten wälzen oder auf gut Glück durch die Landschaft kreuzen – und egal wie man es macht: Meist merkt man erst hinterher (oder gar erst nach einer zweiten Reise), was man unterwegs übersehen hat, woran man ahnungslos vorbeigefahren ist und wie man es hätte besser machen können.

Deshalb haben wir uns dafür entschieden, die Reiseführer dieser Reihe an vorbereiteten Routen zu orientieren. Wenngleich Ihnen dies die Arbeit der eigenen Routenplanung nicht ganz abnehmen mag, so wird es sie doch zumindest erheblich erleichtern. Ich habe alle Erfahrungen aus rund einem Dutzend Kroatien-Reisen und sehr viel Zeit am Schreibtisch und über Landkarten darin investiert, diese Routen auszuarbeiten. Trotzdem können es natürlich immer nur Vorschläge sein, denn was dem einen wichtig ist, interessiert den anderen einen feuchten Kehricht – oder umgekehrt. Jeder hat seine eigenen Präferenzen und setzt seine eigenen Schwerpunkte. Deshalb würde ich persönlich es mit Routenvorschlägen genau so machen, wie ich es auch mit Kochrezepten halte: Ich koche selten ganz ohne (aber fast nie genau nach) Rezept! Rezepte und Routenvorschläge sind Hilfen und Anleitungen, die einem viel Mühe und langes Herumprobieren ersparen und die Orientierung erleichtern können, aber sie sind weder Gesetze noch allein selig machende Dogmen. Wählen Sie aus, variieren und kombinieren Sie nach Herzenslust!

Wie Sie rasch feststellen werden, habe ich mich bei der Beschreibung der Routen in erster Linie auf solche Aspekte konzentriert, die für Reisende mit dem Wohnmobil relevant sind und die man in üblichen Reiseführern für gewöhnlich nicht findet: Straßenzustand, Hindernisse wie Tunnel, Engstellen oder Brücken, Park-, Rast- und Picknickplätze, Ver- und Entsorgungsstationen, Wohnmobil-Stellplätze und Parkmöglichkeiten für einen Badenachmittag oder die Stadtbesichtigung. Natürlich sind auch alle wesentlichen Sehenswürdigkeiten und sonstigen Attraktionen entlang der Strecke kurz beschrieben oder zumindest erwähnt, damit Sie wissen, was es wo und wann zu sehen gibt – und damit Sie beurteilen können, ob es Sie interessiert oder nicht.

Einen Kultur-Reiseführer ersetzen sollen und können diese Beschreibungen nicht. Wer mehr über die einzelnen Städte, über ihre Geschichte, über Bauwerke und Baumeister etc. wissen möchte, dem empfehle ich zusätzlich die Reiseführer „Istrien", „Kvarner Bucht", „Kroatien – Küste und Inseln" bzw. den Gesamtband „Kroatien" von *Werner Lips,* die im gleichen Verlag erschienen sind.

Für einzelne Routen einen „Zeitbedarf" anzugeben ist sehr schwierig und nicht unbedingt hilfreich. Wer alles nur durch die Frontscheibe besichtigt, der hat eine Route rasch abgehakt. Wer hingegen gelegentlich wandern, baden, ausgiebiger besichtigen oder einen gemütlichen Kaffee trinken will (was alles sehr zu empfehlen ist!), der kann auf einer Route mühelos einen ganzen Urlaub verbringen. Keinesfalls sollten Sie meinen, alle Routen auf einer einzigen Tour abfahren zu müssen. Lassen Sie sich lieber Zeit. Wählen Sie aus. Genießen Sie. Denn es ist eine alte Weisheit: Wer weniger anschaut, sieht oft mehr!

Bildnachweis

Soweit ihre Namen nicht vollständig am Bild vermerkt sind, stehen die Kürzel an den Abbildungen für die folgenden Fotografen, Firmen und Einrichtungen. Wir bedanken uns für die freundliche Abdruckgenehmigung.

rh und Umschlag: *Rainer Höh;* **kw:** *Klaus Werner;* **fo:** *fotolia.com*

101kr Abb.: rh

100kr Abb.: rh

102kr Abb.: rh

104kr Abb.: rh

PRAKTISCHE REISETIPPS A–Z

ANREISE

Lichtpflicht
Beachten Sie, dass in **Slowenien** und **Kroatien** auch am Tag mit Abblendlicht gefahren werden muss.

Die Hauptroute nach Kroatien verläuft via München, Salzburg, Tauernautobahn, Klagenfurt und Ljubljana. Der Karawanken-Tunnel hat die kroatische Küste näher an Mitteleuropa herangerückt. Bei flüssigem Verkehr kann man von München in etwa 7 Stunden nach Rijeka fahren. Als Alternative empfiehlt der ADAC die sogenannte „Wohlfühlroute" Linz – Graz – Maribor – Zagreb. Hier kann man eine Besichtigung von Zagreb integrieren und kommt an den Plitvicer Seen vorbei.

Camping Plitvice **
45,773772 °N 15,87760°O
Kein Platz für den Urlaub, aber praktisch, um Zagreb zu besichtigen. Der Platz mit hohen Bäumen ist für seine Lage an der Autobahn überraschend ruhig. Er bietet Busverbindungen nach Zagreb und ein Restaurant. **Lage/Anfahrt:** direkt bei einer Raststätte an der Autobahn A3/E70 im Stadtteil Lučko, südwestlich des Zentrums; problemlose Zufahrt; **Untergrund:** Gras; **Wasser:** ja; **Abwasser:** ja; **Chemie-WC:** ja; **Strom:** ja; **Preis:** ca. 25 €; **Geöffnet:** ganzjährig; **Kontakt:** Tel. 01 6530444, www.motel-plitvice.hr (auch auf Englisch)

Camping Herz der Natur ****
45,563833°N 15,392667°O
Sehr idyllischer und familiärer Platz in ländlicher Natur mit viel Komfort, sehr guter Ausstattung und vielen Angeboten. Ruhige Atmosphäre, Spezialitäten der Region ab Hersteller; Pool; kostenloses WLAN. **Lage/Anfahrt:** Gorica Lipnicka 8, Ribnik; 17 km von der A1 Rijeka–Zagreb, Ausfahrt D6 Novigrad; von der D6 (Ljubljana–Karlovac) bei Ribnik nach Osten abbiegen und ca. 4,5 km bis Gorica Lipnicka; **Stellplätze:** 30; **Untergrund:** Wiese mit geschotterten Stellplätzen; **Wasser:** ja, am Stellplatz; **Abwasser:** ja; **Chemie-WC:** ja; **Strom:** ja; **Preis:** ca. 33 €; **Geöffnet:** 01.04.–31.10.; **Kontakt:** Tel. 047 609090, www.srceprirode.hr (auch Deutsch)

Vignette richtig aufkleben
Nur eine innen an der Windschutzscheibe (außerhalb eines Tönungsstreifens) aufgeklebte, unbeschädigte und gültige Vignette erbringt den Nachweis der ordnungsgemäßen Mautentrichtung. Ist die Vignette nicht aufgeklebt, wird ein Bußgeld von bis zu 240 € erhoben.

Informationen zur Go-Box
Gebührenfreie Tel.-Nr. 0800 40011400 oder im Internet unter www.go-maut.at

DURCH ÖSTERREICH

Die Benutzung von Autobahnen und Schnellstraßen ist in Österreich kostenpflichtig. Wohnmobile bis zu 3,5 t benötigen dafür eine **Vignette,** die es für 10 Tage (8,50 €), 2 Monate (24,80 €) oder ein ganzes Jahr (82,70 €) gibt. Sie ist in zahlreichen Verkaufsstellen (u. a. an den Grenzen) erhältlich. Anhänger benötigen keine extra Vignette. Die Korridor-Vignette gibt es nicht mehr. Wer also 14 Tage Kroatien-Urlaub machen will, muss zweimal eine 10-Tage-Vignette kaufen – und zusätzlich Tunnelmaut (s. u.) entrichten! Wohnmobile über 3,5 t Gesamtgewicht müssen sich eine **Go-Box** beschaffen. Einziger Unterschied: Beim Wohnmobil werden die Achsen von Anhängern nicht mitgezählt. Mit der Go-Box wird die Maut vollelektronisch gemessen und bezahlt. Man erhält sie für 5 € an ausgewiesenen Verkaufsstellen entlang den Hauptzufahrtstrecken nach Österreich sowie in den Grenzbüros des

ÖAMTC. Die Box kann mit Guthaben zwischen 75 und 500 € aufgeladen werden und bleibt ab der letzten Aufladung 2 Jahre lang gültig. Sie muss von innen an der Windschutzscheibe befestigt werden. Auf den vignettenpflichtigen Strecken beträgt die Gebühr für 2-achsige Wohnmobile 0,16 €/km, für 3-achsige 0,23 €/km bei Emissionsklasse Euro VI und 0,19 €/km bzw. 0,26 €/km bei Euro IV und V. Viele Tunnel und Alpenstrecken in Österreich sind „sondermautpflichtig". Das heißt: Zusätzlich zur Vignette oder Go-Box bezahlt man noch einmal. Auf der Tauernroute für den **Tauern- und Katschtunnel** zusammen 11 € und für den **Karawankentunnel** 7 €; auf der „Wohlfühlroute" für den **Bosrucktunnel** 5 € und für den **Gleinalmtunnel** 8 €. Jeweils einfach!

DURCH SLOWENIEN

Für das kurze Autobahnstück durch Slowenien muss man für Wohnmobile unter 3,5 t (Kategorie 2A) eine Vignette lösen, selbst wenn die Fahrt nur wenige Stunden dauert. Die Jahresvignette für Fahrzeuge bis 3,5 t (mit Anhänger) kostet 110 €, für einen Monat 30 € und für sieben Tage 15 €. Selbst für einen Kurzurlaub von Samstag bis Samstag sind also entweder zwei 7-Tages-Vignetten oder eine Monatsvignette erforderlich. Fahrer von Fahrzeugen über 3,5 t bezahlen nicht pauschal, sondern nur die gefahrenen Abschnitte (auch Kreditkarten möglich). Beim Auffahren Karte ziehen und beim Abfahren (evtl. auch zwischendurch) bezahlen. Die Vignette ist an den Grenzübergängen erhältlich. Um Wartezeiten zu vermeiden, empfehlen Automobilklubs, sie vorher zu erwerben. **Achtung:** Mautpflichtig sind nicht nur die grün gekennzeichneten Autobahnen, sondern auch folgende blau gekennzeichnete Schnellstraßen (Strafen für Mautpreller 300–800 €!):

> H2 zwischen Pesnica und Maribor bzw. durch Maribor
> H3 Ljubljana-Umfahrungsstraße
> H4 zwischen Podnanos und Vrtojba
> H5 zwischen Škofije und Koper (Škocjan)

Eine interessante Option für alle, die direkt zu den Plitvicer Seen bzw. zu Zielen um Zadar und südlich davon wollen, ist die Route von Ljubljana via Novo Mesto, Karlovac und Slunj in Richtung Plitvice. Sie ist nicht schnell (keine Autobahn), aber meist gut zu fahren, reizvoll und zeigt ein anderes Kroatien. Übernachten kann man auf dem reizvollen Camping „Herz der Natur" (s. S. 14).

DURCH KROATIEN

Das **Autobahnnetz** in Kroatien wird seit der Unabhängigkeit mit Hochdruck ausgebaut. Große Teile sind bereits fertig und in ausgezeichnetem Zustand mit modernen Raststätten und Treibstoffprei-

Vorsicht Geldbußen

Der ADAC empfiehlt, die **Vignette für Slowenien** schon vor der Einreise zu kaufen (z. B. in den ADAC-Geschäftsstellen oder im Onlineshop), denn wer auf mautpflichtigen Strecken ohne gültige Plakette angetroffen wird, zahlt zwischen 300 und 800 € Geldbuße. Außerdem muss das **Verkaufsdatum** mit dem Datum der Lochung übereinstimmen (es darf nicht auf ein zukünftiges Datum gelocht werden). Die einzige Ausnahme sind hier die 7-Tages-Vignetten. Diese können beim Kauf auf ein gewünschtes Datum gelocht werden. Da es in letzter Zeit zu Rechnungskontrollen durch slowenische Beamte gekommen ist, empfiehlt der ÖAMTC den **Kaufbeleg** immer mit sich zu führen.

Mautfreie Ausweichstrecken (www.skippertipps. de/anreise/ausweichrouten. htm) sind meist kompliziert zu fahren und führen über teilweise winzige Nebensträßchen. Alternative Strecken von Triest nach Istrien kann man auch über maps.adac. de oder über den ÖAMTC-Routenplaner (www.oeamtc. at/routenplaner) berechnen lassen.

Bargeldlose Zahlung

Meist kann man Vignette und Tunnelmaut mit der Bank- oder Kreditkarte bezahlen.

Einige **Gebührenbeispiele** (in Kuna) für Wohnmobile (Kat. II bis 3,5 t bzw. Kat. III über 3,5 t, mit 3 Achsen oder Anhänger) ab Zagreb bis:

	Kategorie II	Kategorie III
Rijeka (Kun)	127 kn	170 kn
Otočac	107 kn	150 kn
Maslenica	180 kn	259 kn
Zadar 1	188 kn	271 kn
Šibenik	233 kn	338 kn
Dugopolje	273 kn	399 kn
Blato na Cetini	294 kn	430 kn
Vrgorac	333 kn	490 kn

Weitere Gebühren und Infos unter http://hac.hr/en/toll-rates/pricelist. 1 € entspricht etwa 7,66 kn (s. a. S. 31).

Sonstige Mautgebühren für Wohnmobile (Kat. II bzw. III):

Brücke nach Krk	46/81 kn (bezahlt wird nur auf der Hin-, nicht auf der Rückfahrt)
Ucka-Tunnel	42/85 kn
Mirna-Viadukt	22/43 kn

sen, die nicht höher sind als an anderen Tankstellen. Da die Küstenstraßen sehr kurvenreich und in der Saison oft stark überlastet ist, wird man vor allem bei einer direkten Anreise nach Dalmatien auf der Autobahn viel Zeit und Nerven sparen – und zudem sicherer reisen. Inzwischen reicht die Autobahnstrecke nach Süden bereits über Makarska hinaus, aber noch nicht ganz bis Dubrovnik. Zwischen Rijeka und Senj ist ein Umweg in Richtung Osten (Karlovac) erforderlich. Die Bezahlung funktioniert ähnlich, wie es auch in Frankreich gehandhabt wird: Bei der Auffahrt auf die Autobahn erhält man ein Ticket, beim Verlassen bezahlt man entsprechend der gefahrenen Strecke. Die Gebühren sind moderat.

DURCH ISTRIEN

Wer nicht möglichst rasch weiter nach Dalmatien fahren will, sondern seinen Urlaub in Istrien verbringen oder zunächst dorthin einen Abstecher machen möchte, hat ab Ljubljana verschiedene Möglichkeiten:

Wer zur **Westküste** will, folgt der Autobahn via Postojna bis Koper und dann der Fernstraße Nr. 111 via Koper und Portorož bis zum Grenzübergang Sečovlje oder man fährt ab Koper über die Fernstraße Nr. 11 zum Grenzübergang Kaštel nahe Buje. Von beiden Grenzübergängen kann man dann entweder in Richtung Westen nach Savudrija fahren, um der Küstenstraße zu folgen, oder etwas im Landesinneren auf der Straße Nr. 21 (E 751) bzw. der Autobahn M 2 in Richtung Pula.

Ins **Landesinnere** Istriens nimmt man kurz vor dem Ende der Autobahn Postojna – Koper die Landstraße Nr. 208 über Hrastovlje, die hinter Sočerga nahe Buzet die Grenze überquert.

Achtung: Falls Sie ein Ziel im Inneren von Istrien (z. B. Motovun) in Ihr Navi eingeben, kann es sein, dass es Sie zunächst nach Osten und dann über kleine Sträßchen südwärts zu einem Grenzübergang lotst, der nur für Anwohner geöffnet ist. Dann müssen Sie zurückfahren und einen Umweg von insgesamt rund 50 km in Kauf nehmen! Überprüfen Sie den Vorschlag des Navi. Die Grenze südlich von Gracisce und Brezovica ist nicht passierbar!

Die **Ostküste** der Halbinsel, Rijeka und die Kvarner Bucht erreicht man ab Postojna am besten auf der Fernstraße Nr. 6, die via Iliriska Bistrica zum Grenzübergang Rupa führt und dann weiter als E 61 nach Opatija und Rijeka.

Achtung: In der Gegend um Rijeka ist zur Hauptreisezeit mit Staus zu rechnen. Es könnte sich lohnen, die Verkehrsmeldungen (s. S. 40) zu hören und die Gegend möglichst früh am Morgen zu passieren.

ANREISE PER SCHIFF

Küstenfähre

Wer nach Dalmatien will, dem bietet sich eine reizvolle Alternative zur neuen Inlandsautobahn: Man fährt hierzu bis Rijeka und steigt dort auf die Küstenschnellfähre der Gesellschaft Jadrolinija (s. S. 18) um. Auf dem Schiff reist man angenehmer als auf der Küstenstraße und erhält zugleich einen ersten Einblick in die faszinierende Inselwelt.

Die Gefahr seekrank zu werden besteht kaum, da das Meer im Schutz der Inseln meist sehr ruhig ist. Für längere Strecken kann

man eine Kabine nehmen. Und man hat zudem die Möglichkeit, in Häfen, die das Schiff unterwegs anläuft, von Bord zu gehen, um eine Stadt oder Insel zu erkunden, und dann mit einem späteren Schiff weiter zu fahren. Diese Fähre ist nicht ganz billig, aber man spart sich viele anstrengende Straßenkilometer und eine ganze Reihe von – teils umständlichen und ebenfalls nicht billigen – Inselfähren.

Im Gegensatz zu den meisten anderen Fährverbindungen muss eine Fahrt auf der Küstenfähre reserviert werden. Der Hafenparkplatz für die Fähren in Rijeka (der übrigens auch für Fährpassagiere kostenpflichtig ist) befindet sich nahe der Zentrale der Jadrolinija-Fährgesellschaft und bietet zugleich einen sehr guten Ausgangspunkt für einen Stadtbummel.

▷ *Großsegler in einer Inselbucht – Mitsegeln ist eine interessante Abwechslung*

Fähre ab Italien

Vor allem um an die Küste Dalmatiens oder zur Insel Dugi Otok zu gelangen, bieten auch die Fähren von Italien aus eine bequeme Möglichkeit; beispielsweise mit Jadrolinija auf folgenden Routen: Ancona – Zadar (7 Std.), Ancona – Split (10 Std.), Ancona – Zadar – Šibenik (12 Std.), Bari – Dubrovnik (8 Std.).

› **Jadrolinija-Hauptbüro in Rijeka,** Riva 16, HR–51000 Rijeka, Tel. +385 (0)51 666111, Fax +385 (0)51 213116, www.jadrolinija.hr
› **Buchungsbüro in Deutschland:** DERTOUR, 60424 Frankfurt/Main, Emil-Von-Behring Str. 6, Tel. 069 9588 5800, www.ocean24.de
› **Buchungsbüro in der Schweiz:** derzeit nicht vorhanden; Sie können jedoch online direkt bei Jadrolinija buchen
› **Buchungsbüro in Österreich:** derzeit nicht vorhanden; Sie können jedoch online direkt bei Jadrolinija buchen
› **Croatia Ferries:** www.croatiaferries.com (alle Verbindungen nach und in Kroatien)
› Kontaktdaten **weiterer Fährgesellschaften** finden Sie auf Seite 28.

AUSFLÜGE

Während der Reisesaison bieten zahlreiche Hotels, Reisebüros, Tourist-Informationen und Privatunternehmen ein breites Spektrum an Ausflügen an. Oft wird man schon beim ersten Stadtbummel darauf angesprochen und bekommt ein Infoblatt in die Hand gedrückt. Besonders beliebt sind Bootsausflüge zu entlegenen Buchten oder sehenswerten Orten mit großem Fischgrillen. Von den Häfen verkehren Ausflugsboote zu den vorgelagerten Inseln und zu abgelegenen Stränden, die man nur vom Wasser her erreicht.

Aber auch Busexkursionen, Radtouren, Paddeltouren und Ausritte werden angeboten. In den Programmen findet man Besichtigungen aller größeren Sehenswürdigkeiten der Küste und Inseln sowie Ausflüge zu Nationalparks, Weingütern etc. Meist wird man von einem deutschsprachigen Führer begleitet. Vergewissern Sie sich vor der Buchung, welche Leistungen im Preis enthalten sind und was unterwegs extra zu bezahlen ist.

BARRIEREFREIES REISEN

Die meisten größeren Campingplätze haben zwar behindertengerechte Sanitäranlagen und auch die neueren Hotels sollten zumindest einige entsprechend ausgestattete Zimmer besitzen, aber vorsichtshalber sollte man sich immer **im Einzelfall vorher vergewissern,** ob die Gegegebenheiten vor Ort passen.

DIPLOMATISCHE VERTRETUNGEN

KROATISCHE VERTRETUNGEN

- **Deutschland:** Ahornstr. 4, 10787 Berlin, Tel. 030 21915514, Fax 030 23628965, berlin@mvep.hr, http://de.mvep.hr; Konsulate in Hamburg, Bonn, Frankfurt, Stuttgart und München (www.auswaertiges-amt.de)
- **Österreich:** Heuberggasse 10, 1170 Wien, Tel. 01 4859524, Fax 01 4802942, croemb.bec@mvep.hr; Konsulate in Graz und Telfs
- **Schweiz:** Thunstr. 45, 3005 Bern 16, Tel. 031 3520275, Fax 031 3520279, vrhbern@mvep.hr; Konsulat in Zürich, Bellerivestrasse 5

VERTRETUNGEN IN KROATIEN

Deutschland

- **Zagreb:** Njemačko Veleposlanstvo, Ulica Grada Vukovara 64, Tel. 01 6300100; Notrufnummer 098 227136, www.zagreb.diplo.de
- **Split:** Njemački Konzulat, Split Biserova 16, Tel. 021 394690, split@hk-diplo.de

Österreich
> **Zagreb:** Radnicka Cesta 80/IX, Tel. 01 4881050, www.atembassy.hr
> **Split:** Austrijski Konzulat, Klaiceva poljana 1, Tel. 021 323610
> **Rijeka:** Stipana Konzula Istranina 2, Tel. 051 338554

Schweiz
> **Zagreb:** Švicarsko Veleposlanstvo, Bogoviceva 3, P.O. Box 471, Tel. 01 4878800

EINKAUFEN

Generell bekommt man in Kroatien zumindest in größeren Supermärkten praktisch alles, was man an Lebensmitteln und für den Wohnmobil-Haushalt benötigt. Die Preise liegen (zumindest in Touristengebieten und während der Saison) durchschnittlich etwa auf dem Niveau deutscher Supermärkte – manche Artikel (insbesondere Importwaren) können auch deutlich teurer sein. In kleinen Läden etwas abseits der großen Touristenzentren kauft man oft günstiger ein als in den großen Supermärkten an der Küste.

Ich decke mich gewöhnlich vor Abreise bei einem Discounter mit Grundnahrungsmitteln, Konserven und einigen Getränken ein (inzwischen findet man die namhaften Discounter aber auch in Kroatien und die Preise sind hier ähnlich) und ergänze dann unterwegs nach Bedarf: frisches Obst und Gemüse bevorzugt auf den örtlichen Märkten; Fleisch- und Wurstwaren entweder im Supermarkt oder der **Mesnica** (Metzgerei). Besonders gut ist meist *Pršut,* getrockneter (Istrien) oder geräucherter (Dalmatien) Schinken. Fisch kauft man am besten auf dem Markt oder in der **Ribarnica** (Fischgeschäft, Fischhalle), wo zeitig am Morgen fangfrisch der ganze Reichtum der Adria angeboten wird: von verschiedensten Fischarten über Tintenfische, Langusten und Scampi bis zu allerlei Muscheln und sonstigen Schalentieren.

Käse bekommt man ebenfalls im Supermarkt: den „Industriekäse" im Regal, den einheimischen „Echten" an der Käsetheke. Die Auswahl hält sich meist in Grenzen. Wirklich billig ist er nie und die Qualität kann sehr unterschiedlich sein. Selten falsch liegt man mit *Paški Sir* (Schafskäse von der Insel Pag), der aber auch mit Abstand am teuersten ist.

Enttäuschend war bisher meistens das Brot *(kruh)* – egal, ob man es im Supermarkt, im kleinen Laden oder in der **Bakeri** (Bäckerei) kauft.

Noch frischer kann Fisch nicht sein

Gelegentlich sah es zwar von außen gut aus, schmeckte aber nach gar nichts. Wirklich gutes Brot ist bis heute selten zu finden. Eine passable Lösung können die Filialen bekannter deutscher Discounter mit Backstation sein, aber auch in kroatischen Supermärkten findet man zunehmend Brot, das unserem Geschmack entspricht, besonders Ciabatta. Recht preisgünstig und manchmal ganz gut sind süße Backwaren wie *Fritule, Kroštule, Štrudel* (Apfel- oder Quarkstrudel), *Kremšnite* (Blätterteiggebäck mit Creme- oder Puddingfüllung und manchmal Schokoladenguss) oder *Baklava* (aus der Türkei stammendes, sehr süßes Blätterteig-Gebäck mit Honig-/Walnussfüllung).

Wo immer sich die Möglichkeit bietet, sollte man **Produkte der Region** wie Wein, Obst, Gemüse, Olivenöl, Käse, Schinken oder Nüsse etc. direkt vom jeweiligen Erzeuger kaufen: von Ständen am Straßenrand, in Weinkellereien und auf dem Bauernhof. Aber auch hier sollte man ein bisschen auf den Preis schauen und nicht blind glauben, dass „direkt ab Erzeuger" immer auch „preisgünstig" bedeutet. Wo möglich wird in den einzelnen Routenbeschreibungen auf solche Bezugsquellen hingewiesen. Da der Verkauf ab Erzeuger bislang jedoch relativ wenig organisiert ist, sind es in den meisten Fällen Verkaufsstände an Straßen, Parkplätzen und bei Sehenswürdigkeiten, die solche Produkte anbieten.

Preise vergleichen
Beachten Sie, dass Gemüsestände ihre Preise meist nicht auszeichnen, sondern „je nach Kunde" spontan festsetzen. Es ist daher ratsam, zu vergleichen und die üblichen Preise zu kennen.

SOUVENIRS

Neben sehr viel (und immer mehr!) Kitsch und Touristen-Tand findet man an Souvenirständen, auf Märkten und in Galerien gelegentlich auch einige landestypische Produkte. Oft haben die verschiedenen Regionen ihre eigenen Spezialitäten. Die Galerien der Küstenstädte orientieren sich meist sehr stark am Touristengeschmack der breiten Masse. Wer geschmackvollere Kunstgegenstände sucht, sollte einen Abstecher in istrische Bergdörfer, wie z. B. nach Grožnjan machen, das sich zu einer kleinen Künstlerkolonie entwickelt hat. Typisch für Istrien sind handbemalte *Bukletas* – Keramikgefäße, aus denen auf der Halbinsel traditionellerweise der Wein getrunken wird. Rijeka ist bekannt für seinen bunt emaillierten *Morčić* (Mohrenkopf), das Symbol der Stadt, der nach alten Mustern gefertigt auf Goldketten, Ohrringen und Broschen zu finden ist. Schmuckarbeiten (oft mit traditionellen regionalen Mustern und Motiven) findet man überall entlang der Küste und in jedem größeren Ort gibt es meist eine ganze Reihe von Schmuckgeschäften, die an dem Schild **„Filigran"** zu erkennen sind.

Die Insel Pag ist nicht nur für den **Paški Sir** (würziger Schafskäse) bekannt, sondern auch für die berühmten **Pager Spitzen,** die nicht gehäkelt oder geklöppelt, sondern mit der Nähnadel gefertigt werden. In der Stadt Pag kann man alte Frauen sehen, die vor dem Haus sitzen und an kostbaren Spitzen arbeiten. **Vorsicht** mit Angeboten von Spitzendecken u. Ä. generell und insbesondere in den Küstenstädten Istriens. Sie werden dort zu absoluten Basarpreisen angeboten! Das heißt, wenn Sie den Anfangspreis um mehr als die Hälfte heruntergehandelt haben, werden Sie immer noch mehr als doppelt so viel dafür bezahlen, wie der Händler eigentlich wollte – und das wiederum ist sicher ein Vielfaches des reellen Preises!

Gewürz-, Duft- und Heilkräuter bieten vor allem die süddalmatischen Inseln (insbesondere Hvar). Lavendel, Salbei, Oregano und Rosmarin bekommt man dort entweder getrocknet in kleinen Beutelchen oder als Duft-Essenzen und -Öle in Flaschen angeboten. Diese Inseln (vor allem Brač und Mljet) sind außerdem für ihren kostbaren **Blütenhonig** (oft Lavendelhonig) bekannt, den man auf den Märkten oder direkt vom Imker kaufen kann. Beliebt sind weiterhin die bunten **Obst- und Kräuterschnäpse,** die während der Saison an Ständen entlang der gesamten Küste angeboten werden (besonders in Istrien), sowie der **Maraschino** (fruchtiger Sauerkirschlikör) aus der Gegend von Zadar. Die berühmten **Weine** kauft man am besten und preisgünstigsten direkt ab Erzeuger in Kellereien oder *Konobas* (rustikale Weinkeller mit einfachen regionalen Gerichten; s. S. 24).

Das hochwertige **Olivenöl** sollte man vorher probieren, um sich von seiner Qualität zu überzeugen. Bei **Schafskäse** und **Schinken** lohnt es sich, die Preise auf Märkten und an Straßenständen zu vergleichen. Am besten ist es, wenn kroatische Freunde oder Bekannte einen beraten oder mit auf den Markt gehen!

Verzichten sollte man unbedingt auf Souvenirs wie exotische Muscheln, präparierte Fische, Korallen und anderes Meeresgetier, das meist nicht aus der Adria stammt, sondern aus anderen Meeren importiert wurde, wo durch exzessives Ausbeuten solcher „Souvenirs" der Bestand vieler Arten bedroht ist. Wenn man Muscheln als Souvenirs kaufen will, dann bei den vielen Kindern, die in fast jedem Küstenstädtchen ihre Funde auf leeren Obstkisten für ein paar Kuna anbieten – und die damit ganz sicher keine Arten bedrohen.

EINREISEBESTIMMUNGEN

Für die Einreise nach Kroatien hat sich durch die EU-Mitgliedschaft nichts Wesentliches geändert, da Kroatien dadurch noch nicht zum Schengener Raum gehört. Deutsche, Österreicher und Schweizer brauchen kein Visum. Ein gültiger **Personalausweis oder Reisepass** genügt. Kinder müssen einen eigenen Kinderausweis mit Lichtbild haben. Reisende aus der Schweiz und Besucher, die durch Bosnien-Herzegowina reisen wollen, brauchen einen Reisepass. Beachten Sie, dass man Bosnien-Herzegowina zwangsläufig durchqueren muss, um auf dem Landweg nach Süddalmatien zu gelangen. Früher wurde dort kaum kontrolliert, doch inzwischen ist dies eine EU-Außengrenze, die Posten wurden massiv ausgebaut und ohne Ausweis wird man zurückgewiesen. Da sich die Einreisebedingungen kurzfris-

---

Grüne Versicherungskarte
Nehmen Sie in jedem Fall eine Grüne Versicherungskarte mit! Obwohl sie nicht vorgeschrieben ist, kann es nach Auskunft meiner Kfz-Versicherung passieren, dass Sie sonst trotzdem von einem Polizisten zur Kasse gebeten werden. Mir wurde selbst in Frankreich schon die Grüne Versicherungskarte abverlangt, obwohl sie dort natürlich auch nicht vorgeschrieben ist.

tig ändern können, raten wir, sich vor Abreise beim Auswärtigen Amt (www.auswaertiges-amt.de bzw. www.bmaa.gv.at oder www.eda.admin.ch) oder der jeweiligen Botschaft (s. S. 19) zu informieren.

Autofahrer müssen den **Kfz-Schein** und einen nationalen **Führerschein** bei sich haben. Ein internationaler Führerschein ist nicht erforderlich. Auch die **Grüne Versicherungskarte** ist für deutsche und österreichische Fahrzeuge nicht mehr vorgeschrieben, vereinfacht aber im Falle eines Unfalls die Schadensregulierung. In Bosnien-Herzegowina und für Autofahrer aus der Schweiz ist die Grüne Versicherungskarte noch Vorschrift.

Eine vorübergehende **Vollkaskoversicherung** könnte empfehlenswert sein, da die Deckungssumme der kroatischen Kfz-Haftpflichtversicherung recht niedrig ist. Ein **Kfz-Schutzbrief** ist ebenfalls empfehlenswert. Wer mit einem geliehenen Fahrzeug (z. B. Miet-Wohnmobil) einreist, benötigt eine beglaubigte Vollmacht des Fahrzeughalters (Vordrucke erhält man vom Vermieter oder vom Automobilklub).

ESSEN UND TRINKEN

Küste, Karst und Völkervielfalt haben Kroatien eine abwechslungsreiche Gastronomie beschert und ein breites Spektrum an Speiselokalen. Und doch hat die Küche des gesamten kroatischen Küstenlandes etwas gemeinsam: Sie ist einfach, ungekünstelt, ausgesprochen bekömmlich und gesund. Frische Zutaten werden schonend gegart und mit feinen Kräutern aus der Natur gewürzt. Vor allem aber kochen die Küstenbewohner leicht, mit wenig Fett – und wenn, dann wird nur bekömmliches Olivenöl verwendet, das zu den besten der Welt gehört.

KROATISCHE KÜCHE

Früher gab es überall nur die ewig gleichen *Čevapčići, Razniči* und Mixed Grill (gemischte Grillplatte). Diese einstigen **Markenzeichen der jugoslawischen Küche** stammen aus Serbien und waren von den kroatischen Speisekarten vorübergehend fast ganz verschwunden, da die Abgrenzung gegenüber allem Serbischen bis in den Kochtopf reichte. Inzwischen tauchen sie in den Restaurants der Touristenzentren wieder auf und werden dann mit **Ajvar** serviert, einem rötlichen Mus aus Tomaten, Paprika, gehackten Zwiebeln und Auberginen, das sowohl mild als auch eher scharf sein kann.

Kulinarisch am ärmsten dran sind nach wie vor die Pauschaltouristen, die sich in den großen und oft **sterilen Hotelrestaurants** ernähren müssen, wo sie meist pauschal „international" abgefüttert werden. Das beginnt schon mit dem Frühstück: ein dürftiges, fades Büfett, dazu ein oder zwei farbige Flüssigkeiten („Fruchtsäfte", die wie verdünnte Limonade schmecken) und ein dünner Kaffee (manchmal sogar Malzkaffee). Ähnlich „international" geht es oft mittags und beim Abendessen her: dünne Nudelsuppe und ein Mayonnaise-schwerer Gemüsesalat, Schnitzel *(šnicl)* – entweder Natur *(naravni)* oder paniert *(bečik šnicl)* –, Hacksteak, Hühnerkeule oder Grillfleisch mit Krautsalat, Gemüse und Pommes frites *(pomfrit)*. Das war's dann! Ausnahmen bestätigen die Regel – werden aber erfreulicherweise immer häufiger!

Besser isst man meist in kleineren **Privat-Gaststätten** (s. Exkurs S. 24), wenngleich dies noch lange kein Güte-Siegel sein muss. Auch darunter gibt es schwarze Schafe, die nur die schnelle Touristen-Kuna

Wo man was isst

Die verschiedenen Arten von Speiselokalen sind an der kroatischen Küste ähnlich vielfältig wie ihre Küchen und Speisekarten. Das **Restaurant (restoran)** *als gehobenes Speiselokal (mit meist internationaler und oft fantasieloser Küche) trifft man vor allem in Gestalt von Hotelrestaurants. In touristischen Zentren gibt es jedoch zunehmend auch kleine, privat geführte Restaurants – darunter sehr gute* **Riblji restorans (Fischrestaurants)**, *die natürlich nicht nur Fisch, sondern die ganze Vielfalt an Meeresfrüchten servieren, aber auch eine ganze Menge von Touristenrestaurants, in denen man mit Allerweltsgerichten den Geschmack der breiten Masse treffen will.*

Landestypischer ist die **Gostiona** *oder* **Gostionica (Gaststätte, Wirtshaus)**, *die gelegentlich auch als* **Taverna** *bezeichnet wird. In diesen kleineren und gemütlicheren Lokalen kochen Wirt oder Wirtin meistens selbst. Hier kann man regionale Spezialitäten kennen lernen, die aus frischen Zutaten nach alten Hausrezepten und mit Liebe zubereitet werden.*

Ein echtes Erlebnis sind viele der kleinen **Konobas (Weinkeller):** *urige Gewölbekeller oder kleine, rustikale Lokale, die der Wirt oft mit viel Hingabe und Eigenleistung ausgestaltet hat. Serviert wird dort meist einfache, aber delikate Hausmannskost: Schinken, Käse, Oliven und Wein aus eigenem Anbau, frisches selbstgebackenes Brot und manchmal auch kleine Fischgerichte – je nachdem, was der Wirt am Morgen aus dem Meer gezogen hat. Doch Vorsicht: In Ferienzentren wird die Bezeichnung „Konoba" auch immer mehr zum Touristen-Nepp.*

Bei den Einheimischen beliebt sind die zahlreichen **Kavanas (Cafés)**, *da sie sich Restaurantessen kaum mehr leisten können, und das* **Bife (Büfett)**, *eine Art Bar oder Kneipe, in der sich die Fischer treffen. Ebenfalls sehr verbreitet sind Pizzerias, die aber meist nur das servieren, was ihr Name verspricht, und nicht gleich ein komplettes italienisches Restaurant erwarten lassen.*

Und schließlich gibt es noch das **Samoposlužni restoran (Selbstbedienungsrestaurant)**, *das man meist in Ferienanlagen findet, und die* **Slastičarna**, *eine Mischung aus Eisdiele, Konditorei und Espressobar.*

machen wollen. Doch in den besseren Restaurants und Gaststätten der Küste werden Zahnbrasse, Seebarsch, Drachenkopf, Peterfisch, Sardinen und Goldbrasse, Hummer, Tintenfische, Muscheln, Austern und Scampi noch immer oder wieder frisch, nach traditionellen Rezepten mit feinen Kräutern zubereitet und mit Mangold *(blitva)* oder frischem Weißbrot serviert. Zu den **Spezialitäten** zählen leckere Fischsuppe *(brodet),* gefüllte Tintenfische *(punjene lignje),* Miesmuscheln *(mušule)* und schwarzes Tintenfisch-Risotto. Unter einer mit Holzkohle überhäuften Metallglocke *(peka)* wird Lammfleisch mit Kartoffeln und Gemüse schonend gedünstet.

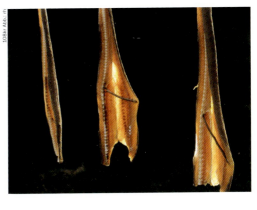

Nicht jedermanns Sache: Dörrfisch

Vor allem entlang der istrischen Küste sieht man vor vielen Lokalen auch große **Grillöfen** im Freien stehen, in denen über duftender Wacholderglut ganze Lämmer oder Spanferkel knusprig braun gebraten werden. Sonst sind Fleischgerichte nicht typisch für die Küste. Zu den wenigen Fleischspezialitäten Dalmatiens zählen *Jagječka Čorba* (Lammfleischsuppe), *Vitalac* (Innereien vom Lamm, in Darm gewickelt und am Spieß geröstet) und *Pašticada* (mariniertes Rindfleisch mit Speck und Knoblauch gespickt und in Weißwein gekocht).

Breiter ist die Fleischpalette mit verschiedensten Lamm-, Schaf-, Schweine- und Rindfleisch- oder Wildgerichten **im Landesinneren** Istriens und der Region Kvarner. Dort isst man etwas deftiger als an der Küste, z. B. köstliche Wildgerichte, *Meneštra* (ein Gemüseeintopf ähnlich der Minestrone), *Ombolo* (luftgetrocknetes Schweinefleisch, das mindestens drei Wochen lang mariniert wird), *Sarma* (eine Art köstlicher Krautwickel aus eingelegten Kohlblättern), *Istarska supa* (istrische Suppe aus Rotwein, Olivenöl und geröstetem Brot), verschiedene Kartoffelgerichte und *Pura* (dicker Maisbrei) sowie als besondere Zutat die berühmten istrischen Trüffel, denen aphrodisische Wirkung nachgesagt wird.

Besonders im Norden, aber auch in vielen Küstenstädten Dalmatiens, haben die **Italiener** mit Pasta, Pizza und Risotto ihre Spuren hinterlassen. Das sind keineswegs Zugeständnisse an den Touristengaumen, sondern seit venezianischer Zeit feste Bestandteile der kroatischen Küstengastronomie. **Österreichische Einflüsse** sind auf der Dessertkarte zu finden: *Palačinke* (Pfannkuchen mit Marmelade, Schokolade oder Zucker und Zimt), *Štrudel* (Apfel- oder Quarkstrudel) und *Kremšnite* (Blätterteiggebäck mit Creme- oder Puddingfüllung).

Musaka (mehrere Schichten Hackfleisch, Kartoffeln und Tomatensauce mit Ei und Sauerrahm überbacken), aber auch das serbische *Djuveč* kommen ursprünglich aus **Griechenland.** Und die Türken haben vor allem in Süddalmatien ihre Gewürze und den *Turska Kava* (türkischen Kaffee) hinterlassen, der mit sehr fein gemahlenem Kaffeepulver und Zucker in kleinen Messingtöpfchen aufgekocht wird.

Zur typischen **Konoba-Küche** gehören Schinken *(Pršut)*, Schafskäse (z. B. *Paški Sir*), Oliven und frisches Brot. Einfach und schmackhaft! Wirklich gute Restaurants servieren genau das als Vorspeise – aber nirgends schmeckt es herzhafter als in einer *Konoba,* denn hier stammt alles aus eigenem Anbau und ist selbstgemacht. Gelegentlich bekommt man dazu noch Frühlingszwiebeln oder Salzsardinen, die roh in Öl, Essig, Lorbeer und Kräutern eingelegt mehrere Wochen reifen müssen. Richtig zubereitet sind sie eine Delikatesse und nicht billig. Aber wer Pech hat, kann auch Exemplare erwischen, die teuer sind und doch so roh und alt schmecken, wie sie tatsächlich sind.

In Dalmatien wird der *Pršut* **(Schinken)** gesalzen, geräuchert und getrocknet, während der istrische *Pršut* nur gesalzen und an der Luft getrocknet wird, worauf er ein volles Jahr lang reifen muss. Als bester – und teuerster – **Käse** Kroatiens gilt der *Paški Sir* (Schafskäse von der Insel Pag). Wer auf der Insel war, wird das verstehen: Die Schafe fressen dort kein Gras, sondern duftende Kräuter, die in der kargen Steinwüste gedeihen und von den Böen der Bora zusätzlich mit feinem Salznebel aus dem Meer überstäubt werden.

Die trocken in Kräuter eingelegten grünen oder schwarzen **Oliven,** die in den *Konobas* serviert werden, kommen stets aus eigenem Anbau. In Geschäften konnte ich solche Oliven trotz intensiver Suche nie entdecken. Und in Restaurants habe ich auf besondere Nachfrage meist nur eigenartige Dinge bekommen, die wie Oliven aussahen, aber das Aroma von destilliertem Wasser hatten.

„Tanke" am Straßenrand: Hier gibts Kräuterschnaps. Aber Vorsicht, bei Selbstgebranntem besteht potenziell die Gefahr einer Methanolvergiftung.

SCHNAPS UND LIKÖR

Wo man gut isst, trinkt man hinterher auch gerne einen Schnaps. Fast jede *Konoba* und *Gostionica* hat ihren eigenen Hausschnaps, der dem Gast oft nach dem Essen angeboten wird. Die Bewohner der Küstenregion Istriens nennen ihn nach italienischem Brauch *Grappa*, im übrigen Land heißt er *Losovača* oder kurz *Losa*. Und mit aromatischen Kräutern versetzt wird daraus der beliebte *Travarica*. Den bekannten Pflaumenschnaps Sliwowitz *(šljivovica)* hat das gleiche Schicksal ereilt wie die *Čevapčići,* denn er ist ebenfalls serbischen Ursprungs. Eine gefragte Spezialität ist jedoch nach wie vor der *Maraschino*, ein köstlicher Kirschlikör, der in der Gegend von Zadar nach einem fast 500 Jahre alten Rezept der Dominikaner aus der dalmatinischen Maraska-Sauerkirsche gewonnen wird. Nicht ganz so bekannt, aber ebenso exzellent ist der *Feigenschnaps,* eine Spezialität der Insel Krk, der dort gerne als Aperitif gereicht wird. *Orahovica* wiederum ist ein Haselnussschnaps, den die Kroaten im südlichen Dalmatien vor allem für den eigenen Gebrauch herstellen. *Istra-Bitter* nennt sich ein Kräuterlikör, der ähnlich wie Campari schmeckt und ein bisschen zu einem Modegetränk geworden ist. Und dann gibt es natürlich noch den *Prošek,* einen schweren Dessertwein, der seit römischer Zeit als *vinum sanctum* (heiliger Wein) geschätzt und gern genossen wird.

Na denn: *Živjeli* – zum Wohl!

FÄHREN

Zu allen größeren Inseln fahren kleine Autofähren *(Trajekt),* in der Saison oft stündlich. Während der Hauptreisezeit kann es dennoch zu kilometerlangen Warteschlangen kommen und bei schlechten Wetterverhältnissen (im Sommer sehr selten!) wird der Fährdienst manchmal vorübergehend ganz eingestellt. Reservierungen sind für diese Lokalfähren nicht möglich. Autofahrer sollten sich daher zeitig vor Abfahrt des Schiffes in die Warteschlange einreihen, um sicher auf dem nächsten Schiff noch eine Passage zu bekommen (bei einigen weniger oft bedienten Routen kann das auch bedeuten: um am gleichen Tag noch eine Passage zu bekommen!). Einige Routen werden nur während der Saison bedient, andere – die in manchen Straßenkarten noch eingezeichnet sind – wurden ganz eingestellt. Nähere Informationen, Preisauskünfte und Fahrpläne erhält man von den Fährgesellschaften. Die größte ist nach wie vor Jadrolinija mit Hauptbüro in Rijeka und Hafenbüros in allen größeren Fährhäfen. Fast alle Insellinien werden von ihr betrieben; es gibt jedoch auch einige Strecken (z. B. zur Insel Rab), die von kleineren Gesellschaften bedient werden. Informationen über die Inselverbindungen finden Sie in den Routenbeschreibungen.

Eine angenehme Art, stressfrei entlang der Küste und zu den größeren Inseln zu reisen, sind auch die **Schnellfähren.** Jadrolinija bietet in der Saison tägliche Verbindungen mit der **Küstenschnellfähre auf der Route Rijeka – Split – Dubrovnik.** Unterwegs werden noch zahlreiche weitere Häfen angelaufen, jedoch nicht bei jeder Fahrt die gleichen, sodass die Fahrzeit für die Gesamtstrecke zwischen 17 und 23 Stun-

Kleines Fähren-Know-How
Bei der Zufahrt zur Anlegestelle der Fähre (Trajekt) werden Sie im Sommer irgendwann das Ende einer langen (manchmal sogar sehr langen!) Autoschlange erreichen. Stellen Sie Ihr Fahrzeug an ihrem Ende ab und wandern Sie an den Fahrzeugen entlang, bis Sie den Ticketschalter erreichen (meist nur ein kleiner Kiosk). Sollte er geschlossen sein (im Sommer selten), wird er rechtzeitig vor Ablegen der Fähre aufmachen. Sie müssen dort angeben, wie lang ihr Fahrzeug ist (bis 5 m, 5–7 m, über 7 m; Kfz-Schein bereithalten) und wie viele Personen mitfahren. Beachten Sie, dass man in kleinen Fährhäfen nicht immer mit Kreditkarte bezahlen kann! Halten Sie genügend kroatisches Bargeld bereit, denn einen Geldautomaten werden Sie vergebens suchen. Sobald Sie Ihr Ticket haben, können Sie es sich wieder im Wohnmobil bequem machen und warten, bis sich die Schlange in Bewegung setzt. Bei sehr viel Andrang ist es nicht sicher, dass Sie gleich auf die nächste Fähre kommen werden, und auf manchen der seltener befahrenen Routen (z. B. von Stari Grad auf Hvar nach Split) sollte man im Sommer sogar schon etliche Stunden vor Abfahrt in der Schlange stehen, um noch am selben Tag aufs Schiff zu kommen!

den schwankt. Für diese Fähren sind längerfristige Reservierungen erforderlich, wenn man ein Fahrzeug mitnehmen will.

Diese Fähre bietet auch eine sehr vorteilhafte Möglichkeit des **Inselhüpfens**; d. h., Sie können bei jeder Anlegestelle von Bord gehen und die Reise mit einer späteren Fähre fortsetzen. Allerdings müssen alle Etappen vorher reserviert sein!

› **Jadrolinija-Hauptbüro in Rijeka,** Riva 16, HR-51000 Rijeka, Tel. +385 (0)51 666111, Fax +385 (0)51 213116, www.jadrolinija.hr (auch auf Deutsch). Buchungsbüros in den einzelnen Ländern siehe Kapitel „Anreise, Fähre"; Infos zu Hafenbüros in den einzelnen Städten finden Sie in den Routenbeschreibungen.

› Einen guten Überblick über Fähren nach Kroatien und innerhalb des Landes bietet die Website von **Croatia Ferries** (nur Engl.): www.croatiaferries.com.

Weitere Fährgesellschaften:
› **G&V Line,** www.gv-line.hr (Dubrovnik-Mljet-Korčula-Lastovo)
› **LINIJSKA NACIONALNA PLOVIDBA,** www.lnp.hr (u. a. Rab, Krk, Žirje, Kaprije, Šolta, Korčula)
› **Mediteranska plovidba,** www.korcula.net (Orebić-Korčula, Altstadt)
› **Rapska plovidba,** www.rapska-plovidba.hr (Insel Rab)
› **Split Tours,** www.splittours.hr (Ancona-Hvar-Split)
› **Venezia Lines,** www.venezialines.com (zwischen Venedig und verschiedenen kroatischen Häfen)

▷ *Schwertkämpfer bei der Moreška-Aufführung in Korčula*

FESTE UND FEIERTAGE

GESETZLICHE FEIERTAGE

- **1. Januar:** Neujahr
- **6. Januar:** Heilige Drei Könige
- **März/April:** Ostersonntag/Ostermontag
- **1. Mai:** Tag der Arbeit
- **Mai/Juni:** (60 Tage nach Ostern): Fronleichnam
- **22. Juni:** Tag des antifaschistischen Kampfes
- **25. Juni:** Staatsfeiertag
- **5. August:** Tag des Sieges und der heimatlichen Dankbarkeit
- **8. Oktober:** Unabhängigkeitstag
- **1. November:** Allerheiligen
- **25./26. Dezember:** Weihnachten

ISLAMISCHE FEIERTAGE

- **21. Januar:** Eid al-Adha (islamisches Opferfest)
- **3.–5. November:** Eid al-Fitr (Ende des Ramadan)

REGIONALE FESTE

Außerdem gibt es zahlreiche regionale und lokale Feste – meist farbenfrohe Veranstaltungen mit Trachten, Folklore und regionalen Spezialitäten –, die hervorragende Gelegenheit bieten, die Kroaten, ihre Mentalität und Lebensweise besser kennen zu lernen. Im Folgenden eine kleine Auswahl der wichtigsten regelmäßig stattfindenden Feste und Veranstaltungen:

Januar
- **Lastovo** (6.1.): Inselkarneval mit Umzügen bis Fastnachtsdienstag

Februar
- **Dubrovnik** (3.2.): Prozession zu Ehren des Stadtheiligen St. Blasius *(Sv. Vlaho)*

April
- **Blato, Korčula:** 28.4. *Kumpanija,* farbenfrohes Ritterspiel mit 700-jähriger Tradition und umfangreichem Folkloreprogramm

□ *Trachtenschönheit auf der Insel Mljet*

Mai
› **Nin:** Bootsprozession zur Madonnenstatue auf der Insel Zećeveo mit anschließendem Dorffest

Juli
› **Korčula:** *Moreška,* farbenprächtiges Ritterspiel mit akrobatischen Schwerttänzen
› **Veli Iž, Insel Iž:** *Iška Kralj,* Krönung des Inselkönigs, die seit antiker Zeit existiert und stets am letzten Juli- und ersten Augustwochenende mit buntem Festprogramm und Vorführung traditioneller Handwerke begangen wird

August
› **Sinj** (1. Wochenende): *Sinjiska Alka,* dreitägiges Reiterfest mit Ringstechen, prachtvollen Trachten und Uniformen sowie umfangreichem Rahmenprogramm (Information: Tel. 021 862352)
› **Sali, Dugi Otok:** *Saljske užanske,* traditionsreiches Fischerfest, das mit Folklore, Tanz und lustigem Eselrennen am ersten Sonntag gefeiert wird
› **Vir** (28.8.): Prozession mit großem Dorffest zu Ehren von Sv. Ivan
› **Jelsa, Hvar:** stimmungsvolles Weinfest in der malerischen Kulisse des Inselstädtchens mit Kunst- und Folkloreprogramm am letzten Wochenende
› **Betina, Murter:** großes Muschelfest mit Folklore, Tanz, Musik, viel gutem Essen (nicht nur Muscheln) und Wein
› **Korčula** (2.8.): *Perdun,* Prozession mit bunt geschmückten Booten zur Klosterinsel Badija, auf der anschließend ein Volksfest unter freiem Himmel stattfindet

September
› **Pag** (8.9.): große Madonnen-Prozession zur Erinnerung an eine Pestepidemie
› **Pag** (9.9.): kleine Madonnen-Prozession zur Erinnerung an eine Pestepidemie

FOTOGRAFIEREN

Einfaches Zubehör wie Batterien ist in fast allen Städten und Touristenzentren erhältlich. Die Preise dafür sind jedoch deutlich höher als in Deutschland. Besonderes Zubehör wie Akkus, Speicherkarten, Filter etc. sowie spezielles Filmmaterial sind nur in wenigen Großstädten erhältlich.

In Klöstern, Kirchen und Museen ist das Fotografieren mit Blitzlicht häufig verboten und manchmal darf man dort auch überhaupt nicht fotografieren. Militärische Anlagen dürfen grundsätzlich nicht abgelichtet werden.

Da die Lichtkontraste zwischen weißem Fels, dunklen Pinienwäldern und reflektierendem Wasser um die Mittagszeit sehr hart sind, empfiehlt es sich, am Morgen und am Abend zu fotografieren.

Auch wenn die Kroaten außergewöhnlich offen und gastfreundlich sind, ist beim Fotografieren von Menschen Taktgefühl stets ein guter Begleiter. Am besten immer vorher um Erlaubnis fragen. Ein „Nein" wird man nur selten zur Antwort bekommen.

GASVERSORGUNG

Wer mit zwei vollen 11-kg-Gasflaschen startet, der kommt damit im Normalfall problemlos durch seinen Urlaub – selbst wenn dieser 4–5 Wochen dauert. Sollte das Gas dennoch einmal zur Neige gehen, können Flaschen, deren Prüfung nicht älter als fünf Jahre ist, in den Niederlassungen von INA und zum Teil in Privatbetrieben befüllt werden.

Wohnmobile mit **Nachfüllflasche** oder fest eingebautem **Gastank** können an vielen größeren Tankstellen (vor allem in größeren Städten und an den Autobahnen) auffüllen. Der Preis liegt bei ungefähr 4,69 kn (0,63 €; an Autobahnen 4,89 kn bzw. 0,65 €). Eine Liste von Autogas-Tankstellen für Kroatien und viele andere europäische Länder findet man im Internet unter: www.gas-tankstellen.de. Speziell für Kroatien kann man auch unter www.ina.hr und www.hak.hr nachsehen. Eine gute Auswahl an Tankflaschen und Systemen, fachkundige Beratung und Infos zu Tankstellen findet man unter www.gasfachfrau.de.

GELD

Landeswährung ist die **Kroatische Kuna**, abgekürzt kn und unterteilt in Lipa (1 kn = 100 Lipa). Es gibt Münzen zu 1, 2, 5, 10, 20 und 50 Lipa sowie zu 1, 2 und 5 Kuna und Banknoten zu 5, 10, 20, 50, 100, 200, 500 und 1000 Kuna. Der Wechselkurs ist staatlich festgelegt und relativ stabil. Die aktuellen Umrechnungskurse können z. B. über den Currency Converter bei www.oanda.com abgerufen werden.

Wechselkurse
(Stand: Ende 2014)

1 kn	0,13 €
1 €	7,66 kn
1 kn	0,16 CHF
1 CHF	6,37 kn

Geld wechseln kann man an allen Grenzübergängen, bei Banken, Postämtern, Fremdenverkehrsämtern, Touristenbüros, an vielen Rezeptionen von Hotels und Campingplätzen sowie in manchen Geschäften. Die Bearbeitungsgebühren schwanken zwischen 0 und 5 %, sodass ein Vergleich sich lohnt. Da die kroatische Währung nicht an den internationalen Devisenbörsen gehandelt wird, kann man Kuna nur in Kroatien tauschen und zurücktauschen. Fremdwährungen dürfen in unbegrenzter Höhe **ein- und ausgeführt** werden. Für Kuna gilt ein Ein- und Ausfuhr-Höchstbetrag von 15.000 kn. Probleme gibt es leider, wenn man nicht aufgebrauchte kroatische Währung zurücktauschen will: Wechselstuben sind dazu gewöhnlich nicht bereit und verweisen auf die Banken, aber auch dort klappt es nur, wenn man einen Umtauschbeleg vorweisen kann, der dokumentiert, dass der Betrag bei einer Filiale der betreffenden Bank getauscht wurde.

Bankautomaten (auch mit deutscher Sprachführung) findet man inzwischen fast überall, sodass man auch mit seiner **Debit-(EC-)Karte** überall Geld abheben kann. Mit einer **Postbank-SparCard** erhält man pro Monat max. den Gegenwert von 2000 Euro und bis zu 10 Auslandsabhebungen pro Jahr sind sogar entgeldfrei. Ansonsten sollte man sich bei seiner Bank über die bei einer Abhebung anfallenden

Gebühren informieren. **Kreditkarten** werden inzwischen meistens akzeptiert. Am weitesten verbreitet sind Eurocard/Mastercard, Visa, Diners und American Express.

Die **Banken** haben keine einheitlichen **Öffnungszeiten**. In größeren Städten sind sie gewöhnlich montags bis freitags von 8 bis 19 Uhr (außerhalb der Saison manchmal nur von 8 bis 14 Uhr) und samstags von 8 bis 13 Uhr geöffnet, in kleineren Städten meist von 8 bis 12 Uhr und von 15 bis 19 Uhr, samstags bis 12 Uhr.

Achtung: Halten Sie unterwegs Euro- und Kuna-Scheine gut getrennt. Sie wären nicht der Erste, der versehentlich mit Euro bezahlt statt mit Kuna – also den mehr als 7-fachen Preis!

GESUNDHEIT

Der über die Jahrzehnte vertraute „Auslandskrankenschein" (Vordruck E 111) wurde inzwischen durch die **Europäische Krankenversichertenkarte** (European Health Insurance Card = EHIC) abgelöst. Sie gilt innerhalb der gesamten EU sowie in der Schweiz und den Ländern des ehemaligen Jugoslawien.

Der große Vorteil gegenüber dem alten Auslandskrankenschein: Mit der „Auslandskarte" kann man direkt zu einem Arzt oder Krankenhaus gehen, die dem staatlichen Gesundheitsdienst angeschlossen sind. Da jedoch die Leistungen nach den gesetzlichen Vorschriften im Ausland abgerechnet werden, muss man meist zunächst die Kosten der Behandlung selbst tragen und sollte alle Belege unbedingt aufheben, weil man diese hinterher bei der Krankenkasse einreichen muss.

Es besteht Anspruch auf alle erforderlichen medizinischen Sachleistungen. Häufig wird jedoch von der Krankenkasse nur ein Teil der Kosten anerkannt und erstattet, da die Kassen allerlei Selbstbeteiligungen und Pauschalen abziehen. Um das Risiko auszuschließen, empfiehlt sich der Abschluss einer zusätzlichen **Auslandskrankenversicherung**, die im Notfall auch den teuren Rücktransport in die Heimat einschließt.

Die medizinische Versorgung in Kroatien entspricht dem allgemeinen europäischen Standard. Jeder größere Ort hat ein Krankenhaus **(Bolnica)**, eine Klinik oder zumindest eine Krankenstation **(Dom zdravlja)** und während der Reisesaison werden in vielen Ferienorten zusätzlich meist besondere Ambulanzen für die ausländischen Besucher eingerichtet. Sprachprobleme dürfte es kaum geben, da in den Feriengebieten fast jeder etwas Deutsch spricht. Apotheken **(Ljekarna)** gibt es nahezu in jedem größeren Ort. Sie haben meist von 7 bis 19 Uhr geöffnet. Die Kosten für ärztlich verordnete Medikamente erstatten die Krankenkassen gegen Vorlage der Quittung (natürlich mit den auch im Inland gültigen Einschränkungen durch die Gesundheitsreform).

HAUSTIERE

Wer sein Haustier mit in den Urlaub nehmen möchte, muss beachten, dass dabei auch die Regelungen der Transitländer einzuhalten sind. Je nach Reiseroute können dies also Österreich, Slowenien und Italien sein. Alle Angabe ohne Gewähr! Um die aktuellsten Bestimmungen zu erfahren, rufen Sie die Botschaft des Landes an (s. S. 19)!

Kroatien
- **Tollwutimpfung:** mind. 15 Tage, max. 6 Monate alt
- **Gesundheitszeugnis:** nein
- **EU-Haustier-Pass** mit Mikrochip bzw. Tätowierung notwendig
- **Anmerkung:** Gilt für Tiere, die älter als 3 Monate sind! Herkunfts- und Gesundheitszeugnis erforderlich. Eine tierärztliche Untersuchung kann gegen Entgelt an der Grenze vorgenommen werden.

Österreich
- **Tollwutimpfung:** mind. 30 Tage, max. 12 Monate alt
- **Gesundheitszeugnis:** nein
- **EU-Haustier-Pass** mit Mikrochip bzw. Tätowierung notwendig

Slowenien
- **Tollwutimpfung:** mind. 15 Tage, max. 6 Monate alt
- **Gesundheitszeugnis:** Internationaler Impfpass mit tierärztlichem Gesundheitszeugnis (nicht älter als 14 Tage) und Tollwutimpfbescheinigung erforderlich.

› **EU-Haustier-Pass** mit Mikrochip bzw. Tätowierung notwendig
› **Anmerkung:** Hunde müssen zusätzlich gegen Staupe geimpft sein. Die Impfung muss mindestens 15 Tage und darf max. 6 Monate alt sein.

Italien
› **Tollwutimfpung:** mind. 20 Tage, max. 11 Monate alt
› **Gesundheitszeugnis:** nicht älter als 30 Tage
› **EU-Haustier-Pass** mit Mikrochip bzw. Tätowierung notwendig

Bosnien-Herzegowina
› **Tollwutimfpung:** mind. 15 Tage, max. 6 Monate alt
› **EU-Haustier-Pass** mit Mikrochip bzw. Tätowierung notwendig
› **Anmerkung:** Internationaler Impfpass nötig. Eine tierärztliche Untersuchung kann gegen Entgeld auch am Grenzübergang vorgenommen werden.

INFORMATIONEN

FREMDENVERKEHRSÄMTER

Für umfassende Informationen vor und während der Reise bietet Kroatien eine Fülle verschiedener Informationsstellen recht unterschiedlicher Ausstattung und Leistungsfähigkeit.

Neben der staatlichen **Fremdenverkehrszentrale** gibt es die **Fremdenverkehrsämter** der Regionen (**TZŽ**= *Turistična Zajednica Županije*), einzelner Inseln **(TZO)** und für jede einzelne Stadt (**TZG** oder TZO). Verwirrend wird es für den Besucher dadurch, dass es in jeder Stadt zudem eine große Anzahl privater Touristikbüros gibt, die zwar alle mit dem international gebräuchlichen Symbol „i" Kunden anlocken, aber keine Informationsbüros sind, sondern kommerzielle Reiseunternehmen, die Unterkünfte, Ausflüge, Mietwagen etc. vermitteln. Für zusätzliche Verwirrung sorgen Reiseführer, die in ihren Stadtplänen sämtliche angeblichen Informationsstellen verzeichnen, nur das tatsächliche Fremdenverkehrsamt manchmal nicht.

Allgemeines **Informationsmaterial** wie kostenlose Campingplatz- und Hotelverzeichnisse, Straßenkarten, Nautik-Informationen etc. besorgt man sich vor der Abreise bei den Fremdenverkehrsstellen im Heimatland. Für Informationen über einzelne Regionen kann man sich vor Reisebeginn an die jeweiligen Fremdenverkehrsämter der Region wenden. Zusätzlich sind im Routenteil dieses Buches die Adressen vieler örtlicher Fremdenverkehrsämter angegeben, bei denen man meist umfassende und informative Unterlagen bekommen kann.

Manche örtlichen Fremdenverkehrsämter sind sehr engagiert und kompetent, andere hingegen nicht viel mehr als eine Zimmervermittlung mit ein paar bunten Prospekten – und mit jeder Frage überfordert, die über Hotelbuchung oder Fahrpläne hinausgeht.

Informationsstellen im Heimatland

Kroatische Zentrale für Tourismus
> Stephanstraße 13, 60313 Frankfurt, Tel. 069 2385350, Fax 069 23853520, http://de.croatia.hr
> Rumfordstr. 5, 80469 München, Tel. 089 223344, Fax 089 223377, Kroatien-tourismus@t-online.de
> Liechtensteinstraße 22 a, 1090 Wien, Tel. 01 5853884, Fax 01 585388420, http://at.croatia.hr
> Seestr. 160, 8002 Zürich, Tel. 0336 2030, Fax 0336 2039, http://ch.croatia.hr

Informationsstellen in Kroatien

Kroatische Zentrale für Tourismus
> Iblerov trg 10/IV, 10000 Zagreb, Tel. +385 (0)1 4699333, Fax +385 (0)1 4557827, http://de.croatia.hr, Infos für Touristen: Tel. 0800 200200 (kostenlos)

Regionale Tourismusämter
> **Istrien: TZŽ Istria,** Pionirska 1, 52440 Porec, Tel. 052 452797, Fax 052 452796, www.istra.hr
> **Kvarner: TZŽ Primorje-Gorje,** N. Tesle 2, 51410 Opatija, Tel. 051 272988, Fax 051 272909, www.kvarner.hr
> **Region Karlovac-Pag:** Ambroza Vraniczanya 6, 47000 Karlovac, Tel. 047 615320, Fax 047 601415, www.tzkz.hr, www.lickosenjska.com
> **Region Šibenik: TZŽ Šibenske,** Fra Nicole Ružića bb, 22000 Šibenik, Tel. 022 219072, Fax 022 212346, www.sibenikregion.com
> **Norddalmatien: TZŽ Zadarske,** Sv. Leopolda B. Mandića 1, 23000 Zadar, Tel. 023 315316, Fax 023 315107, www.zadar.hr
> **Mitteldalmatien: TZŽ Splitsko-Dalmatinske,** Prilaz braće Kaliterna 10/I, 1001 Split, Tel. 021 490032, 021 490033, Fax 021 490036, www.dalmatia.hr
> **Süddalmatien: TZŽ Dubrovaćko-Neretvanske,** Vukovarska 24, 20000 Dubrovnik, Tel. 020 324999, Fax 020 324224, www.visitdubrovnik.hr

Die Fremdenverkehrsämter einzelner Städte, Inseln, etc. finden Sie bei der jeweiligen Ortsbeschreibung innerhalb der Routen.

Kroatische Engel
Die einheitliche Telefonnummer für alle touristischen Informationen, die ganz Kroatien betreffen, lautet: 062 999999. Bei Anrufen aus dem Ausland wählen Sie: +385 62 999999. Die Informationen können vom 25. März bis 15. Oktober u. a. in deutscher, englischer und italienischer Sprache abgerufen werden.

REISEVERANSTALTER

Kroatienprogramme hat inzwischen fast jeder namhafte Reiseveranstalter im Katalog. Hier gilt es, die Angebote und Preise zu vergleichen.

INTERNET

- **www.croatia.hr** (offizielle Website der kroatischen Tourismuszentrale)
- **www.croatia-online.de** (informative deutsche Website über Kroatien)
- **www.traumhaftes-kroatien.de** (touristische Website für das ganze Land mit vielen Fotos und direkten Buchungsmöglichkeiten)
- **www.istra.hr** (sehr umfassende Website des Fremdenverkehrsamtes Istrien)
- **www.kvarner.hr** (Fremdenverkehrsamt der Region Kvarner)
- **www.dalmatia.net** (umfassende, kommerzielle Website für ganz Dalmatien, auf Englisch)
- **www.summernet.hr** (verschiedenste Reise- und Immobilieninfos, auf Englisch)
- **www.visitdubrovnik.hr** (Fremdenverkehrsamt der Region Dubrovnik, Süddalmatien)
- **www.hak.hr** (Website des kroatischen Automobilklubs)
- **www.camping.hr** (Website des kroatischen Campingplatz-Verbands mit Infos über alle Campingplätze)
- **www.kroatien-idriva.de** (Spezialreiseveranstalter für Kroatien)
- **www.carina.hr** (Zollbestimmungen)

So gut sind die Wanderwege nicht immer ausgeschildert

KARTEN

STRASSENKARTE

Eine sehr gute Straßenkarte und Basis für den Routenatlas in diesem Buch ist die Kroatien-Karte des **world mapping project™** (Verlag REISE KNOW-HOW), die reiß- und wasserfest ist, da sie aus einem synthetischen Material hergestellt wird, dessen Herstellung weniger Energie erfordert als Normalpapier.

Angesichts ihres Maßstabs von 1 : 300.000 (immerhin deckt sie die gesamte Küste ab und zusätzlich das Binnenland im Maßstab 1 : 700.000) ist die Karte noch erstaunlich detailliert und enthält zahlreiche Sehenswürdigkeiten sowie ein komplettes Ortsregister. Hervorragend sind die Einzelkarten Istrien 1 : 70.000 und Dalmatien 1 : 175.000, die mit Grad- und UTM-Gitter sogar GPS-tauglich sind.

Für je 8,90 € sind die Karten im Buchhandel oder im Verlagsshop unter www.reise-know-how.de erhältlich.

Von Lesern wird außerdem der **Atlas** des Verlages **Freytag & Berndt** im Maßstab 1 : 150.000 empfohlen.

DIGITALE KARTEN

Für die Reiseplanung zu Hause am Computer, zur Nutzung unterwegs auf dem Notebook oder sogar zur GPS-gesteuerten Navigation gibt es verschiedene digitale Straßenkarten auf DVD bzw. auf MicroSD-Karte. Von Garmin bekommt man eine routingfähige Karte („City Navigator NT Europa" – umfasst über 50 Länder) für die Planung zu Hause und für die GPS-Navigation unterwegs. Mit entsprechenden Garmin-Geräten (etwa Zümo, Nüvi, Streetpilot, Quest sowie routingfähige Handheld-Geräte) ist sogar eine elektronische Routenführung möglich. Dies ist vor allem dann nützlich, wenn man sich schnell zu bestimmten Adressen führen lassen will. Wer nur mit dem GPS-Gerät arbeitet und nicht auf dem PC oder Laptop plant, kommt mit dem Garmin „City Navigator NT Ost Europa, Nord West Region" aus. Die Karte befindet sich auf einer MicroSD-Karte und wird einfach ins Gerät gesteckt – los geht's.

Weitergehende Informationen zum Thema digitale Karten findet man z. B. auf der Garmin-Homepage unter www.garmin.com/garmin/cms/site/de/karten.

Digitale Rasterkarten
Die ausgezeichneten Landkarten Dalmatien 1 : 175.000 und Istrien 1 : 70.000 aus der Serie **world mapping project™** sind auch als digitale Rasterkarten (nicht im Vektorformat) für einige Movingmap-Programme wie fugawi, ttqv und oziexplorer verfügbar. Sie sind auf dem PC/Laptop und verschiedenen Handgeräten für die Routenplanung und zur allgemeinen Orientierung einsetzbar. **Bezugsquelle:** www.reise-know-how.de

PANNE UND UNFALL

Kleinere Pannen hat man als Reisemobilist ja meist selbst im Griff, größeren kann man durch gute Wartung und einen gründlichen Check vor der Reise und einen umsichtigen Fahrstil vorbeugen. Hat man dennoch mal ein Problem, hilft oft gerne ein anderer Wohnmobilist mit Rat und Tat – im Idealfall natürlich einer, der dasselbe Fabrikat fährt. Oft kann man sich dann auch mit kleineren Ersatzteilen wie Sicherungen, Glühbirnen etc. gegenseitig aushelfen. Ist das Fahrzeug noch fahrtüchtig, so sollte man im internationalen Kundendienstverzeichnis nachsehen, wo sich die nächste Vertragswerkstatt befindet. Aber auch nicht markengebundene Autowerkstätten können oft helfen. Ist das Fahrzeug nicht mehr fahrtüchtig, hilft allerdings nur noch der Pannendienst.

Spätestens dann ist ein **Auslandsschutzbrief** (z. B. ADAC, ÖAMTC oder ACS) sehr hilfreich. Der ADAC-Service ist seit einigen Jahren wirklich gut. Einfach anrufen – und die freundliche Dame (die natürlich deutsch spricht) kümmert sich um alles: Pannenhelfer, Abschleppdienst, Werkstatt, Hotelzimmer, Taxi bzw. was sonst erforderlich ist.

Bei einem **Unfall** sollte man sich unbedingt eine polizeiliche Unfallbestätigung ausstellen lassen, da es sonst mit dem beschädigten Fahrzeug bei der Ausreise Probleme geben könnte (u. U. wird man so lange aufgehalten, bis der Unfallhergang geklärt und die Schuldfrage geregelt ist). Sehr hilfreich für die Abwicklung mit der Versicherung ist ein **„Europäischer Unfallbericht"** – das mehrsprachige Formular ist bei den Automobilklubs erhältlich.

Praktische Reisetipps A–Z
Panne und Unfall

Notrufnummern
› **Einheitsnummer für alle Notfälle:** 112

Um zu seinem Recht zu kommen, ist in jedem Fall eine **Rechtsschutzversicherung** sehr zu empfehlen, sonst können Sie zwar vielleicht Ihr Recht erstreiten – aber die Kosten dafür werden u. U. höher sein als der vom Gegner erstattete Schaden! Noch besser ist eine **Vollkaskoversicherung,** die Ihnen Ihren Schaden erstattet – und sich dann darum kümmern kann, was vom Unfallgegner zurückzufordern ist. Für Auslandreisen kann sich u. U. auch eine Kurzeit-Vollkaskoversicherung lohnen.

Pannen-Notrufnummern
› deutschsprachiger **ADAC- und ÖAMTC-Notruf** in Zagreb, Tel. 01 34406666
› **ACS-Notruf Schweiz:** Tel. +41 (0)44 6288899
› **ÖAMTC-Schutzbrief Nothilfe:** Tel. +43 (0)1 2512000
› **AvD-Notruf** (aus dem Ausland): +49 (0)69 6606600
› **ADAC-Notrufzentrale München,** Tel. +49 (0)89 222222 (rund um die Uhr besetzt, Hilfe bei Panne, Unfall, Diebstahl, Verlust von Papieren, Kreditkarten u. Ä.)
› **ADAC-Ambulanzdienst München,** Tel. +49 (0)89 767676 (rund um die Uhr besetzt, medizinische Hilfe wie Krankenrücktransport, Medikamentenversand, Vermittlung deutschsprachiger Ärzte u. Ä.)
› **Pannenhilfe** des kroatischen Automobilklubs (HAK), Tel. 987 (beachten Sie, dass andere Pannenhelfer oft erheblich teurer sind!)

PARKEN

Siehe „Parkplätze" unter „Übernachten" (S. 51).

POST

Achtung
Vorsicht bei Großbriefen, Päckchen etc. nach Kroatien. Eine meiner Sendungen, die nichts anderes als einige Berichte enthielt, wurde vom Zoll festgehalten, um übersetzt und auf staatsschädigende Inhalte überprüft zu werden. Sie hat ihr Ziel nie erreicht!

Postämter sind in jedem größeren Ort zu finden und an einem blaugelben Schild mit der Aufschrift „**HPT**" zu erkennen. Neben dem üblichen **Postservice** bieten die meisten Postämter auch die Möglichkeit zu telefonieren, zu telegrafieren und Faxe zu verschicken. Man kann dort Geld wechseln und Telefonkarten kaufen. **Briefmarken** bekommt man außer am Postschalter auch an Kiosken und in Tabakgeschäften.

Das **Porto** für Postkarten ins europäische Ausland beträgt 4,60 Kuna, für Briefe sind es 7,60 Kuna. Briefe und Postkarten nach Deutschland sollen ihr Ziel in 3 bis 4 Tagen erreichen; nach meinen Erfahrungen muss man jedoch eher 5 bis 7 Tage veranschlagen. Sendungen nach Kroatien müssen vor der fünfstelligen Postleitzahl mit der Abkürzung „HR" (für Hrvatska = Kroatien) gekennzeichnet werden (z. B. HR–21000 Split).

Postlagernde Sendungen kann man sich in fast alle größeren Orte schicken lassen. Auf dem Umschlag muss „Poste Restante" vermerkt und der Nachname des Empfängers unterstrichen sein. Die Adresse sollte in großen Druckbuchstaben geschrieben werden: zuerst der unterstrichene Nachname, dann der Vorname. Postlagernde Sendungen werden zwei Monate aufbewahrt und können gegen Vorlage des Ausweises und eine geringe Gebühr in Empfang genommen werden. Im Zweifelsfall auch unter dem Vornamen suchen lassen. Auslandspakete dürfen maximal 10 kg wiegen.

Postämter in Touristenorten haben während der Saison in der Regel montags bis samstags von 7 bis 19 Uhr geöffnet, manchmal sogar länger; sonntags oft bis 12 Uhr, zum Teil aber auch wie an Werktagen. In der Nebensaison und in kleineren Orten wird an Werktagen über Mittag geschlossen oder nur bis 14 Uhr gearbeitet und sonntags gar nicht oder nur vormittags geöffnet.

Weitere Informationen erhält man unter www.posta.hr.

REISEZEIT UND KLIMA

Die Sommer an der kroatischen Küste und auf den Inseln sind genau so, wie der Reisende sie von einem Urlaubsland erwartet: Diese Gebiete haben ein ausgeprägt mediterranes Klima mit viel Sonne, Wärme und kaum Niederschlag.

Die meisten **Niederschläge** fallen im Herbst, aber auch in der Vorsaison kann das Wetter in manchen Jahren etwas unbeständig sein. Im Sommer hingegen geben manche Hotels und Ferienanlagen sogar eine Sonnengarantie mit Kostenerstattung oder kostenlosem Aufenthalt, falls es zwei Tage nacheinander regnen sollte.

Die Badesaison mit durchschnittlichen **Wassertemperaturen** von 20 °C beginnt im Juni und dauert bis Ende September mit Wassertemperaturen bis zu 25 °C.

Die ausgleichende Wirkung des Meeres sorgt auch in den heißesten Monaten (vor allem Juli und August) für erträgliche **Temperaturen** und dafür, dass es nachts nicht weit unter 18–20 °C abkühlt. Am Tag kann das Quecksilber im Schatten auf 30 °C steigen.

Ideale **Reisezeit** sind die Monate Mai und Juni, wenn alles noch grün ist und der Ginster und zahlreiche Wildblumen blühen, sowie der September, wenn die Sommerhitze abklingt, die Massen ver-

Winde

Das Wetter an der kroatischen Küste wird stark durch die verschiedenen Winde geprägt, die für sehr plötzliche Wetterumschwünge sorgen können. Am meisten gefürchtet ist die Bora, die meist im Winter weht, aber das ganze Jahr über urplötzlich auftreten kann, wenn trocken-kalte Festlandluft über die Bergkämme schwappt. Ohne lange Vorwarnung kann sie mit eisigen Sturmböen von bis zu 180 km/h von den Bergen herunterfegen. Für Segler und Surfer gilt dann höchste Gefahrenstufe. Aber auch Reisemobile auf der Küstenstraße müssen äußerst vorsichtig sein. Die Bora ist besonders in der nördlichen Adria berüchtigt und sorgt für kurzzeitige Temperaturstürze.

Schönes Wetter bringt der Maestral, der im Sommer vom Meer zum Land weht und für angenehme Kühlung sorgt. Er ist ein recht konstanter Wind, der etwa gegen 9 Uhr beginnt, kurz nach Mittag am stärksten wird und sich bei Sonnenuntergang wieder legt. Der Jugo ist ein milder, feuchter Wind, der vor allem im Frühjahr und Herbst aus südöstlicher Richtung weht und für gewöhnlich Wolken und Regen bringt.

schwunden sind und die Adria noch angenehme Badetemperaturen hat. Die Hauptsaison mit den höchsten Preisen und dem größten Besucherandrang dauert von Anfang Juli bis Ende August. Auch die Winter an der Küste und auf den Inseln sind erstaunlich mild – solange die Bora nicht weht. Von Ende Oktober bis April sind viele Campingplätze, Restaurants etc. geschlossen, aber einige Unterkünfte haben auch ganzjährig geöffnet und in dieser Zeit kann man auch mit mehr Toleranz rechnen, wenn man mit seinem Wohnmobil nachts auf einem Parkplatz steht. Fast alle im Sommer gebührenpflichtigen (und oft sehr teuren!) Parkplätze sind dann kostenfrei.

In den Bergen – nur wenige Kilometer von der Küste entfernt – herrscht ein völlig anderes Klima, das demjenigen deutscher Mittelgebirge gleicht. Über tausend Meter Höhe kann monatelang Schnee liegen und selbst auf tausend Meter Höhe treiben die Buchen erst Ende April frisches Laub. Andererseits kann es dort im Sommer bei intensiver Sonnenstrahlung sehr heiß werden.

RUNDFUNK

Einige Programme des Kroatischen Rundfunks strahlen fremdsprachige Sendungen für Touristen in Kroatien aus. Im ersten Programm des Kroatischen Rundfunks gibt es täglich fünf- bis zehnminütige Sendungen in englischer Sprache.

Nach den regelmäßigen Nachrichten in Kroatisch sendet das zweite Programm des Kroatischen Rundfunks täglich den **Verkehrsbericht des Kroatischen Automobilklubs (HAK)** in englischer, deutscher und italienischer Sprache. Jede volle Stunde werden außerdem im Zweiten Programm des Kroatischen Rundfunks Nachrichten und Informationen über die Verkehrslage und den Straßenzustand u. a. direkt aus den Studios von Bayern 3 und Ö3 übernommen und gesendet (um 9 Uhr bzw. 10 Uhr).

SICHERHEIT

Kroatien dürfte derzeit wohl eins der sichersten Reiseländer am Mittelmeer sein – wenn nicht sogar in ganz Europa. Traditionell hat die Gastfreundschaft hier einen sehr hohen Stellenwert. Dazu kommt die enorme Bedeutung, die der Tourismus für das Küstenland hat. Man unternimmt daher alles nur Denkbare, um sich keine Sympathien zu verscherzen. Die Ordnungsbehörden sind sehr aufmerksam und hilfsbereit und auch in der Bevölkerung scheint sich jeder Einzelne sehr wohl bewusst zu sein, wie wichtig der gute Ruf für alle ist. Selbst als ich in einem Straßencafé eine Tasche mit Fotozubehör und sämtlichen Papieren vergaß, wurde sie sofort bei der nächsten Polizeistelle abgegeben und der aufmerksame Beamte rief sogar bei den Grenzübergängen an, um die dortigen Kollegen zu informieren! Die einzigen „Vergehen", die mir bekannt wurden, sind kleine Mogeleien bei den Preisen.

Das galt jedenfalls bis vor wenigen Jahren, doch wo die Touristen zahlreich werden, lassen auch die Langfinger nicht auf sich warten – und inzwischen nehmen leider auch in kroatischen Urlaubsgebieten die Diebstähle und Autoeinbrüche zu. Wertgegenstände und Geld gehören generell nicht ins Auto und wer sein Fahrzeug gar unverschlossen abstellt, könnte doch einmal Pech haben.

Falls Ihnen Ausweise, Fahrzeugpapiere, Kreditkarten oder andere wichtige Unterlagen abhanden gekommen sein sollten, so benötigen Sie ein polizeiliches Protokoll, um sich bei Ihrer zuständigen Botschaft Ersatzpapiere ausstellen zu lassen. Sehr vereinfachend und damit Zeit sparend ist es, wenn man bereits vor der Reise von allen wichtigen Unterlagen Fotokopien anfertigt, die man dann bei den Behörden vorlegen kann. Abhanden gekommene Maestro-/EC- oder Kreditkarten, Handys, Krankenkassenausweise o. Ä. unbedingt sofort sperren lassen!

Sperrnotruf

Sperrnotruf für deutsche Staatsbürger: Tel. +49 116116 oder aus dem Ausland auch Tel. +49 3040504050. Sperren von Medien wie Kredit- und Maestro-/EC-Karten, Handys, digitalen Signaturen, Krankenkassenkarten, Mitarbeiter-Ausweisen, Kundenkarten, Online-Berechtigungen etc. **Aber Achtung:** Mit der telefonischen Sperrung sind die Karten zwar für die Bezahlung/Geldabhebung mit der PIN gesperrt, nicht jedoch für das Lastschriftverfahren mit Unterschrift. Man sollte daher auf jeden Fall den Verlust zusätzlich bei der Polizei zur Anzeige bringen, um gegebenenfalls auftretende Ansprüche zurückweisen zu können.

SPORTLICHE URLAUBSAKTIVITÄTEN

In einer Küstenregion mit so vielen Buchten und Stränden, Inseln, Riffen, glasklarem Wasser und endlosem Sonnenschein kommt natürlich der Wassersport an allererster Stelle: Baden, Surfen, Segeln, Tauchen und Angeln werden ganz groß geschrieben.

GOLF

Lange Zeit gab es an der Küste nur einen einzigen Golfplatz: auf der Insel Brijuni, der einst dem Regierungschef und seinen Staatsgästen vorbehalten war.
› **Golfplatz Brijuni,** Brijunska 10, 52212 Fažana, Tel. 052 525883, www.brijuni.hr

Inzwischen gibt es einen zweiten Platz bei Alberi/Savudrija. Der 18-Loch-Championship-Platz ist Teil des Kempinski Hotel Adriatic.
› **Golf Club Adriatic,** Alberi 300A, 52475 Savudrija, Tel. 052 707100, Fax 052 708999, www.golf-adriatic.com

KLETTERN

Das kroatische Eldorado der Kletterer – insbesondere der Freikletterer – ist die Velika-Paklenica-Schlucht, die auch internationalen Ruhm erlangt hat. Nur 2 km von Küste und Badestränden entfernt, bietet diese Schlucht gleich am Eingang die höchsten Wände mit zahlreichen Routen verschiedenster Schwierigkeitsgrade und Mög-

lichkeiten zum Bouldern. Die besten Möglichkeiten für versierte Kletterer bieten die Anića-kuk-Wände, die man vom Parkplatz aus in etwa 25–30 Minuten erreicht.
› **Information:** Paklenica-Nationalpark (s. S. 120)
› **Kroatischer Kletterverband,** HPS, Kozarčeva 22, 1000 Zagreb, Tel. 01 4823624, Tel./Fax 01 4824142, www.plsavez.hr (nur auf Kroatisch)
› **Bergsteigerverband der Region Rijeka,** Korzo 40/I, 51000 Rijeka, Tel. 051 331212, 446226

RADFAHREN

Sollten Sie mit dem Gedanken spielen, die Adria-Magistrale auf zwei Rädern zu erleben – vergessen Sie es lieber schnell wieder. Katastrophaler Verkehr im Sommer, die Böen der Bora im Winterhalbjahr und donnernde Lastwagen zu jeder Zeit machen die Fahrt zum Horrortrip. Weit schönere Möglichkeiten bieten die großen Inseln und das Landesinnere Istriens.

Markierte Routen für Radfahrer gibt es vor allem auf der Halbinsel Istrien. Besonders schön ist die Route „Parenzana" auf der Trasse einer alten Schmalspurbahn (www.parenzana.net/de). Sehr hilfreich sind der „Mountainbike-Atlas Istrien" sowie die Broschüren und Faltblätter „Istra Bike" (für Nord- und Zentral-Istrien) und „Bike Poreč". Sie enthalten sieben verschiedene Routenvorschläge mit meist sehr guten Karten, Höhenprofilen, Tourenbeschreibungen und einer Fülle

von Informationen zu Sehenswürdigkeiten, Unterkünften, Restaurants etc. Erhältlich sind sie vom Fremdenverkehrsamt der Region Istrien sowie bei örtlichen Touristinformationen.
> **Kroatischer Fahrradverband,** Trg sportava 11, 1000 Zagreb, Tel. 01 3012347, Fax 01 3012347, www.hbs.hr (auf Kroatisch)

REITEN

Möglichkeiten für den Reitsport findet man vor allem an der Westküste Istriens, aber auch an der Küste von Dalmatien und in den Bergen gibt es einige faszinierende Möglichkeiten. Wer die wilde Gebirgslandschaft Dalmatiens auf dem Rücken eines Pferdes erkunden will, der kann nur wenige Kilometer von der Küste entfernt einen Ausritt durch den **Nationalpark Paklenica** machen, wo in den 1960er-Jahren Karl Mays „Old Surehand" verfilmt wurde.
> **Information:** Nationalpark-Verwaltung, Dr. F. Tudmana 14a, 23244 Starigrad-Paklenica, Tel. 023 369155, 369202, www.paklenica.hr

Durch eine ebenso wilde und noch einsamere Landschaft, die ebenfalls einer Westernkulisse gleicht, führen die Ausritte im **Biokovo-Gebirge** nahe Makarska. Von einer rustikalen Berghütte auf halber Strecke des Sträßchens zwischen Makarska und dem Sveti Jure führen diese Ritte über das menschenleere Hochplateau zu Füßen des höchsten Gipfels im Küstengebirge.
> **Information:** Marijan Prgomet, Put mlikarica 12, 21300 Makarska, Tel. 021 613902, Mobil 098 9245051, www.vratabiokova.com (auch auf Deutsch)

SEGELN UND SPORTSCHIFFFAHRT

Mit über 6000 km Küstenlinie und rund tausend teils unbewohnten Inseln und Riffen ist die kroatische Adria ein ideales Revier für Segler und Motorbootfahrer – wohl das abwechslungsreichste und faszinierendste Revier in Europa überhaupt. Viele der Inseln, Buchten und Strände sind nur vom Wasser aus mit dem eigenen Boot erreichbar. Mehrere hundert Häfen und über 46 modern ausgestattete **Marinas** (21 davon betreibt der ACI) erschließen dieses Paradies. Alle Marinas sind in der „Croatian Marinas Association" (HUM) organisiert. Umfassende Infos enthält die kostenlose Broschüre „Marinas".

Besonders beliebt sind die Kvarner Inseln und die Kornaten (Nationalpark) mit ihren zahllosen ursprünglichen Felseninseln und geschützten Buchten zum Ankern. **Charterboote** und organisierte **Segeltörns** werden in zahlreichen Häfen angeboten und in fast allen Touristenzentren der Küste hat man auch die Möglichkeit, den Segelschein oder Bootsführerschein zu erwerben.

Wer es billiger haben will, kann für etwa 30–60 € pro Tag fast überall ein kleines **4-PS-Motorboot** mieten, um seine eigene Traumbucht anzusteuern. Genügend Trinkwasser und Lebensmittel mitnehmen – vor allem für längere Törns in den Kornaten, wo es kaum Versorgungsmöglichkeiten gibt. Vorsicht: Auch für Segler und Motorbootfahrer kann die Bora zur Gefahr werden!

Infos über Marinas, Bestimmungen, Einfuhr von Booten etc. bekommt man vom **ACI Club** und vom **Kroatischen Seglerverband** HJS.
> **ACI Club d.d.,** M. Tita 151, P.O. Box 109, 51410 Opatija, Tel. 051 271288, Fax 051 271824, www.aci-club.hr (auch auf Deutsch)
> **Kroatischer Seglerverband HJS,** Trg Franje Tudjmana 3, 21000 Split, Tel. 021 345788, www.hjs.hr (auf Kroatisch)

SPORTANGELN

Für das Angeln im Meer ist sowohl vom Ufer als auch vom Boot aus eine Lizenz erforderlich, die man von der Gemeinde oder vom Hafenamt erhält. Eine Lizenz für das Angeln in den fischreichen Binnengewässern erteilt meist das nächste Touristbüro, manchmal ist sie auch im Hotel oder am Campingplatz erhältlich. Von den Fremdenverkehrsämtern bekommt man die kostenlose Broschüre „Sportfischerei".
> **Kroatischer Verband für Sportfischerei (Adria):** Ul. M. Gupca 21, 51000 Rijeka, Tel. 051 212196, Fax 051 333776, www.hssrm.hr (auf Kroatisch mit automatischer Übersetzung)
> **Kroatischer Verband für Sportfischerei (Binnengewässer):** Trg sportova 11, 1000 Zagreb, Tel. 01 391333, Fax 01 391128

TAUCHEN

Dank ihres ausgesprochen klaren Wassers, der vielen Inseln und des reichhaltigen Meereslebens an der felsigen Küste ist die kroatische Adria das klassische Taucherparadies Europaw Hinzu kommen zahlreiche Schiffswracks und einige versunkene Städte aus römischer und griechischer Zeit. Zu den beliebtesten Tauchrevieren gehören die Kornaten und Dugi Otok. Auch wer nur einen Badeurlaub plant, sollte Taucherbrille, Flossen und Schnorchel mitnehmen, denn fast überall ist eine faszinierende Unterwasserwelt zu entdecken – und das Schnorcheltauchen erfordert keine Genehmigung.

Das Gerätetauchen ist gestattet, muss aber angemeldet werden (bei der Polizei, beim Hafenamt oder im Touristbüro). Gebühr: 100 Kuna, sofern man seine Tauchgänge über eine ortsansässige Basis organisiert (sonst kostet es horrende 2400 kn!). Unterwasserjagd mit Harpunen ist überall verboten. In sehr vielen Touristenorten gibt es Tauchschulen (meist von Deutschen geleitet), die einwöchige Kurse anbieten und oft auch Tauchexkursionen per Boot zu den interessantesten Revieren organisieren, die man sonst nie entdecken würde. Manche Anbieter haben außerdem die exklusive Lizenz zu Tauchgängen an alten Wracks, bei denen das Tauchen sonst verboten ist. Vom Fremdenverkehrsamt erhält man die kostenlose Broschüre „Tauchen", die sämtliche Bestimmungen und eine Liste der Füllstationen enthält.

> **Kroatischer Taucherverband HRS,** Dalmatinska 12, 1000 Zagreb, Tel. 01 4848765, Fax 01 4849119, www.diving-hrs.hr (auf Kroatisch)

TENNIS

Tennis ist besonders in Istrien (mit rund 450 Plätzen!), aber auch entlang der übrigen Küste sehr verbreitet. Alle besseren Hotels und auch einige große Campingplätze haben eigene Tennisplätze und in fast allen Touristenorten werden im Sommer Tenniskurse angeboten.

WANDERN

Wenngleich die kroatische Küste vor allem für den Wassersport bekannt ist, so ist sie doch zugleich auch ein Paradies für Wanderer. Für Spaziergänge und bequeme Nachmittagstouren gibt es eine Auswahl von gut angelegten Küstenwegen, die malerische Buchten und Badestellen erschließen (z. B. Optija-Lovran an der Küste Istriens oder von Mali nach Veli Lošinj auf der Insel Lošinj). Doch nur wenige Kilometer von den Badestränden entfernt gibt es auch wahrhaft faszinierende Bergpfade, die bis weit über 1000 m hinaufsteigen und beeindruckende Karstlandschaften erschließen (z. B. im Velebit Naturpark und im Biokovo Gebirge) sowie Pfade durch die abwechslungsreichen Landschaften der verschiedenen Nationalparks mit Urwäldern, in denen noch Bären und Luchse leben (Risnjak), mit wilden Karstschluchten (Paklenica) und mit den fantastischen Wasserlandschaften von Plitvice und Krka. Und selbst auf den Inseln findet man einige sehr lohnende Wanderwege (Hinweise darauf in den Routenbeschreibungen).

Auf Wandertour im Obzova-Gebirge auf der Insel Krk

WINDSURFEN

Die gesamte kroatische Adriaküste ist ein Paradies für Windsurfer, insbesondere die Kvarner Inseln sowie die Insel Brač und die Halbinsel Pelješac genießen in Surferkreisen einen guten Ruf. Besonders kräftigen Wind, der durch den Düseneffekt verstärkt wird, bieten z. B. das Goldene Horn bei Bol (Brač) und der Kanal zwischen Pelješac und Korčula. Das wichtigste Zentrum der Windsurfer ist wohl Viganj, nahe Orebić auf der Halbinsel Pelješac. Die meisten Hotels und Campingplätze verleihen Surfbretter und bei vielen gibt es auch Surfschulen. Fünftägige Kurse kosten etwa 125 €. Geschützte Buchten bieten Anfängern gute Möglichkeiten, erste Erfahrungen zu sammeln. Sehr gefährlich kann das Surfen bei plötzlich hereinbrechender Bora werden, die mit gewaltigen Böen auf das Meer hinausweht, im Sommer aber selten ist. Besonders als weniger erfahrener Surfer sollte man sich daher stets in Strandnähe halten.

STRASSENVERHÄLTNISSE

Vorsicht Schotter!
Beachten Sie, dass „Makadam" in Kroatien nicht das bedeutet, was man bei uns erwarten würde, sondern Schotterpiste!

Die kroatische Küste ist eine weitgehend gebirgige Region und die meisten Straßen sind daher sehr kurvenreich und überwiegend ohne Seitenstreifen. Umsichtiges Fahren ist deshalb überall anzuraten. Seit der Unabhängigkeit ist das Straßennetz in den touristischen Re-

▷ *Auf schmalen Bergstraßen heißt es, vorausschauend zu fahren*

gionen mit großem Aufwand instand gesetzt und ausgebaut worden. Viele Abschnitte sind bereits fertig gestellt und nagelneu, andere in Arbeit oder noch im alten Zustand. Es muss deshalb überall, auch auf der Adria-Magistrale, mit abrupt **wechselndem Belag** gerechnet werden. Vor allem für An- und Rückreise empfiehlt sich die nagelneu gebaute Autobahn.

Fahren Sie auf den kurvenreichen Strecken äußerst vorsichtig und defensiv, denn trotz häufiger Polizeikontrollen fahren und überholen viele Autofahrer nach wie vor auf wahrhaft selbstmörderische Weise!

Grundsätzlich sind die gesamte Küste und die Inseln problemlos auch mit größeren Wohnmobilen zu bereisen. **Ortsdurchfahrten** sind oft eng und durch parkende Fahrzeuge zusätzlich eingeengt.

Vermeiden sollte der Wohnmobilist in Dörfern und Städten die Nebenstraßen, die oft sehr eng sind und bei Gegenverkehr keine Ausweichmöglichkeit bieten. Manche Ortsdurchfahrten oder sonstige Straßen sind für Wohnmobile gesperrt. Halten Sie sich an diese Verbote, denn sie haben meist einen guten Grund!

Kleine **Nebenstrecken** sind oft einspurig und durch Steinmauern begrenzt – meist gibt es jedoch Ausweichmöglichkeiten. Möglichst weit vorausschauend fahren und bei Gegenverkehr (oder auch wenn einer an Ihrer hinteren Stoßstange „klebt"!) die nächstmögliche Spurverbreiterung oder Bucht anfahren.

Schafe, Ziegen, Esel und ähnliche Verkehrsteilnehmer haben generell Vorfahrt. Besonders auf Nebenstraßen muss man immer mit schlecht oder gar nicht beleuchteten Kleintraktoren, Pferdegespannen und Eselreitern rechnen.

Die größte Gefahr für Wohnmobile und Caravans – neben „Kamikaze-Fahrern"! – ist die **Bora**. Wenn der extrem böige Sturmwind aus den Bergen herabfegt, besteht besonders auf der Adria-Magistrale trotz Windverbauungen akute Gefahr. Nicht selten werden große Fahrzeuge und selbst Pkws schlicht von der Straße geweht. Deshalb bei starker Bora anhalten! Besonders betroffen ist der Küstenabschnitt zwischen Senj und Karlobag. Manche besonders gefährdete Strecken wie die Brücken nach Krk und Pag werden bei Bora sogar völlig gesperrt. Achtung: **Sommerliche Regenfälle** nach langer Trockenheit können den Staub auf der Straßendecke in eine extrem schmierige Rutschbahn verwandeln! Selbst als Fußgänger hatte ich schon den Eindruck, als wäre die Teerdecke mit Schmierseife behandelt worden!

> **Tunnel**
> *Tunnel auf Fernstrecken wie der Küstenstraße sind so dimensioniert, dass man sich auch als Wohnmobilist keine Gedanken zu machen braucht. Aber auf Nebenstrecken und auf kleineren Inselstraßen ist Vorsicht geboten! Gehen Sie kein Risiko ein. Nicht immer sind Höhe und Breite klar und deutlich angegeben – und es kann vorkommen, dass die Höhe ab Tunnelmitte ganz plötzlich geringer wird! Höhen- und Breitenangabe sind manchmal in einem Schild zusammengefasst! Auf Hvar ist es mir passiert, dass ich ein solches – zudem recht abgeblättertes – Schild nicht richtig verstanden habe und mit meinem 2,70 m hohen Fahrzeug in einen Tunnel gefahren bin, der zunächst recht eng, aber passierbar war – dann aber auf der Mitte abrupt nur noch 2,20 m lichte Höhe hatte!*

Nützliche Telefonnummern
› **Kroatischer Autoklub (HAK),** Tel. 01 4640800, www.hak.hr
› **Verkehrsservice und Wettervorhersage:** Tel. 060 520520
› **Verkehrsinformation:** Tel. 01 4640800
› **Verkehrsmeldungen** s. u. „Rundfunk"

STROM

Die **Netzspannung** in Kroatien beträgt 220 Volt. **Steckdosen** entsprechen den zweipoligen, die auch in Deutschland, Österreich und der Schweiz gebräuchlich sind, sodass man keinen Adapter benötigt. Auf Campingplätzen entsprechen Steckdosen meist der Euronorm (blaue, dreipolige Anschlüsse); z. T. sind es noch die alten zweipoligen Dosen. Adapter und reichlich Verlängerungskabel sind daher zu empfehlen.

TANKEN

Alle Kraftstoffsorten werden ausreichend und in EU-Qualität angeboten. Die Treibstoffpreise sind kaum günstiger als bei uns; die Preisdifferenzen von Tankstelle zu Tankstelle innerhalb des Landes sind minimal – egal, ob Großstadt, Landstraße oder Autobahn. Das Tankstellennetz ist gut ausgebaut, aber auf manchen Inseln gibt es nur eine einzige Tankstelle. Meist sind die Tankstellen von 6–20 Uhr geöffnet. In großen Städten und an Hauptrouten findet man auch Servicestationen, die rund um die Uhr offen bleiben. Diesel kostete Ende 2014 umgerechnet etwa 1,35 € (in Slowenien 1,36 €). Preisvergleiche findet man im Internet unter www.benzinpreis.de und auf der Website des ADAC.

TELEFON

Das Telefonnetz in Kroatien wird von der Post verwaltet. In den letzten Jahren wurde es vollkommen modernisiert, wodurch sich viele Telefon- und Faxnummern geändert haben und sich z. T. auch jetzt noch ständig ändern. Auch in neueren Publikationen können daher manche Rufnummern schon wieder überholt sein.

Die **Vorwahl** gilt nicht wie bei uns für eine einzelne Stadt bzw. den Stadtkreis, sondern für eine ganze Region. So wählt man z. B. die 052 für Istrien, die 051 für die Region Kvarner oder die 023 für die Region Zadar. Bei Telefonaten innerhalb der Region entfällt diese Vorwahl; bei Anrufen aus dem Ausland entfällt die erste Null und wird durch die internationale Vorwahl (s. S. 49) ersetzt.

Telefonzellen, von denen aus man per Direktwahl auch **internationale Gespräche** führen kann, findet man nahezu in jedem Ort. Sie funktionieren inzwischen ausschließlich mit **Telefonkarten** *(telefonska karta)*, die man bei Postämtern, Kiosken und Tabakgeschäften bekommt, teilweise auch an der Rezeption von Campingplätzen und Hotels sowie in Touristbüros. Die Gesprächsminute für eine Verbindung nach Deutschland, Österreich oder in die Schweiz kostet etwa 0,80 – 1 Euro. Hotels, Campingplätze etc. berechnen oft beträchtliche Zuschläge. Die Verbindungen sind sehr gut und ohne störende Nebengeräusche. In der Reisesaison sollen die Leitungen zeitweise überlastet sein, ich hatte allerdings nie Probleme und kann diese Erfahrung nicht bestätigen. Bei Auslandsgesprächen wird – wie überall im internationalen Telefonverkehr – nach der Landesvorwahl die erste Null der Vorwahl weggelassen.

Inzwischen kann man in Kroatien auch mit dem **Handy** fast überall problemlos telefonieren (Lücken im Funknetz gibt es vor allem auf abgelegenen Inselteilen). Geld sparen kann man meist, indem man den Roaming-Partner seines Providers bei der Netzauswahl manuell einstellt. Vergessen Sie nicht, dass Sie auch bezahlen, wenn Sie vom Ausland aus angerufen werden (der Anrufer bezahlt lediglich die Inlandsgebühr, den Anteil für die Auslandsverbindung tragen Sie selbst) – und vergessen Sie auch nicht, die Rufumleitung auf die Mailbox auszuschalten, sonst bezahlen Sie gleich doppelt: für die Weiterleitung nach Kroatien und dann auch wieder zurück ins Heimatland!

Kurios: Diese Telefonzelle wurde aus einem Stück Stein gehauen (und diente zuvor als Öltrog)

Man kann die hohen Gebühren umgehen, indem man vor Ort eine **Prepaid-Karte** kauft (z. B. an Zeitschriftenkiosken). Damit bekommt man ohne Vertragsgebühren ein Guthaben, das man abtelefonieren kann. Mit dieser Karte bekommen Sie auch eine eigene kroatische Rufnummer, unter der Sie erreichbar sind! Das heißt, Sie müssen nicht mehr bezahlen, wenn sie aus Deutschland angerufen werden. Dies funktioniert aber nur mit SIM-Lock-freien Handys. Am besten lässt man sich die Karte gleich beim Kauf einlegen und freischalten, da das Procedere evtl. umständlich und ohne Sprachkenntnisse nicht zu schaffen ist.

Preiswert nach Kroatien telefonieren

Anbieter günstiger Vorwahlen findet man unter www.billigertelefonieren.de, www.tarife.at oder www.teltarif.ch.

Internationale Vorwahlen

› **nach Kroatien:** 00385
› **nach Deutschland:** 0049
› **nach Österreich:** 0043
› **in die Schweiz:** 0041

Netzanbieter für Mobiltelefone in Kroatien

› **T Mobile,** Netzvorwahl 098, www.t-mobile.hr
› **VIPnet,** Netzvorwahl 091, www.vipnet.hr
› **TELE2,** Netzvorwahl 095, www.tele2.hr
Alle drei bieten Roaming-Dienste.

Telefonauskunft in Kroatien
- **allgemeine Auskunft:** 981
- **Inlandsauskunft:** 988 (innerhalb des Ortsnetzes)
- **Inlandsauskunft:** 989 (landesweit)
- **Auslandsauskunft:** 902

Mobiles Internet
- **Prepaid-Datenkarten** für Surfstick, Handy oder Smartphone ohne SIM- und Netlock gibt es z. B. auf www.prepaid-global.de für 34,90 bis 44,90 € (7-Tage-Daten-Flatrate; Karte ab Aktivierung 6 Monate gültig; bis zu 14,4 Mbit/s; sofort einsatzbereit)

TRINKGELD

In Restaurants ist ein Bedienungszuschlag generell nicht im Preis inbegriffen. Für guten Service bedankt man sich üblicherweise mit etwa 10 % des Rechnungsbetrags.

Quittung nicht vergessen!
Bei jedem Verzehr, und sei es nur eine Tasse Kaffee, muss eine Quittung ausgestellt werden. Geschieht dies nicht, machen sich sowohl Wirt als auch Gast strafbar!

Einen ganzen Strand für sich allein – das findet man nur außerhalb der Saison

ÜBERNACHTEN

Da wären wir bei einem heiklen Thema, an dem sich die Geister scheiden. Wo bleibe ich die Nacht? Für viele Reisemobilisten ist das *die* Frage und oft genug *das* Problem schlechthin. Man hat ja stets sein Hotelzimmer mit Bad, WC und allem Notwendigen dabei und ist dafür ausgerüstet, auf jedem schön gelegenen Wanderparkplatz „Landhotel im Grünen" zu spielen. Manche Wohnmobil-Reisende haben das „Freistehen" gar zum Prinzip erhoben und betrachten es fast als Schande, offizielle und damit meist auch kostenpflichtige Stellmöglichkeiten zu nutzen. In Kroatien ist die Situation derzeit im Wandel. Bis vor 10 Jahren war Freistehen zwar offiziell nicht zulässig, aber allgemein akzeptiert, im Moment hat man aber kaum eine andere Wahl als den Campingplatz. Freistehen ist verboten und was ein Stellplatz ist, weiß man in Kroatien noch nicht so recht. Bei meiner letzten Reise habe ich nur 3 bis 4 Plätze entdeckt, die diese Bezeichnung halbwegs verdienen. Das liegt an der Gesetzgebung und daran, dass die Campingplatzbetreiber eine starke Lobby haben und lieber mauern statt aktiv zu werden. Inzwischen scheint sich jedoch ein Umbruch anzubahnen, sodass ab 2015/2016 auf die ersten „echten" Stellplätze zu hoffen ist.

FREISTEHEN

Wildes Campen ist in Kroatien schon lange **generell verboten** – Freistehen mit dem Wohnmobil hingegen war bis vor 10 Jahren durchaus üblich und wurde allgemein toleriert. Das ist nun vorbei! Einerseits ist dies bei dem drastisch gewachsenen Wohnmobil-Aufkommen während der Sommermonate durchaus verständlich – aber andererseits schafft es im Moment ernste Probleme, da offizielle Wohnmobil-Stellplätze noch fast völlig fehlen.

Das Freistehen wird zwar momentan nicht sehr konsequent verfolgt und geahndet, da die Rechtslage etwas kompliziert ist, aber wen es trifft, den trifft es hart und teuer. Viel wahrscheinlicher ist jedoch, dass man – kaum dass man es sich gemütlich eingerichtet hat – von Anwohnern mehr oder weniger freundlich oder deutlich auf das Verbot des Freistehens hingewiesen wird. Ignoriert man diese Warnungen, so muss man damit rechnen, nachts geweckt und des Platzes verwiesen zu werden – von der Polizei und möglicherweise mit hohen Strafen. Andererseits habe ich von Wohnmobilisten gehört, die – außerhalb der Saison! – oft und problemlos frei übernachtet haben.

Und noch etwas darf man keinesfalls vergessen: die **Waldbrandgefahr!** In den heißen und trockenen Wald- und Buschland-Gebieten der Küste besteht nicht nur das Risiko, dass fahrlässige Wildcamper einen verheerenden Brand auslösen, sondern auch, dass man im „frei stehenden" Wohnmobil durch einen Wald- oder Buschbrand ernsthaft gefährdet wird!

WOHNMOBIL-STELLPLÄTZE

Die derzeitige Situation der Wohnmobil-Stellplätze in Kroatien lässt sich kurz zusammenfassen: Es gibt allenfalls 3 bis 4, die diese Bezeichnung halbwegs verdienen, aber auch sie sind im Grunde Mini-Campingplätze, da die Gesetze bislang nichts anderes zulassen.

Da es einerseits eine große Auswahl an Campingplätzen gibt, andererseits das Freistehen bis vor kurzem allgemein toleriert wurde, bestand bislang einfach kein Bedarf. Das hat sich nun verändert, denn das Freistehen wird nicht mehr toleriert. Eine erste Reaktion darauf waren Parkplätze, die eilig geschaffen wurden und keinerlei Ausstattung boten – für die man Wohnmobilisten aber dennoch bis zu 120 kn pro Nacht abverlangt hat (mehr als auf manchem Campingplatz!). Die privaten Plätze wurden rasch wieder geschlossen, doch Städte wie Poreč und Rovinj verlangen von Wohnmobilisten für nicht mehr als einen Parkplatz exorbitante Preise um die 4 Euro pro Stunde! Kein Wunder, dass viele Wohnmobilisten dem Land enttäuscht (und verärgert!) den Rücken kehren.

Aber das wird (hoffentlich!) bald wieder anders aussehen. Die aktuellen Regelungen und Verordnungen für Wohnmobil-Stellplätze verlangen eine Mindestausstattung und die Auflagen sind so streng, dass bisherige Stellplätze praktisch kleine Campingplätze sind. Nach letzten Informationen scheint sich die Gesetzgebung jedoch zu ändern, sodass die Schaffung echter Stellplätze möglich wird. Bleibt zu hoffen, dass sie dann einen ebenso raschen Boom erleben werden wie in vielen anderen Reiseländern.

PARKPLÄTZE

Kostenlos parken
Außerhalb der Saison sind fast alle der im Sommer gebührenpflichtigen (und sehr teuren!) Parkplätze kostenlos.

Ich habe mich bemüht, entlang den beschriebenen Routen Parkplätze ausfindig zu machen, die sich für Stadtbesichtigungen, Badenachmittage oder als Picknickplätze eignen, diese zu beschreiben und die Anfahrt zu ihnen zu erklären (meist mit GPS-Koordinaten). Viele von ihnen könnten durchaus auch als Übernachtungsplätze dienen. Da Freistehen jedoch in Kroatien inzwischen verboten ist und Sie – zumindest in der Saison – mit einigem Ärger rechnen müssten, habe ich die Plätze bewusst nicht als Stell- oder Übernachtungsplätze ausgewiesen. Ob Sie den einen oder anderen davon – in oder außerhalb der Saison – dann doch zum Übernachten nutzen, ist Ihre Entscheidung. Da ich mir bewusst bin, dass im Sommer nicht einzelne, sondern zahlreiche Wohnmobile an der kroatischen Küste unterwegs sind, die zudem überwiegend nicht in die Kategorie „Bulli" oder Expeditionsmobil fallen, habe ich auch bewusst darauf verzichtet, Plätze zu empfehlen, die nur über abenteuerliche Schotterpisten und Steilstrecken zu erreichen sind. Sollten Sie mit einem geeigneten Fahrzeug unterwegs sein und solche Plätze entdecken, dann freuen Sie sich und erzählen Sie es keinem (oder allenfalls Ihren besten Freunden), denn es hat keinen Sinn, Hunderte von Familiencampern dorthin zu schicken.

In vielen Städten an der Küste und besonders in Touristenzentren und nahe Badestränden sind Parkmöglichkeiten knapp. So ist es kein Wunder, dass im Sommer alle geeigneten Flächen in gebührenpflichtige Parkplätze verwandelt werden, um am Tourismus zu verdienen.

CAMPING

Von den knapp 300 Campingplätzen Kroatiens befinden sich annähernd 90 % an der Adriaküste und auf den Inseln. Besonders Istrien ist seit Jahrzehnten eine traditionelle Camping-Destination mit Dutzenden von hervorragend ausgestatteten Campingplätzen. Aber auch die Region Kvarner (insbesondere ihre Inseln) ist sehr gut versorgt. Manche der Plätze sind riesige Camping-Städte, aber es gibt auch kleinere Plätze mit intimerer Atmosphäre. Etwas spärlicher ist das Angebot an der Küste zwischen Senj und Split und auf den dalmatinischen Inseln. Dort gibt es nur wenige große und gut ausgestattete Plätze, dafür aber manchmal eine große Zahl sehr einfacher und kleiner Privatcampingplätze, die in kaum einem Verzeichnis zu finden sind. Manche davon sind nichts anderes als eine Wiese im Garten

Autocamp
Die Bezeichnung „Autocamp" oder „Autokamp" stammt noch aus vergangenen Zeiten und hat heute praktisch keine besondere Bedeutung mehr. Jeder Platz kann sich so nennen; die Bezeichnung sagt nichts über Art oder Ausstattung.

Camping Sirena **58** *südlich von Omiš – einer der schönsten Plätze in Mitteldalmatien*

◁ *Solch idyllische Plätzchen findet man in der Vorsaison auf dem Camping Village Stoja* ⓰

des Inhabers, aber es gibt auch sehr schön gelegene und liebevoll ausgestattete Privatplätze.

Die großen Campingplätze an der Küste haben meist einen eigenen **Strand** (manchmal eine komplette Bucht oder Halbinsel) und eine gute bis sehr gute **Ausstattung:** Schatten spendenden Pinienwald oder zumindest Olivenbäume, Restaurants, Cafés, Bars, Supermärkte, moderne Sanitäranlagen (viele davon ganz neu errichtet oder eben erst modernisiert), Kühlboxen, die man mieten kann, Grillstellen und vielfältige Sporteinrichtungen. Auch Boote und Wassersportgeräte kann man meist mieten, manchen Plätzen sind Surf-, Segel- oder Tauchschulen angeschlossen und viele sind mit kleinen Bungalow-Siedlungen kombiniert. Überwiegend an der istrischen Küste und auf den Kvarner Inseln findet man eine große Zahl von **FKK-Plätzen** (Naturist Camping); andere Camps bieten getrennte Zonen für Gäste mit und ohne Badebekleidung.

Die meisten der Campingplätze sind von Anfang Mai bis Ende September **geöffnet,** einige von Anfang April bis Ende Oktober und nur sehr wenige ganzjährig. Während der Hauptsaison wird es auf vielen Plätzen sehr eng. Zumindest für längere Aufenthalte ist dann eine frühzeitige **Reservierung** dringend zu empfehlen. Zwar wurde mir überall versichert, dass auch Durchreisende ohne Reservierung jederzeit einen Übernachtungsplatz finden, aber nach meinen Erfahrungen ist diese Zusage mit Vorsicht zu genießen. Zudem werden für

Kurzaufenthalte teils erhebliche Zuschläge verlangt. Inzwischen sind zum Glück fast alle Plätze zumindest teilweise **parzelliert**. So reizvoll unparzellierte Flächen außerhalb der Saison sein mögen, wenn man sich nicht in ein festgelegtes Karree zwängen muss, so problematisch kann dies im Sommer werden. Wiederholt ist es mir passiert, dass man mir an der Rezeption versicherte, es gäbe noch Platz und ich könne mich stellen, wohin ich will – und dann schob ich mich endlos durch das Gedränge von Zelten, Wohnwagen und Wohnmobilen wie beim Spießrutenlauf: Kaum näherte ich mich einer vermeintlichen Lücke, da wurde ich von allen „Anwohnern" höchst argwöhnisch beäugt, und wagte ich gar, darauf anzuhalten, so kam schon einer aus dem Wohnwagen gehüpft und zeterte, das sei sein Platz – oder der Parkplatz des Nachbarn. Ich habe gesehen, wie Wohnwagenbesitzer ihre Pkws geschickt so platzierten, dass sie damit einen großen Vorgarten gegen „Eindringlinge" absperrten. Und ich habe sogar erlebt, dass selbst Camper, die einen Platz reserviert hatten und nach der langen Anreise erschöpft und müde waren, genau mit den gleichen Problemen zu kämpfen hatten. Trotz Reservierung! Das kommt zum Glück kaum noch vor, doch wenn Sie einen **Stellplatz reservieren,** so vergewissern Sie sich, dass Ihnen dann auch eine Parzelle frei gehalten wird.

Reisemobile sind praktisch auf allen Plätzen willkommen und inzwischen haben auch die meisten Campingplätze gut eingerichtete **Ver- und Entsorgungsstationen.** Eine Entleerungsmöglichkeit für WC-Kassetten von Chemietoiletten findet man auf fast allen größeren Plätzen, Frischwasser gibt es bei besseren Plätzen direkt an der Parzelle, nur selten muss man noch Kanister tragen, und auch die Abwasser-Entsorgung entspricht meist dem üblichen Standard; zumindest von den größeren Plätzen haben schon viele eine adäquate Plattform.

Einen sehr guten Überblick über die Campingplätze entlang der kroatischen Küste und auf den Inseln vermittelt die jährlich neu herausgegebene **Broschüre „Camping".** Sie enthält eine Fülle von Detailinformationen und ist bei der Kroatischen Zentrale für Tourismus erhältlich. Sehr zu empfehlen ist auch die Broschüre „Top Camping", die besonders gute Plätze beschreibt und nach verschiedenen Kriterien bewertet. Sie wird herausgegeben von **Top Camping Croatia** (Pionirska 1, 52440 Poreč, Tel. 00385 52433761, 00385 5243346, Fax 00385 52433762, www.topcamping.hr) unter Leitung des sehr kompetenten und engagierten ehemaligen Präsidenten des Campingplatzverbandes KUH (s. S. 57).

Als besonders günstig kann man einen Campingurlaub in Kroatien leider nicht mehr bezeichnen. Die **Preise** haben sich weitgehend dem durchschnittlichen „Mittelmeer-Niveau" angepasst; d. h., sie liegen noch etwas unter den italienischen Preisen – aber teilweise schon über dem Preis für Privatunterkünfte oder für ein günstiges Hotelzimmer. Auf kleinen, einfach ausgestatteten Plätzen können sie

> **Klassifizierung der Campingplätze**
> *Die kroatischen Campingplätze werden derzeit alle neu klassifiziert. Gearbeitet wird an einer Einteilung in vier Kategorien nach dem Sternesystem (2 bis 5 Sterne), das seit Frühjahr 2007 gültig ist. Bis dahin galt das System mit 1–4 Sternen, die sich an Ausstattung und Komfort orientieren. Beachten Sie, dass diese Kategorien in der Regel etwas über den Preis aussagen (je mehr Sterne, desto teurer) – aber nichts über Lage, Atmosphäre, Umgebung, Landschaft etc. Für Reisemobilisten kann daher ein einfacher und billiger, aber ruhig, schattig und schön gelegener 2-Sterne-Platz besser sein als ein teurer 4-Sterne-Luxus-Platz, dessen Super-Sanitäranlagen sie gar nicht brauchen und dessen lärmige Animation Sie vielleicht gar nicht wollen. Andererseits bieten in der Regel nur die besseren Plätze geeignete Ver-/Entsorgungsstationen (s. u. „Ver-/Entsorgung"). Insgesamt halte ich die derzeitige Klassifizierung für sehr irreführend. Sie entfernt sich teils enorm von den Bewertungen, die ich erwarten würde.*

günstiger sein. Für Camping- und Automobilklub-Mitglieder oder bei längeren Aufenthalten gibt es auf größeren Plätzen meist 5–10 % Rabatt und auch außerhalb der Hauptsaison kann man mit günstigeren Preisen rechnen.

Kuna oder Euro?

Immer mehr Campingplätze geben ihre Preise in Euro an. Bezahlt wird jedoch stets in Kuna. Die Euro-Preise dienen nur der unverbindlichen Orientierung, da aber inzwischen viele Preisangaben nur noch in Euro erhältlich sind, werden bei den Platzbeschreibungen in diesem Buch nur die Euro-Preise aufgeführt.

Für die Recherchen zu diesem Buch habe ich rund 100 Campingplätze besichtigt und innerhalb der **Routenbeschreibungen** mit allen wichtigen Informationen aufgelistet – neben Name, Adresse, Telefon, Fax, E-Mail-Adresse und Website sowie einer allgemeinen Platzbeschreibung habe ich mich dabei vor allem auf die Zugänglichkeit und die Ausstattung für Wohnmobile (Wasser, Abwasser, Chemie-WC und Strom) konzentriert. In dieser Hinsicht haben die meisten Plätze Istriens gut bis sehr gut abgeschnitten – weiter südlich hingegen findet man nur wenige Plätze mit einer ausreichenden Ver-/Entsorgungsstation. Stromanschlüsse hingegen bieten die meisten Plätze.

Angaben zu den Campingpreisen in diesem Buch: Die **Preisangaben in den Platzbeschreibungen** beziehen sich auf die Kosten für eine Nacht im Wohnmobil mit zwei Personen während der Hauptsaison, inkl. Stellplatz, Stromanschluss, Kurtaxe und (soweit angegeben) der Anmeldegebühr. Auf einigen wenigen Plätzen Istriens wird für Aufenthalte von weniger als 3 Nächten ein Zuschlag erhoben, der in den Preisen für eine Nacht ebenfalls berücksichtigt wurde.

Kroatischer Campingplatzverband KUH
› POB 143, 52440 Poreč, Tel. 052 451324, Fax 052 451279, www.camping.hr (auch auf Deutsch)

Top Camping Croatia
› Pionirska 1, 52440 Poreč, Tel. 052 433761, Fax 052 433762, www.topcamping.hr (auch auf Deutsch; die besten Plätze und ein engagierter Service)

OFFENES FEUER

Die Wälder und Macchia-Hänge Kroatiens sind im Sommer von der Sonne durchglüht, knochentrocken und höchst feuergefährdet! Offenes Feuer jeglicher Art(!) ist in dieser Zeit strengstens verboten. Trotzdem kommt es immer wieder zu schweren Waldbränden, die nicht nur die Natur, die Felder und ganze Ortsteile gefährden, sondern auch Reisemobilisten, die irgendwo frei im Walde übernachten. Auslöser kann schon eine Zigarettenkippe sein oder das Glas einer achtlos weggeworfenen Flasche. Deshalb: Niemals offene Lagerfeuer anzünden – und auch mit Kerzenromantik, Gaslaternen, Zigaretten und dergleichen höchste Vorsicht walten lassen! Grillen und ähnliche Aktivitäten sind ausschließlich an speziell dafür angelegten Feuerstellen erlaubt.

UMSATZSTEUER

Die Preise für Waren in Kroatien enthalten 23 % Umsatzsteuer. Ausländische Besucher können sich diese Steuer ab einem Mindestbetrag von 500 Kuna pro Kaufquittung zurückerstatten lassen, wenn sie die Waren ausführen (außer bei Tabakwaren, Alkohol und Erdölprodukten). Hierzu muss man sich nach den Bestimmungen des Europe Taxfree Shopping (ETS) den Kauf mit einem ETS-Formular (Tax Cheque) quittieren lassen. Diese Formulare werden bei der Ausreise am Zoll abgestempelt und man kann sich die Umsatzsteuer direkt an der Grenze erstatten lassen – nach Abzug einer ETS-Provison.

VERKEHRSREGELN

In Kroatien gelten generell die gleichen Verkehrsregeln wie in der Mehrzahl der europäischen Länder und die Verkehrsschilder entsprechen dem internationalen Standard. Geschwindigkeitsbegrenzungen: in Ortschaften 50 km/h, auf Landstraßen 80 km/h, Schnellstraßen 110 km/h, Autobahn 130 km/h. Es herrscht **Gurtpflicht** und **Telefonierverbot** – außer mit Freisprecheinrichtung. Haltende Schulbusse mit eingeschaltetem Warnblinker dürfen nicht passiert werden.

▷ *Bitte nicht rasen!*

Die **Promillegrenze** liegt in Kroatien (und in Slowenien!) bei 0,5 (wenngleich in vielen Publikationen 0,0 Promille angegeben werden). Achtung: Alkohol- und Geschwindigkeitskontrollen (auch mit Laserpistolen) sind häufig!

Warndreieck, Abschleppseil, Warnweste und ein Satz Glühlampen gehören zur **Pflichtausrüstung.** Auch am Tag muss das **Abblendlicht** eingeschaltete sein. Jeder Unfall muss der Polizei gemeldet werden. Sie fertigt ein Schadensprotokoll an, das man bei der Ausreise vorlegen muss, um Schwierigkeiten zu vermeiden.

Autobahnen, die Brücke zur Insel Krk, das Mirna-Viadukt und der Učka-Tunnel sind gebührenpflichtig.

VER- UND ENTSORGUNG

Literaturtipp
Hinweise auf Ausstattung, Zubehör und Tricks, um u. a. das Wasserfassen und Entsorgen zu erleichtern, finden Sie in meinem Buch „Wohnmobil-Handbuch", erschienen im REISE KNOW-HOW Verlag.

Noch vor wenigen Jahren gab es in ganz Kroatien kaum eine geregelte Ver-/Entsorgungsstation für Wohnmobile. Die einzigen Möglichkeiten überhaupt fand man auf Campingplätzen – und selbst dort musste man für die Abwasser-Entsorgung irgendwo einen schweren Eisendeckel von einem Schacht der Kanalisation herunter wuchten – und dann das Wohnmobil über die ungesicherte Öffnung manövrieren. Chemie-WCs wurden meist ebenfalls direkt in den Schacht oder in eine normale Toilette entsorgt – ohne dass man so recht wusste, wohin dann alles floss. Denn oft genug endeten die Rohre ein paar hundert Meter weiter im Meer.

Seit der Unabhängigkeit Kroatiens ist sehr viel gebaut und modernisiert worden. Heute, so wurde mir versichert, sind die Campingplätze an eine **Kläranlage** angeschlossen (tatsächlich gibt es jedoch noch immer eine ganze Reihe von Plätzen, deren Abwasserrohre im Meer enden!). Eine Entleerungsmöglichkeit für **WC-Kassetten** von Chemietoiletten findet man auf fast allen Plätzen und es wird betont, dass der Inhalt nicht mehr auf direktem Wege in die Adria gelangt – aber vielleicht auf direktem Wege in der Kläranlage, der eine Überdosis an Chemie sicher auch nicht gut tut. Versuchen Sie daher nach Möglichkeit auf harte Chemie zu verzichten. Es gibt inzwischen auch umweltschonendere Mittel, um die Geruchsentwicklung zu hemmen, und die Möglichkeit, durch ein Entlüftungsventil auf Chemie weitgehend zu verzichten.

Um **Frischwasser** aufzufüllen, ist man besonders bei kleineren Campingplätzen auf den eigenen Schlauch angewiesen – nur selten muss man noch Kanister tragen. Auch die Abwasser-Entsorgung entspricht meist dem gewohnten Standard. Nur ganz selten muss man immer noch einen schweren Kanaldeckel öffnen. In den letzten Jahren haben viele Plätze neue Entsorgungsplattformen geschaffen. Vorbildlich hinsichtlich der Ver-/Entsorgung sind die meisten Campingplätze

Niemals und auf keinen Fall!

Auch wenn man es leider noch immer erlebt, dass verantwortungslose Wohnmobilbesitzer ihr stinkendes Schmutzwasser einfach dort ablassen, wo sie stehen („ist ja bloß Wasser"), oder dass sie gar den Inhalt ihrer Toilette kurzerhand in die Büsche kippen oder bestenfalls vergraben: Das ist schlicht eine Sauerei und dazu verboten! Und nicht zuletzt sind es diese wenigen „schwarzen Schafe" (bzw. Ferkel!), die dadurch die ganze „Zunft" in Verruf bringen – und denen wir dann Verbote, Absperrungen und Anfeindungen zu verdanken haben.

Grundregel eines jeden Wohnmobilreisenden muss die strikte Einhaltung einer sachgerechten Ver- und Entsorgung sein. Und falls Sie einen anderen Reisemobilisten bei dergleichen Ferkeleien beobachten sollten, so nehmen Sie sich ein Herz und sprechen ihn darauf an. Es ist in unser aller Interesse!

Inzwischen ist das Angebot an Ver-/Entsorgungsstationen in Kroatien (wenngleich noch ausbaufähig) in den meisten Gegenden so gut, dass man mithilfe der hier zusammengestellten Informationen und bei etwas Vorausplanung und Umsicht stets eine Möglichkeit für ordnungsgemäße Entsorgung finden müsste. Die Ausrede „Notfall" gilt nicht mehr.

Dubrovnik ist nicht nur zum Shoppen eine Reise wert

Istriens. Hier hat inzwischen fast jeder Platz eine Beton-Plattform mit Ablaufgitter und Wasseranschluss, die dem allgemeinen Standard entspricht.

Außerhalb Istriens sind ordnungsgemäße Entsorgungsstationen noch nicht überall anzutreffen. Aber die Situation bessert sich rasch – und man kann sicher sein, dass schon in wenigen Jahren ein hoher Standard erreicht sein wird. Ver-/Entsorgungsstationen außerhalb von Campingplätzen (wie man sie in anderen Ländern findet) gibt es in Kroatien praktisch nicht.

Bei den Platzbeschreibungen im Routenteil dieses Buches habe ich mich besonders auf die Frage der Ver-/Entsorgungsmöglichkeiten konzentriert und zu jedem Platz angegeben, wie dort die Situation ist bzw. wo die Probleme liegen.

ZOLL

Hier hat sich durch die EU-Mitgliedschaft am meisten geändert. Da EU-Mitglieder auch zur europäischen Zollunion gehören, fallen viele Einschränkungen weg. So dürfen Reisende Lebensmittel für den Eigenbedarf über die Grenze nehmen, ohne Zoll zu zahlen. Dazu gehören u. a. 110 Liter Bier, 10 Liter Spirituosen und 800 Zigaretten. Der Wert der einzuführenden Waren darf aber pro Person 1000 Kuna (ca. 120 Euro) nicht überschreiten.

Weitere Infos:
- **Deutschland:** www.zoll.de oder Tel. 069 469976-00
- **Österreich:** www.bmf.gv.at oder Tel. 04242 33233
- **Schweiz:** www.zoll.admin.ch oder Tel. 061 2871111

Istrien ist ein Paradies für Camper, Badeurlauber und FKK-Anhänger, bietet aber auch ein faszinierendes Hinterland mit alten Bergstädten und Karstphänomenen. Vor allem an der Westküste reihen sich Campingplätze und Hotelstrände fast nahtlos aneinander. Gleich vor der Haustür Österreichs und Italiens und nur einen Katzensprung von Süddeutschland entfernt, haben hier Campingurlaub und Tourismus seit Jahrzehnten Tradition. Das merkt man nicht zuletzt an der guten Ausstattung der Campingplätze und der touristischen Infrastruktur. Aber Istrien ist mehr als nur Badeküste. Das „Herz Europas", wie die Bewohner ihre Halbinsel nennen, hat auch kulturell viel zu bieten. Hier treffen die Lebensstile Mitteleuropas und der mediterranen Welt zusammen und romanische, germanische und slawische Einflüsse vermischen sich. Römer, Byzantiner, Venezianer, Slawen und die Donaumonarchie haben dem Land ihren Stempel aufgedrückt. Zweitausend Jahre Geschichte zum Anfassen – wie in einem großen Freilichtmuseum: malerische Altstädte mit winkeligen Gassen und venezianischen Prachtbauten, mittelalterliche Festungen und frühchristliche Kirchen.

▷ *An Istriens Küste reichen die Campingplätze oft direkt bis ans Wasser, hier Camping Village Medulin* ⓲

ROUTE 1

CAMPINGKÜSTE AM KREUZPUNKT DER KULTUREN

STRECKENVERLAUF

Entfernungen:
Grenze – Savudrija 13 km, Savudrija – Umag 6 km,
Umag – Novigrad 15 km, Novigrad – Tar 6 km, Tar – Poreč 9 km,
Poreč – Vrsar 9 km, Vrsar – Rovinj 27 km, Rovinj – Vodnjan 26 km,
Vodnjan – Pula 10 km, Pula – Labin 35 km, Labin – Opatija 37 km

Abstecher:
Pula – Fažana 6 km, Pula – Premantura 12 km,
Pula – Medulin 9 km (je einfach)

Rundfahrt durch das Binnenland:
Poreč – Pazin 30 km, Pazin – Roč 28 km, Roč – Buzet 7 km,
Buzet – Motovun 17 km, Motovun – Grožnjan 10 km, Grožnjan – Buje 8 km

DIE RIVIERA VON UMAG

☐ *Der Leuchtturm von Savudrija*

Wer die Küste Istriens erkunden will, der tut das am besten außerhalb der Saison, wenn man das schmale Küstensträßchen gemütlich und stressfrei befahren kann, denn im Sommer ist es oft überlastet und verstopft. Kurz nach dem Grenzübergang bei Sečovlje oder Kaštel biegt man nach rechts von der großen Straße ab und tuckert gemütlich durch Buschland, Pinienhaine und lehmige Felder nach Westen. Ferienland! Mediterrane Kräuterdüfte und das Zirpen der Zikaden erfüllen die Luft – und bald schon sieht man vor den kleinen Restaurants entlang der Straße riesige Freiluft-Grills, an denen sich am Spieß ein Hammel oder ein Spanferkel dreht.

Etwa 10 km nach der Abzweigung erreicht man das Dörfchen **Savudrija** (Salvore), und wer von der langen Anreise müde ist, findet dort gleich einen wunderschönen Campingplatz, auf dem mancher schon den ganzen Urlaub hindurch „hängen geblieben" ist. Im Ort rechts den Schildern folgen – über ein schmales Sträßchen, das man zunächst eher für eine Hauszufahrt halten mag.

Information
TZG Savudrija, Istarska 2, 52475 Savudrija, Tel. 052 759659, Fax 052 759855, www.coloursofistria.com

❶ Camping Pineta ★★★★
45,48687°N 13,49218°O

Reizvoll am Nordkap von Istrien gelegener und sympathischer Platz mit Pinienwald, offenem Wiesengelände und sehr schönem Felsstrand; der neuere Teil des Platzes befindet sich direkt beim Leuchtturm; er öffnet etwas später als der Hauptplatz.
Lage/Anfahrt: in Savudrija rechts (Nordwest); schmale Teerstraße; **Wasser:** Schlauch; z. T. am Stellplatz; **Abwasser:** neue Ver-/Entsorgungsstation im Zentrum des alten Platzes und **Chemie-WC:** 4 Stationen (davon eine auf dem neueren Platz); **Strom:** ja; **Preis:** 35–37 €; Zuschläge: 20 % für weniger als 3 Nächte in der HS; 10 % für die erste Reihe, Reservierung 15 €; **Geöffnet:** Ende April–Ende Sept.; **Kontakt:** Tel. 052 709550, Fax 052 709559, www.istracamping.com

Parken
Zwischen neuerem und altem Platz gibt es direkt am Meer (bei den „schwebenden Booten") einen Parkplatz, auf dem auch Wohnmobile stehen dürfen.
Preise: 8–20 Uhr 80 kn; 1.6.–31.8. 14–20 Uhr 40 kn

Die schwebenden Boote von Savudrija
Am Kap von Savudrija, direkt beim Campingplatz und entlang der Straße nach Umag sieht man gelegentlich Fischerboote, die an langen Holzstangen wie zum Trocknen über dem Wasser aufgehängt sind. Die Erklärung: Am exponierten Nordkap Istriens sind Naturhäfen rar, und anstatt aufwendig einen Hafen zu bauen, sind die Fischer auf diese praktische Idee gekommen. Zwei Stangen werden schräg über das Wasser geneigt einzementiert, an jedes Ende kommt ein Flaschenzug, und so kann man die Boote an Bug und Heck befestigt einige Meter über den Meeresspiegel hieven, um sie bei Sturm vor den Wellen zu schützen. Und diese „schwebenden Häfen" sind nicht nur praktisch, sondern zugleich so fotogen, dass sie inzwischen als Postkartenmotive entdeckt wurden.

Route 1: Istriens Küste
Die Riviera von Umag

❷ Camping Stella Maris ★★★★
45,45005°N 13,52242°O

Schöner ebener, überwiegend sonniger Wiesenplatz mit sehr guter Ausstattung; durch eine Unterführung gelangt man zum Kiesstrand mit Meerwasser-Pool auf der anderen Straßenseite. **Lage/Anfahrt:** am Ende des Pinienwaldes gegenüber dem Hotel links; **Wasser:** Schlauch; z. T. Anschlüsse direkt am Stellplatz; **Abwasser:** Ver-/Entsorgungsplattform im Zentrum des Platzes; **Chemie-WC:** 5 Stationen; **Strom:** ja; **Preis:** 35–37 €; Zuschläge: 20 % für weniger als 3 Nächte in der HS; 10 % für erste Reihe; **Geöffnet:** 1.3.–2.11. (bis 11.4. und ab 28.9. eingeschränkt); **Kontakt:** Tel. 052 710900, Fax 052 710909, www.istracamping.com. Rest Area: 22 Stellplätze mit Wasser- und Stromanschluss auf schattigem Parkplatz vor dem Eingang; geöffnet 1.3.–11.4. und 28.9.–2.11. für max. 3 Nächte.

Bereits einige Kilometer vor Savudrija geht es rechts hinunter zum FKK-Campingplatz **Kanegra** ★★★ (Tel. 052 709000, Fax 052 709 499, www.istracamping.com, geöffnet: 22.04.–26.09.), der etwas abseits und sehr reizvoll in einem schön renaturierten, ehemaligen Steinbruch am Meer liegt. Ich habe ihn vor Jahren einmal besucht, aber seither nicht auf Wohnmobil-Tauglichkeit getestet.

In Savudrija schwenkt die Straße nach Süden und folgt der Küste durch die Fischerdörfchen **Zambratija** und **Katoro** (Reittouristik) in Richtung Umag. Falls Sie ungeduldig auf eine stille Badebucht oder einen Strandparkplatz warten, muss ich Sie gleich enttäuschen: Dafür stehen die Chancen entlang der ganzen istrischen Küste schlecht, da hier praktisch jeder zugängliche Strand zu irgendeiner Ferienanlage gehört. Eine davon ist die Anlage Stella Maris, die man nach einem kleinen Pinienwald kurz vor Umag passiert: rechts der Straße Strand, Hotel und Bungalows, links der **Campingplatz Stella Maris** ❷.

☐ *Die Altstadt von Umag lädt zu einem Bummel ein*

Parken
Großer, unbefestigter, teils schattiger Parkplatz an der Abzweigung zum Campingplatz; Preis für Wohnmobile pro Tag 40 kn (keine Übernachtung)

UMAG (UMAGO) (6 km von Savudrija)

Kurz darauf erreicht man die Kleinstadt Umag (rund 5000 Ew.), ein Ferienzentrum, dem der Küstenabschnitt seinen Namen verdankt. Der Ort ist nicht nur für den Tennissport (ATP Turnier Croatia Open) bekannt, sondern bietet auch sonst vielfältige Sport- und Freizeitmöglichkeiten – u. a. eine ACI Marina, Wassersport, Reitsport und Rundflüge.

Die auf einer Halbinsel gelegene kleine Altstadt mit ihren zahlreichen Restaurants und Straßencafés lädt zu einem kurzen Bummel durch die Gassen und auf der Uferpromenade ein, hat aber keine nennenswerten Sehenswürdigkeiten zu bieten.

Information
TZG Umag, Obala J. B. Tita 3/II, 52470 Umag, Tel. 052 741363, Fax 052 741649, www.istra.com/umag

Essen
Konoba Dante, Ul. D. Alighieri 20, Tel. 052 752917. Ein Spitzenrestaurant mit sehr guter Weinkarte. Hier bekommt man erlesene istrisch-italienische Spezialitäten wie beispielsweise Carpaccio (rohes Rindfleisch), Trüffel-Risotto oder auch Tagliuzzato (Hacksteak)

Südlich von Umag folgen entlang der Küstenstraße zwei weitere sehr gut ausgestattete Campingplätze: **Finida** (ca. 5 km von Umag) und **Park Umag** (früher „Ladin Gaj", ca. 8 km von Umag). Doch neben den Campingplätzen, touristischen Anlagen und Ferienstimmung hat die 15 km lange Strecke von Umag nach Novigrad nicht viel mehr zu bieten.

❸ Camping Finida ****
45,39248°N 13,54199°O
Ein schöner, gut ausgestatteter und überwiegend schattiger Platz mit Felsstrand, Slipanlage, Restaurant, Geschäft und Sportangeboten. **Lage/Anfahrt:** direkt an der Küstenstraße rechts; **Wasser:** Schlauch; z. T. gibt es auch Anschlüsse direkt am Stellplatz; **Abwasser:** tadellose Ver- und Entsorgungsplattform; **Chemie-WC:** ja; **Strom:** ja; **Preis:** 35–37 €; Zuschläge: 20 % für weniger als 5 Nächte in der HS; 10 % für erste Reihe; **Geöffnet:** 01.03.–03.11.; **Kontakt:** Tel. 052 725950, Fax 052 725969, www.istracamping.com

❹ Camping Park Umag ****
45,36729°N 13,54722°O
Einer der größten und besten Plätze Kroatiens. Eigentlich handelt es sich hier eher um eine komplette Camper-Stadt, die aber sehr weiträumig angelegt und daher trotz ihrer Größe sehr ruhig und entspannt ist. Es gibt viel Wiesenfläche, aber auch Wald und Gartenanlagen, einen langen, rollstuhlgerechten Fels-/Kiesstrand, eine Sonnenplattform, einen Swimmingpool, WLAN, Sat-TV-Anschluss und alles, was man sonst noch von einem Campingplatz erwarten kann. Ein großer **Parkplatz** für spät ankommende Camper mit Strom- und Wasseranschluss befindet sich vor der Rezeption. **Lage/Anfahrt:** direkt an der Küstenstraße rechts; **Wasser:** Schlauch; z. T. auch Anschlüsse direkt am Stellplatz; **Abwasser:** tadellose Ver-/Entsorgungsplattform draußen vor dem Eingang nur für Camper; **Chemie-WC:** ja (9 Stationen!); **Strom:** ja; **Preise:** 50–64 €; Zuschläge: 20 % für weniger als 5 Nächte in der HS, Platz-Reservierung 40 €; **Geöffnet:** Mitte April–Anfang Sept.; **Kontakt:** Tel. 052 713740, Fax 052 713753, www.istracamping.com

Parken
Großer Parkplatz beim **Tenniszentrum am Ortseingang** rechts (8–20 Uhr 80 kn; von hier führt eine kleine Straße zum nahen Stadtstrand); Parkplatz an der **Nova Obala** (nahe Zentrum und Uferpromenade); etwas südlich an der Abzweigung nach Spina geteerter Parkplatz ohne Verbotstafel an einem kleinen Strand (GPS: 45,40246°N 13,53644°O)

Parken
45,35845°N 13,55612°O
Großer, schattenloser Strandparkplatz bei Karigador, nördlich von Novigrad, teils steinig, teils Gras; mit Imbiss und Beachvolleyball

NOVIGRAD (CITTANOVA) (15 km von Umag)

Information
TZG Novigrad, Porporela 1, 52466 Novigrad,
Tel./Fax 052 757075,
www.istria-novigrad.com

Parken
45,31957°N 13,56786°O
Am Busbahnhof links, ca. 400 m vor der Altstadt (15.06.–15.09. 24 kn/Std., 120 kn/24 Std.)

Novigrad mit seinem markanten Kampanile und gut erhaltenen Teilen der Stadtmauer liegt etwas abseits der Küstenstraße auf einer Halbinsel zwischen offenem Meer und der **Bucht von Tar** (Tarski zaljev), in welche die Mirna mündet. Nur halb so groß wie Umag, aber doppelt so hübsch, bildet das Städtchen in gewisser Weise den Kontrast zur Nachbarin. Es ist weniger ein Zentrum des Sports als vielmehr der Badegäste und Strandurlauber – mit kristallklarem Wasser und für Kleinkinder angelegten Becken. Entlang der fast rings um die Altstadt führenden Promenade bieten sich viele Bademöglichkeiten sowohl im offenen Meer als auch in der geschützten Bucht. Lohnend ist außerdem ein kurzer Bummel durch die Altstadtgassen – oder eine Mittagspause in einem der guten Restaurants der Stadt.

❺ Camping Mareda ★★★
45,34306°N 13,54833°O

Sehr gut ausgestatteter Platz, ca. 4 km von Novigrad entfernt im Eichenwald; Fels-/Kiesstrand mit neuem Meerwasserbecken. Kleiner Straßenzug verkehrt nach Novigrad. **Lage/Anfahrt:** kurz nach Karigador und Dajla rechts abbiegen; **Wasser:** Schlauch; **Abwasser:** Ver-/Entsorgungsplattform (allerdings etwas rissig und mit ungünstigem Gefälle); **Chemie-WC:** ja (4 Stationen in den Toiletten); **Strom:** ja; **Preise:** ca. 28–33 €; **Geöffnet:** Ende März–Mitte Nov.; **Kontakt:** Tel. 052 858690, Fax 052 757314, www.camping-novigrad.com; **Tipp:** Meerwasserbecken, kostenloses WLAN; Sparkarte außerhalb der Saison

❻ Camping Sirena ★★★★
45,31565°N 13,57567°O

Sehr gut ausgestatteter Platz, nur einen Spaziergang von Novigrad entfernt; teils sonnige Wiesenfläche, teils Pinienwald; langer, rollstuhlgerechter Fels-/Kiesstrand mit großer Sonnenplattform; gut dimensionierte Stellplätze (130 m²) mit Strom, Wasser, Abwasser; WLAN inklusive. Der Parkplatz vor der Rezeption ist zeitweise sehr voll. **Lage/Anfahrt:** hinter Novigrad rechts; **Wasser:** Schlauch; **Abwasser:** gute Ver-/Entsorgungsplattform; **Chemie-WC:** ja (3 Stationen in den Toiletten); **Strom:** ja; **Preise:** ca. 28–33 €; **Geöffnet:** Ende März–Mitte Nov.; **Kontakt:** Tel. 052 858680, Fax 052 757314, www.camping-novigrad.com; **Tipps:** Aktivitäten, Pool und Einrichtungen im Hotel Maestral können teilweise genutzt werden; 10 % Rabatt für die Wellness-Angebote, Sparkarte außerhalb der Saison

Essen
Giovanni, St. Rosello 30 a, Tel. 052 757122. Sehr gutes Restaurant und beste Adresse für Meeresfrüchte-Risotto und Nudeln mit Hummer; zum Nachtisch sind die Gibanica (Quarkkuchen) zu empfehlen.

Sidro, Mandrač 5, Tel. 052 757601. Exzellente Küche und eine gute Weinkarte, besonders zu empfehlen sind Spaghetti mit Hummer oder mit Meeresfrüchten; gute Auswahl an Fischen und Fleisch vom Grill.

🔼 *Am idyllischen Hafen von Novigrad*

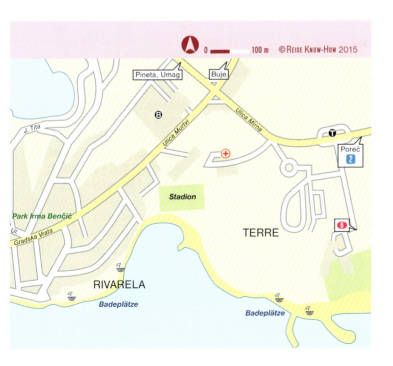

Route 1: Istriens Küste
Die Riviera von Umag

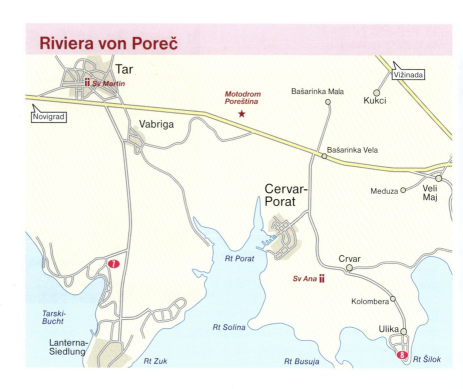

DIE RIVIERA VON POREČ

Parkplatz
45,31574°N 13,60569°O
Große, unbefestigte, recht ebene Parkflächen zu beiden Seiten der Straße, kostenlos, kaum Schatten, kein Badestrand; auf der Meerseite schönerer, aber bei Regen evtl. weicher Grund!

Essen
Sehr zu empfehlen ist das Restaurant „**Adria**" auf dem Campingplatz Lanterna ❼, wo man auf einer herrlichen Terrasse speist, während die Sonne malerisch im Meer versinkt.

Bei Novigrad passiert man die Abzweigung der Fernstraße 301 nach Buje und schwenkt nach rechts zur Tar-Bucht hinunter. Zunächst passiert man ein Zementwerk, das alles in weißen Staub hüllt, dann überquert man auf einer Brücke die flache Bucht, in welche die Mirna mündet. Sie ist einer der wenigen ganzjährigen Flüsse Istriens und das brackige Wasser der Bucht ist ganz offensichtlich für Wasservögel interessanter als für Badegäste.

Nach der Bucht geht es durch ein Kiefernwäldchen wieder aufwärts nach **Tar** (6 km von Umag), das auf einem etwa 100 m hohen Plateau liegt und für den Weinbau sowie für sein gutes Olivenöl bekannt ist. Rechts zweigt ein kleines Stichsträßchen zur **Lanterna-Halbinsel** ab (ca. 3 km), auf der zwei große und sehr schöne Campingplätze liegen: der FKK-Platz „**Solaris**" und der Textil-Platz „**Lanterna**".

Einige Kilometer weiter zweigt rechts ein gutes Teersträßchen ab, das via Červar zu dem einsam auf einer Landspitze gelegenen **FKK-Campingplatz Ulika** ❽ führt.

❼ **Lanterna** ★★★
45,29860°N 13,59352°O
Sehr schöner und sympathischer Platz in einem reizvollen Waldgelände an einem sanften Hang, so natürlich gegliedert, dass man kaum glaubt, wie riesig der Platz

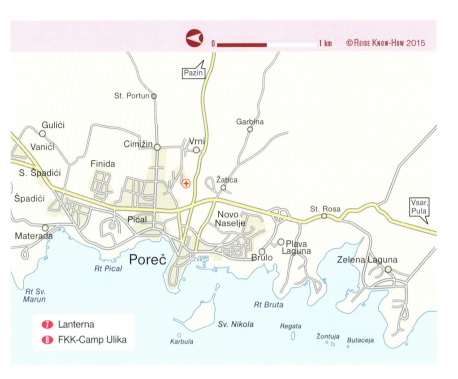

tatsächlich ist; hervorragende Ausstattung, Swimmingpool, schöner Kiesstrand, Supermarkt u. v. a.; besonders zu empfehlen ist das **Restaurant „Adria"** mit Terrasse, hervorragenden Gerichten und Live-Musik. Eine der schönsten Parzellen ist die Nr. 89!
Lage/Anfahrt: hinter Tar rechts den Schildern folgen; **Wasser:** Schlauch; z. T. direkt am Stellplatz; **Abwasser:** tadellose Ver-/Entsorgungsstation vor der Rezeption; **Chemie-WC:** ja (14 Stationen in den Sanitäranlagen); **Strom:** ja; **Preise:** 41–86 €; je nach Stellplatz; **Geöffnet:** Mitte April–Anfang Okt.; in der HS An-/Abreise nur Sa.; **Kontakt:** Tel. 052 465010, Fax 052 423073, www.camping-adriatic.com

❽ FKK-Camp Ulika, Plava Laguna ★★★★
45,25709°N 13,58381°O

Flacher FKK-Platz mit teils altem Eichenbestand, teils Wiesenfläche mit jungen Bäumen; langer Fels-/Kiesstrand, Pool, WLAN, viele Sportangebote. **Lage/Anfahrt:** zwischen Tar und Poreč rechts den Schildern folgen; **Wasser:** Schlauchanschluss; **Abwasser:** Station im Zentrum des Platzes; **Chemie-WC:** ja; **Strom:** ja; **Preise:** 36 €; **Geöffnet:** Anfang April–Anfang Okt.; **Kontakt:** Tel. 052 410102, Fax 052 451044, http://de.lagunaporec.com

❾ Camping Bijela Uvala ★★★★
45,19153°N 13,59667°O

Lange hatte ich ihn übersehen – jetzt zählt er zu meinen Lieblingsplätzen: Der still und in reizvoller Natur gelegene Platz „Weiße Bucht" hat viele, teils hohe Bäume und ist schattig, hell und luftig zugleich. Er ist vorbildlich angelegt und natürlich gegliedert und sein langer, teils behindertengerechter Fels-/Kiesstrand mit klarem Wasser und vorgelagerten Inselchen sucht seinesgleichen. Neben zwei großen Pools und Tennisplätzen hat er ein ausgezeichnetes Restaurant mit Meerblick und viele Sportangebote. Die Parzellen mit 70–110 m² sind für größere Fahrzeuge teils knapp. **Lage/Anfahrt:** ca. 4,5 km südlich des zentralen Kreisverkehrs von Poreč rechts ab den Schildern folgen; **Wasser:** Schlauchanschluss (an vielen Parzellen); **Abwasser:** gute Station im Zentrum des Platzes; **Chemie-WC:** ja; **Strom:** ja; **Preise:** 37,60 €; **Geöffnet:** Anfang April–Anfang Okt.; **Kontakt:** Tel. 052 410102, Fax 052 451044, http://de.lagunaporec.com

Information

TZG Poreč, Zagrebačka 9, 52440 Poreč, Tel. 052 451458, Fax 052 451665, www.istra.com/porec (auch auf Deutsch)
Tourismusgemeinschaft der Region Istrien, www.istra.hr

Museum Poreštine

Decumanus 9, Tel. 052 431585, Mo–Fr 9–12 und 15–18 Uhr

POREČ (15 km von Novigrad, 9 km von Tar)

Mit Poreč hat man eines der Schmuckstücke der istrischen Küstenstädte erreicht. Ein bedeutendes Zentrum des Badetourismus – vielleicht das bedeutendste Kroatiens überhaupt – zugleich aber auch ein kulturelles Reiseziel. Die auf einer Landzunge gelegene Altstadt mit ihren verwinkelten Gassen ist den Fußgängern vorbehalten. In mehr als zwei Jahrtausenden hat sie ihren Grundriss kaum verändert und noch immer tragen ihre beiden Hauptachsen ihre römischen Namen: Cardo Maximus (Große Achse) und Decumanus (Zur 10. Legion). Römische Legionäre, slawische und ostgotische Krieger sind

Olivenöl und Trüffel

Kroatien ist berühmt für sein Olivenöl – und eines der besten Öle liefern die Bäume der Tar-Ebene sowie die Haine an den Sonnenhängen um Fažana und Barbariga. Für ihre Trüffel berühmt ist die Region um die Bergorte Buje, Motovun und Buzet. Diese Produkte und andere Erzeugnisse der Region findet man in folgenden Spezial-Geschäften:

Vinarija Podrum, Željeznička cesta 15, 52215 Vodnjan, Tel. 052 511334 (Wein und Olivenöl)
Zigante tartufi, Portoroška 15, Plovanija, 52460 Buje, Tel. 052 777 409/410, www.zigantetartufi.com, mit Geschäften u. a. in:
› **Buje:** J. B. Tita 12, 52460 Buje, Tel. 052 772125
› **Grožnjan:** U. Gorjan 5, 52429 Grožnjan, Tel. 052 776099
› **Livade:** Livade 7, 52427 Livade, Tel. 052 664030
› **Buzet:** Trg Fontana, 52420 Buzet, Tel. 052 663340
› **Motovun:** Gradiziol 8, 52424 Motovun, Tel. 052 681668
Neben den frischen schwarzen und weißen Trüffeln bekommt man dort konservierte Produkte aus Trüffeln, natürliches Olivenöl mit Trüffelgeschmack, Schafskäse mit Trüffeln und Steinpilze.
Hervorragende Trüffelgerichte und Spezialitäten der Region bekommt man im **Restaurant „Zigante Tartufi",** Livade-Levade 7, 52427 Livade-Levade, Tel. 052 664302, www.zigantetartufi.com (auch auf Engl.).

◩ *Andachtsvolle Ruhe herrscht in der Euphrasius-Basilika*

schon durch diese Gasse gezogen, ebenso wie illyrische Bauern, venezianische Seeleute, byzantinische Händler, altkroatische Priester und österreichische Verwaltungsbeamte. Unzählige Füße, Sandalen und Stiefel haben die hellgrauen Kalkplatten so blank poliert, dass sich das Licht darauf spiegelt. Heute reihen sich hier Souvenirgeschäfte, Galerien, Boutiquen, Restaurants und Eisdielen nahtlos aneinander. Aber darüber, daneben und dazwischen entdeckt man überall Schmuckstücke venezianischer Baukunst: spitzbogige Fenster, schnörkelige Säulen und kleine Balkone, Stuckverzierungen und prachtvolle Fassaden.

Aber nicht nur auf dem Straßenbelag hat die Geschichte ihre Spuren hinterlassen: Im **Poreštine-Museum** kann man handfestere Relikte aus vergangenen Zeiten bewundern und zu den architektonischen Hauptattraktionen der ganzen Küste zählt die **Euphrasius-Basilika,** die Bischof *Euphrasius* im 6. Jahrhundert errichten ließ. Sie ist ein Prachtstück frühbyzantinischer Kirchenarchitektur mit ausgezeichnet erhaltenen Mosaiken, deren Gold- und Perlmuttplättchen geheimnisvoll aus dem Dämmer der Gewölbe hervorleuchten und der Basilika eine weihevolle Atmosphäre verleihen. Profanere Gemüter schätzen aber auch den weiten Ausblick vom Turm und die angenehme Kühle der heiligen Hallen, wenn draußen die Mittagshitze ihren Tribut fordert.

Neben der Basilika steht der Palast der Porečer Bischöfe und hinter ihr (am Portal vorbei, dann rechts) findet man die Fundamente der **Maurus-Kapelle** aus dem 4. Jahrhundert mit den ältesten Bodenmosaiken, die neben ornamentalen Ausschmückungen das frühchristliche Symbol des Fisches zeigen.

Euphrasius-Basilika

Tel. 052 434517, Juli/Aug. tägl. 7–21, sonst bis 18 Uhr, an Sonn- und Feiertagen geschlossen

Essen

Restaurant Istra, B. Milanovića 30, Tel. 052 434636. Hauseigene Spezialitäten sind Hummer mit Nudeln, Tintenfisch und Fisch aus der Backglocke. Beachten Sie, dass der Fisch teils nach Gewicht berechnet wird.

Dvi murve, Grozjanska 17, Mobil 091 202 0382, www.dvimurve.hr. Ein wirklich ausgezeichneter Tipp mit Seebarsch- und Seeteufelcarpaccio sowie gut zubereiteten Steakgerichten.

Route 1: Istriens Küste

Die Riviera von Poreč

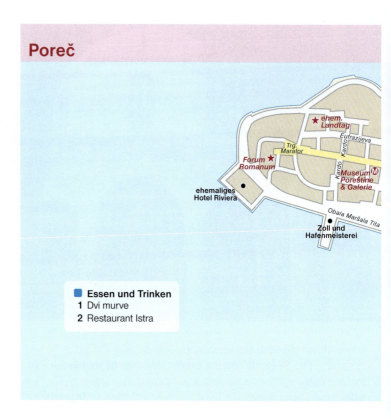

Poreč

Essen und Trinken
1 Dvi murve
2 Restaurant Istra

Baden
An der Spitze der Landzunge (Obala Laginje) oder nördlich an den Hotelstränden (falls man dort einen Parkplatz findet!)

Abstecher
Poreč ist ein geeigneter Ausgangspunkt für Rundfahrten durch das Landesinnere der Halbinsel (s. S. 79).

Jama Baredine
Tel./Fax 052 421333, www.baredine.com (auch auf Deutsch), im Sommer tägl. 10–17 Uhr, sonst kürzer; Nov.–März geschlossen.

Parken
45,22008°N 13,60594°O

Großer Parkplatz an der Hauptkreuzung, ca. 1 km vom Zentrum; derzeit in der Saison die einzige gute Möglichkeit, ein Wohnmobil zu parken. Die Preise sind happig: 24 kn pro angefangener Stunde, 120 kn pro Tag (endet um 0 Uhr; wer über Nacht steht, bezahlt 240 kn!). Keine Ver-/Entsorgungseinrichtungen. Um vom Parkplatz in die Stadt zu gehen, zuerst die landeinwärts führende Nebenstraße überqueren und dann an der Kreuzung die Hauptstraße (an der Ampel sonst problematisch). Ein weiterer Parkplatz befindet sich einen Kreisverkehr nördlich an der Vukovarska Ulica (45,22583°N 13,60415°O). Alle anderen Plätze sind für Womos verboten/ungeeignet.

ABSTECHER ZUR TROPFSTEINHÖHLE BAREDINE
ab/bis Poreč ca. 10 km hin und zurück

Zweigt man nördlich von Poreč landeinwärts in Richtung Vižinada ab, so wird man bald Schilder sehen, die den Weg zu der etwa einen Kilometer von der Hauptstraße entfernt, bei Gedići gelegenen Höhle *(jama)* weisen. Die Tropfsteinhöhle mit einem unterirdischen See, in dem der **Grottenolm** haust, kann im Rahmen einer 40-minütigen Führung besichtigt werden. Im Sommer ist allerdings mit Massenandrang und entsprechender Abfertigung zu rechnen.

VRSAR (9 km von Poreč)

Südlich von Poreč passiert man die Ferien- und Hotelanlagen von **Zelena und Plava Laguna,** ehe man nach ca. 6 km durch das Dörfchen **Funtana** fährt, das für seine Gaststätten und Restaurants bekannt ist: knapp 600 Einwohner – und 50 Gaststätten! Kurz danach erreicht man **Vrsar,** den südlichsten Ort der Riviera von Poreč. Dieses Küstenstädtchen ist eine Sommerfrische par excellence. Das haben schon vor Jahrhunderten die Bischöfe von Poreč begriffen, die hier ihren Sommersitz errichteten. Und Giacomo Casanova, der Vrsar mehrfach besuchte, ließ sich hier sicher nicht nur von der schönen Lage verzaubern. Umgeben von einem Gürtel grüner Inseln erhebt sich die alte Fischersiedlung terrassenförmig auf einem Felsen über dem Meer, flankiert von traumhaften Felsenstränden. Vom Hügel mit den Ruinen der einstigen Bischofsresidenz und dem schneeweißen Glockenturm genießt man den schönsten Ausblick. Im tiefblauen Meer vor der Küste liegen 18 Inselchen, überzogen vom satten Grün der Macchia und gesäumt von weißen Stränden. Ein Miniatur-Archipel für jeden Urlaubs-Robinson. In den Pinienwäldern an der Küste verbergen sich zahlreiche Feriensiedlungen, Hotels und Campingplätze.

In unberührter Natur liegt hier auch eines der größten FKK-Zentren ganz Europas: der 120 ha große, weitgehend autarke **Campingplatz**

Information
TZO Vrsar, R. Končar 46, 52450 Vrsar, Tel. 052 441746, Fax 052 441187, www.infovrsar.com, www.istria-vrsar.com (auch auf Deutsch)

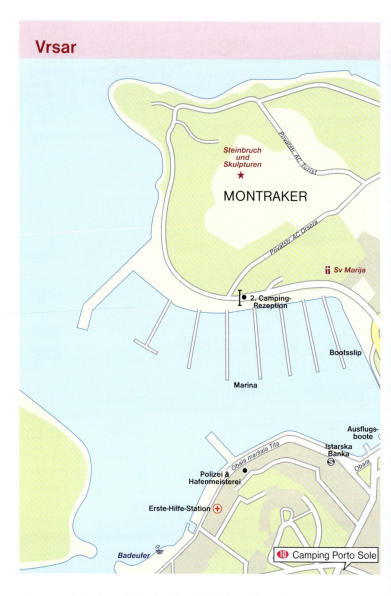

„**Koversada**", eine „Kleinstadt" mit 8000 nackten Bewohnern. Hervorgegangen ist sie aus einem Zeltcamp auf der **Insel Koversada,** das seit 1961 zu den Pionieren des Nackttourismus zählt. Auf der **Halbinsel Montraker,** zu Füßen der Stadt, findet man nicht nur herrliche Bademöglichkeiten, Liegewiesen und einen schön in die Natur eingefügten **Campingplatz,** sondern auch einen sehenswerten Skulpturenpark (s. S. 78).

Istrien aus der Luft
Einen besonders schönen Eindruck von der stark gegliederten Westküste Istriens bieten die Panoramaflüge, die den ganzen Sommer über vom Sportflughafen Me-

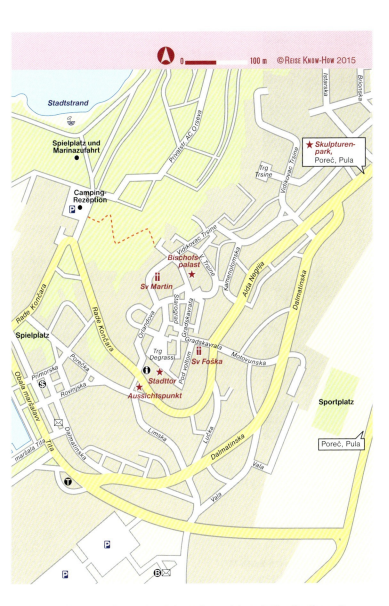

dulin angeboten werden. Der Flughafen befindet sich an der Straße, die von Vrsar landeinwärts in Richtung Rovinj führt. Information zu den Rundflügen erhält man von Delic Air unter Tel. 098 223577, www.delicair.hr; 15 Min. kosten 250 kn, 30 Min. 450 kn p. P.; mindestens 2, maximal 3 Pers.

Parken
45,14713°N 13,60478°O
Einen Parkplatz, auf dem ich mein Wohnmobil selbst in der Hauptsaison problemlos abstellen konnte, findet man an der Zufahrt zur Altstadt links. Die Durchfahrtsverbotsschilder muss man aber unbedingt respektieren! Hier kommt man nämlich mit größeren Fahrzeugen wirklich nicht weit!

Bildhauerstadt Vrsar: Montraker und Skulpturenpark Dušan Džamonja

Da der Stein aus Vrsar besonders hochwertig und widerstandsfähig ist, kommen seit vielen Jahrhunderten europäische Bildhauer und Baumeister hierher, und schon zur Römerzeit wurde er in weitem Umkreis exportiert. Viele Kirchen und Paläste in Norditalien sind aus dem Stein von Vrsar erbaut. Im alten, längst aufgegebenen und reizvoll renaturierten Steinbruch Montraker bieten junge Künstler aus aller Welt seit 1991 jedes Jahr in der letzten Septemberwoche Einblick in die Kunst der Steinbearbeitung. Und wer seinen Urlaub dort verbringt, der kann dabei zusehen, wie aus dem Steinblock nach und nach ein Kunstwerk entsteht.

An der Hauptstraße Poreč-Vrsar liegt nördlich von Vrsar (bei 45,16056°N 13,61113°O) dicht am Meer der 10 Hektar große Skulpturenpark Dušan Džamonja. In einer malerischen Wiesen- und Hügellandschaft sind dort zahlreiche Skulpturen dieses namhaften Bildhauers zu sehen, dessen Werke in den bedeutendsten Galerien von New York, London und Paris ausgestellt werden. Skulpturenpark: 9–11 und 17–20 Uhr (montags geschlossen). Information: Tel./Fax 052 441187, www.infovrsar.com/willkommen-zu-vrsar/erlebnis-und-attraktionen/skulpturpark-dusan-dzamonja

⑩ Camping Porto Sole ★★★
45,14172°N 13,60201°O

Ein schöner, ruhiger Platz in der Natur zu Fuß nur 5 Min. vom Zentrum von Vrsar, mit teils schattigen, teils sonnigen Parzellen (allerdings für größere Mobile etwas knapp und zum Teil recht uneben) und eigenem Felsstrand; Restaurant, Supermarkt, Tauchschule, Sportcenter und viele Freizeitangebote. **Tipp:** Die schönsten Plätze liegen in dem Teil, dessen Zufahrt nach der Schranke und vor der Rezeption rechts abgeht. **Lage/Anfahrt:** nach Vrsar rechts den Schildern folgen; **Wasser:** Schlauchanschluss; **Abwasser:** gute Ver-/Entsorgungsstation nahe der Einfahrt links; **Chemie-WC:** 4 Chemie-WC-Stationen in den Sanitäranlagen; **Strom:** ja; **Preise:** 52 €; **Geöffnet:** Mitte April–Ende Oktober; **Kontakt:** Tel. 052 800200, Fax 052 800215, www.campingrovinjvrsar.com/de/Campingplaetze/Porto_Sole_Vrsar. Tipp: Von Oktober bis April bietet der Platz Stellplätze mit Strom und Wasser für 16–17 €.

RUNDFAHRT DURCH DAS BINNENLAND ISTRIENS

Bei aller Schönheit der Küste Istriens sollte man die malerischen Bergstädtchen im Landesinneren nicht vergessen. Nur wenige Kilometer vom Badelärm entfernt kann man auf kleinen Sträßchen durch stille Landschaften kurven und traditionelle Bergdörfer entdecken, die den Zauber vergangener Jahrhunderte bewahrt haben.

Gleich gegenüber von Poreč führt eine gute Teerstraße mitten hinein ins Herz der Halbinsel, in eine ganz andere Welt. Der bunte Touristentrubel bleibt zurück. Karge Weiden und Weinberge säumen die Straße, graue Steinmauern, Schafe, Ziegen und Rinder mit lyraförmig geschwungenen Hörnern. Kleine Steinhäuschen, rund wie Bienenkörbe, leuchten aus dem Grün der Rebflächen. Auf den Feldern arbeiten die Bauern wie seit Jahrhunderten mit Hacke und Eselgespannen. Das ist das ländliche, zeitlose Istrien, fernab jeder Hektik. *„Und die Zeit blieb stehen, die Uhrzeiger hielten an. Ein Augenblick und eine Ewigkeit. Im Schatten der Jahrhunderte wartet Frieden ..."*, habe ich irgendwo in einer alten Reisebeschreibung gelesen. Und genauso kann man das vergessene Binnenland auch heute noch erleben. Vorausgesetzt, man reist außerhalb der Saison, denn im Sommer locken einige der „stillen Bergstädtchen" die Ausflügler in Scharen an.

Das abgelegene und altertümliche Dörfchen Roč

PAZIN (Poreč – Pazin 30 km)

Karger Karstboden und rote Lehmerde prägen die Landschaft: eine Hügelwelt so löcherig wie Schweizer Käse. Regenwasser hat das Kalkgestein ausgehöhlt und eine Kraterlandschaft aus Dolinen (Einbruchskrater) und Poljen (Einbruchsbecken) geschaffen (s. Exkurs „Karstphänomene", S. 82). Buschwald und Blumenwiesen bedecken die Hänge und die fruchtbare rote Erde sammelt sich nur am Grund der Mulden. Ganze Flüsse verschwinden hier urplötzlich in unterirdischen Klüften – im wahrsten Wortsinn „vom Erdboden verschluckt" –, um irgendwo anders ebenso überraschend wieder ans Tageslicht zu brechen (oder auch nicht: Dann münden sie unter dem Meeresspiegel in die Adria). So beispielsweise bei **Pazin,** der alten Verwaltungsstadt im Herzen der Halbinsel, die man via den Straßen Nr. 302 und 48 rund 30 km landeinwärts von Poreč erreicht: Dort strömt die Fojba in einer über 100 m tiefen Schlucht auf eine hohe Felswand zu, wo sie in einem finsteren Schlund verschwindet, um erst 30 km weiter im Limski-Fjord wieder emporzustrudeln. Hoch auf diesem unterspülten Felsen erhebt sich das alte Kastell, eine der am besten erhaltenen Burganlagen Istriens, in der heute das ethnografische Museum untergebracht ist.

Information
TZG Pazin, Franine i Jurine 14, 52000 Pazin, Tel./Fax 052 622460, www.tzpazin.hr

Ethnografisches Museum Istriens
Istarskog razvoda 1, 52000 Pazin, Tel. 052 622 220, www.emi.hr (auch auf Deutsch), geöffnet: 15.04.–15.10., Di–So 10–18 Uhr

Bereits etwa 4 km vor Pazin lohnt sich ein kurzer Abstecher über die kleine Brücke und ein schmales Sträßchen steil hinauf nach **Beram.** In der Hauptsaison und mit großen Fahrzeugen ist das nicht zu empfehlen, denn der winzige Kirchplatz ist kaum groß genug, um zu wenden. Besser man parkt unten bei der Brücke und geht zu Fuß. Zum Dorf sind es nur wenige hundert Meter. Die Fresken, für die der Ort berühmt ist, befinden sich allerdings noch einmal gut einen Kilometer außerhalb in der kleinen Waldkapelle **Sv. Marija na Škriljinah.** Doch die bunte Bilderpracht des Kircheninneren lohnt den Spaziergang. Am berühmtesten unter den etwa 1474 von *Vincent aus Kastav* geschaffenen Fresken ist der Totentanz über dem Haupteingang. Dieses Kunstwerk hat das Kirchlein weltweit bekannt gemacht. Ein langer Menschenreigen tanzt da von der Wiege bis zum geöffneten Grab: Bürger und Bauer, Kaufmann und Kardinal, Kaiser und Königin. Jeder hat seinen Tod zur Seite, der ihn das ganze Leben hindurch begleitet. Keiner kann ihm entrinnen. Er macht sie alle gleich.

Von Pazin Richtung Osten kann man einen Abstecher zum Bergdorf **Gračišće** unternehmen (ca. 8 km einfach), das wie eine vergessene Ruinenstadt auf seinem Felsen döst. Aus zerfallenden Mauern sprießen Blumen. Nur einige Satellitenschüsseln verraten, dass das Dörfchen noch nicht ganz ausgestorben ist. Es gilt als romantischstes der istrischen Bergdörfer und ein Projekt zur Restaurierung läuft bereits.

Die „sixtinischen Kapellen" Istriens

Gewiss, die Sixtinische Kapelle steht noch immer im Vatikan, aber Istrien hat eine ganze Reihe von Kirchen und Kapellen zu bieten, deren Freskenpracht mit jener der sixtinischen konkurriert. Die meisten der Malereien schmücken unbedeutende Dorfkapellen im stillen Hinterland und wurden bisher kaum beachtet. Entstanden sind sie in der zweiten Hälfte des 15. Jahrhunderts, um der leseunkundigen Landbevölkerung die biblischen Szenen zu illustrieren. Als in späteren Jahrhunderten prachtvoll geschmückte Altäre in den Mittelpunkt des Interesses rückten und nichts anderes von ihnen ablenken sollte, wurden die reichhaltigen Wandmalereien einfach zugepinselt oder mit Putz überzogen und vergessen. Zugleich wurden sie dadurch aber auch vor dem Wind und der salzhaltigen Meeresluft geschützt, die an der Küste viele dieser Kunstwerke zerstört haben. Jahrhundertelang hatte man keine Ahnung von diesen Schätzen, bis man bei Reparaturen zunächst per Zufall darauf stieß und dann nach dem Zweiten Weltkrieg mit einer systematischen Suche begann, die inzwischen mittelalterliche Fresken an rund 60 verschiedenen Orten Istriens enthüllt hat. Und noch immer werden neue Beispiele entdeckt. So erschließt eine Rundfahrt durch das Landesinnere der Halbinsel nicht nur malerische Landschaften und Bergdörfer, sondern dem Kunstinteressierten auch eine Fülle farbenprächtiger Fresken.
Besonders schöne Beispiele bieten – neben der berühmten Kapelle bei Beram (s. S. 80) – die St.-Nikolas-Kirche in Pazin, die Kirche der Heiligen Dreifaltigkeit in Žminj, die Rochus-Kapelle in Oprtalj und mittelalterliche Feldkapellen in der Umgebung des Orts sowie weitere Gotteshäuser in Hum, Dvigrad und Draguć.

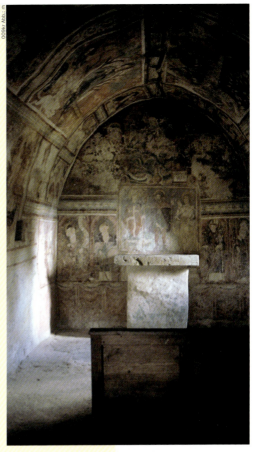

Beeindruckende Fresken in Draguć

⓫ Stellplatz Farm Pino
45,22014°N 13,72889°O

Im ruhigen Weiler Katun, westlich von Baderna, befindet sich einer der ersten wirklichen Wohnmobilstellplätze Kroatiens. Eingerichtet hat diesen empfehlenswerten Platz Aleksandar Tidic, ein sympathischer Mann, der seit einiger Zeit im Agrotourismus tätig ist. Platz für 19 Mobile. **Lage/Anfahrt:** Von Poreč via 302 nach Osten und ca. 1 km vor Baderna ganz links (nicht halblinks!) den Schildern in Richtung Katun folgen. **Wasser/Abwasser:** tadellose Ver-/Entsorgung plus WC und Dusche; **Strom:** ja; **Preis:** Wohnmobil 16 € inkl. Ver-/Entsorgung, 4 € für Strom, Dusche 2 €, WLAN

Parken und Picknick

Falls man mit einem kompakten Mobil so weit gelangt, findet man vor der Kapelle einen hübschen Waldparkplatz für ein Picknick.

Karstphänomene:
Steter Tropfen löst den Fels

*Entlang der gesamten kroatischen Küste erstreckt sich der Dinarische Karst, ein Kalk- und Dolomitgebirge, entstanden aus den Ablagerungen eines urzeitlichen Tropenmeeres. Diesem Untergrund verdankt die Region eine Vielzahl eigenartiger Phänomene, die mit einer besonderen Eigenschaft des aus Calciumkarbonat ($CaCO_3$) bestehenden Gesteins zusammenhängen: Der so harte Fels ist wasserlöslich wie ein Zuckerwürfel! Das leicht kohlensaure Regenwasser löst den Kalk allmählich auf, trägt ihn fort und lagert ihn an anderer Stelle wieder ab. Selbst auf blanken Felsoberflächen – auch **nackter Karst** genannt – hinterlässt es seine Spuren: feine Rillen mit messerscharfen Graten, so genannte **Rillenkarren**, die im Laufe der Jahrtausende zu einem ganzen Netzwerk metertiefer Gräben ausgeweitet werden. Ausgedehnte Flächen massiver Kalkplatten haben sich auf diese Weise in ein Gittersystem tiefer Rinnen und isolierter Felsinseln verwandelt, die man als **Karrenfelder** bezeichnet. Und an manchen Stellen hat das felszerfressende Wasser imposante Canyons und wilde Schluchten durch das Kalkgebirge geschnitten, wie etwa im Paklenica-Nationalpark.*

*Durch haarfeine Risse sickert das Regenwasser aber auch in die Tiefe und setzt dort seine zersetzende Aktivität fort: entweder in der Horizontalen, sodass kilometerlange Gänge herausgelöst werden, oder in der Vertikalen immer tiefer und tiefer, bis nahezu bodenlose **Karstschlote** entstehen, die weit über einen Kilometer senkrecht in die Tiefe stürzen! Unterirdische Risse und Spalten werden allmählich zu Gängen erweitert und durch **Höhlenbäche** ausgewaschen, bis das Wasser noch tiefer sickert und die Höhle trocken fällt. Damit beginnt der zweite Akt des Höhlenbaus, die Aufbauphase: Verdunstendes Tropfwasser lagert den gelösten Kalk als **Sinter** wieder ab und bildet **Tropfsteine**, die als Stalaktiten von der Decke hängen oder als Stalagmiten vom Boden emporwachsen. Im Laufe der Jahrtausende ist auf diese Weise eine bizarre Wunderwelt aus mächtigen Säulenhallen und Märchengebilden entstanden: schneeweiße Kaskadenpfeiler, haarzarte, durchscheinende Spaghetti-Tropfsteine, wuchtige Märchenschlösser mit Zinnen und Türmchen, Sintervorhänge und Galerien, Orgelpfeifen, Wasserfälle, Gnome und andere Fantasiegestalten.*

eine Std. gratis; **Geöffnet:** ganzjährig; **Kontakt:** Katun 1, 52445 Baderna, Tel. 052 462341, www.farmpino.hr; **Tipp:** Aleksandar Tidic verkauft auch ausgezeichnetes Olivenöl, Schinken, Käse und Weine aus eigener Produktion bzw. der von Nachbarn; er bietet sehr empfehlenswerte Wein- und Ölproben sowie interessante Präsentationen über die Erzeugung von Olivenöl sowie die Zusammensetzung von „extra vergine"-Öl. Außerdem können sich Gäste kostenlos im Bio-Garten bedienen.

ROČ UND HUM
(Pazin – Roč ca. 28 km, Roč – Hum ca. 5 km einfach)

Wer nur eine „kleine Runde" machen möchte, fährt von Pazin auf der Straße Nr. 48 wieder zurück in Richtung Poreč und biegt 5 Kilometer weiter rechts ab auf eine Nebenstraße nach Motovun (s. S. 86). Will man auch Roč, Hum und Buzet besuchen, so muss man noch tiefer

Nahezu der gesamte Dinarische Karst ist unterhöhlt und durchlöchert. Da alles Nass rasch im porösen Fels versickert, ist Oberflächenwasser in der Karstlandschaft eine Rarität. Oft kennzeichnen zwar lange Trockentäler noch den Verlauf einstiger Bäche und Flüsse, ihre Baumeister sind aber längst im Untergrund verschwunden, um am Labyrinth der Höhlen zu arbeiten. An vielen Stellen sind deren Decken bereits eingestürzt und haben trichterförmige Mulden (**Dolinen**) hinterlassen, die teils nur wenige Meter, teilweise aber auch mehrere hundert Meter Durchmesser und Tiefe erreichen und große Gebiete in mondähnliche Kraterlandschaften verwandelt haben. Wo komplette Höhlensysteme eingebrochen sind, erstrecken sich nun steile Schluchten oder fruchtbare Beckentäler (**Poljen**), die von hohen Felswänden eingefasst sind und mehrere Quadratkilometer umfassen können. Oft strömt durch diese Karstsenken ein Fluss, der irgendwo ganz plötzlich aus der Wand hervorbricht und auf der anderen Seite wieder darin verschwindet. **Flussschwinde** oder **Ponore** werden diese Schlucklöcher genannt, durch die selbst große Flüsse komplett verschwinden und ihre Reise auf rätselhaften unterirdischen Wegen fortsetzen, um an ganz anderer Stelle wieder ans Tageslicht zu brechen. So kommt es, dass im Karst oft ein und derselbe Wasserlauf unter mehreren verschiedenen Namen durch die Wiesen fließt. Viele verschwinden aber auch auf Nimmerwiedersehen und münden unterirdisch direkt ins Meer. **Vrulje** heißen diese untermeerischen Mündungen, die an der gekräuselten Meeresoberfläche zu erkennen sind und dem Wasser eine intensive Blaufärbung verleihen.

Auf ähnliche Weise entstehen rätselhafte **Karstseen**, die in periodischem Wechsel auftauchen und dann plötzlich wieder im Untergrund verschwinden. Wo heute noch Fische gefangen werden, kann man wenige Wochen später die Heuernte beobachten. So stellt der Karst die ganze Schulbuch-Hydrografie auf den Kopf: Hier verlaufen sogar die Wasserscheiden nicht etwa auf Bergkämmen, sondern unterirdisch unter Becken und Tälern. Und kommt das mit Kalk gesättigte Wasser nach seiner Odyssee durch die Unterwelt schließlich ans Tageslicht, so setzt es den Kalk wieder ab, wodurch abermals eine fantastische Vielfalt neuer Phänomene entsteht.
(S. Exkurs „Karstphänome: Hier baut das Wasser", S. 118)

---

ins Innere der Halbinsel fahren: zunächst auf der Straße Nr. 3 etwa 20 Kilometer durch das Fojba-Tal, dann links etwa 7 Kilometer der Nr. 201 folgen, bis man die Abzweigung zu dem malerisch vor der imposanten Kulisse der **Ćićarija-Berge** gelegenen Örtchen **Roč** erreicht. Das kaum mehr als 150 Einwohner zählende und wenig vom Tourismus berührte Dörfchen bietet ein sehr gut erhaltenes mittelalterliches Dorfbild und ist ein Zentrum der glagolitischen Schrift und Kultur (s. S. 84).

Von Roč führt die „Aleja glagoljaša" (**Glagoliter Allee**), eine schmale, von 11 Denkmälern kroatischer Kultur gesäumte Straße, etwa 5 km durch einsame Natur nach **Hum**, das mit nur etwa 30 Einwohnern den Titel „kleinste Stadt der Welt" trägt. Ob man das nun als Touristenwerbung ansieht oder nicht – ein Rundgang durch die krummen Pflastergassen versetzt einen um Jahrhunderte zurück und lohnt sich allemal.

Essen
Humska Konoba, Tel. 052 660005, www.hum.hr (auf Kroatisch). Die rustikale Konoba ist unter Feinschmeckern für ihre istrischen Spezialitäten bekannt: „Fuži sa tartufima", Pasta mit Trüffeln oder „Supa u bukaleti", kalte Teran-Weinsuppe, und zum Dessert „Kroštule" oder ein Mistelschnaps.

Glagoliza – die glagolitische Schrift

Die glagolitische Schrift (Glagoliza) ist neben der Kyrilliza die zweite Form der kirchenslawischen Schrift. Ihre ältere Form, die bulgarische oder runde Glagoliza, wurde bereits ab dem 10. Jahrhundert durch die einfachere Kyrilliza verdrängt, während sich die eckige oder kroatische Glagoliza bis in die Neuzeit erhalten hat.

Nach vorherrschender Meinung wurde diese Schrift um 860 von dem griechischen Slawenapostel Kyrillos geschaffen, den der byzantinische Kaiser Michael III. 864 zusammen mit seinem Bruder Methodios nach Dalmatien geschickt hatte, um die römisch-katholische Einflussnahme der Franken unter Karl dem Großen durch einen byzantinisch-orthodoxen Gegenzug zurückzudrängen.

Kyrillos schuf die Glagoliza, um den Slawen und Kroaten, die kein Latein verstanden, religiöse Texte und Predigten verständlich zu machen und sie so für die orthodoxe Kirche und das byzantinische Reich zu gewinnen. Er entwickelte die in ihrer ursprünglichen Form 38 Buchstaben (von denen jeder auch einem Zahlenwert entspricht) umfassende Schrift auf der Grundlage der griechischen Kleinbuchstaben, die er mit eigenwilligem Formgefühl und Entlehnungen aus orientalischen Alphabeten den phonetischen Besonderheiten des Altslawischen anpasste. Nach Ansicht anderer Gelehrter hingegen soll sich die Glagoliza bereits früher in einem natürlichen Prozess aus orientalischen Alphabeten entwickelt haben und mit keiner anderen Schrift vergleichbar sein.

Die Übersetzung des Evangeliums und der Liturgie in glagolitischer Schrift, der Rom nichts Vergleichbares entgegenzusetzen hatte, verschaffte Konstantinopel einen entscheidenden Vorsprung bei der Christianisierung des slawisch-kroatischen Raumes.

Eines der ältesten Dokumente in kroatischer Glagoliza ist die Tafel von Baška (um 1100), die auf der Insel Krk gefunden wurde. Das gleiche Alphabet wurde in Kroatien – und sogar an Universitäten anderer europäischer Länder – für die meisten mittelalterlichen Handschriften (ab 1483 auch Druckschriften) verwendet und bildete die Grundlage für eine kroatische Schriftsprache und Literatur. Das erste gedruckte kroatische Buch, das Novak-Missale, wurde 1483 in Roč vorbereitet. In Kroatien wurde diese Schrift zu einem Symbol des Widerstandes gegen römische Fremdherrschaft und lateinischen Klerus – weshalb der Papst sie 1060 kurzerhand verbot. Mit Unterstützung durch die Franken gelang es dem Vatikan schließlich, in Dalmatien die lateinische Schrift und die römisch-katholische Liturgie durchzusetzen. 1248 hat Papst Innozenz IV. die Glagoliza und ihre Verwendung in der Liturgie wieder zugelassen. In einigen Regionen Kroatiens wurde sie ohne Unterbrechung bis ins 20. Jahrhundert verwendet, doch die lateinische Schrift dominierte und ist heute die einzige Schrift in Kroatien.

◁ Lohnt einen Besuch: Buzet

BUZET (Roč – Buzet ca. 7 km)

Zurück auf der Nr. 201 erreicht man nur 7 km von Roč (Abzweigung auf die Nr. 14), das Städtchen Buzet, das tief im nördlichen Landesinneren auf einer Bergkuppe am Fuße der malerischen Ćićarija-Berge liegt, umgeben von wild- und trüffelreichen Wäldern. Wie seine Nachbarn, so war auch dieser venezianisch geprägte Ort ein bedeutendes glagolitisches Zentrum. Außerdem bietet Buzet großartige Wandermöglichkeiten, mehrere Restaurants mit hervorragenden Wild- und Trüffelgerichten, zwei gut erhaltene Tore, einen der schönsten Stadtbrunnen Istriens und ein Regionalmuseum mit archäologischen Sammlungen und Ausstellungen zum bäuerlich-handwerklichen Leben im Bergland Istriens. Zudem ist der für seine Küche, seinen Wein und seine Folklore bekannte Ort das Zentrum des geplanten Naturparks Istrien.

Information
TZG Buzet, Šetalište Vladimira Gortana 9, 52420 Buzet, Tel./Fax 052 662343, www.tz-buzet.hr

Essen
Konoba Toklarija, Sovinjisko Polje 11, außerhalb von Buzet, Tel. 091 9266769, geöffnet 13–22 Uhr, außer Di. Das mehrfach als schönste und beste *Konoba* Istriens ausgezeichnete Lokal liegt inmitten traumhafter Natur und ist das Musterbeispiel einer *Konoba*; ausgestattet mit offenem Kamin, einer alten Ölmühle und wertvollen Bauteilen eines zerfallenen Klosters; serviert werden traditionelle Gerichte wie Kaninchenroulade und Rindercarpaccio sowie delikate Pilz- und Trüffelgerichte. Reservierung ist ratsam!

Einkaufen
Zigante Tartufi, Trg Fontana, 52420 Buzet; Tel. 052 663340, Fax 052 663304, frische Trüffel und vielfältige Trüffel-Produkte

MOTOVUN UND OPRTALJ
(Buzet – Motovun ca. 17 km, Abstecher Oprtalj ca. 15 km hin und zurück)

Information
TZO Motovun, Trg Andrea Antica 1, 52424 Motovun, Tel./Fax 052 681726, http://tz-motovun.hr

Information
TZO Oprtalj, Matka Laginje 21, 52428 Oprtalj, Tel./Fax 052 644150, www.istria-oprtalj.com

Auf der Straße Nr. 44 das romantische Mirna-Tal abwärts erreicht man nach 16 km die Kreuzung, an der es links hinauf nach **Motovun** geht, zur bekanntesten und am meisten besuchten unter den Bergstädten Istriens. Parkplätze für Wohnmobile sind rar auf dem steilen Hügel, sodass man im Sommer sicher gut daran tut, drunten im neueren Ortsteil zu parken und zu Fuß hinaufzusteigen. Es lohnt sich allemal! Mit seinem Kastell und den gut erhaltenen Mauern ist Motovun der Inbegriff einer istrischen Festungsstadt. Die alten Pflastergassen sind ein Erlebnis, der Ausblick ist grandios und im schattigen Innenhof der Festung findet man eine lauschige Gaststätte. All das haben allerdings auch schon ein paar andere Besucher gemerkt, sodass der Ort im Sommer zeitweise zu einem rechten Rummelplatz wird. In der Saison muss man daher sein Fahrzeug unten an der Abzweigung auf dem Parkplatz rechts der Straße abstellen (Womo 50 kn) und mit dem Bus hinauffahren. Wohnmobilisten können aber auch auf dem Wohnmobilstellplatz links der Straße übernachten, der zum Hotel Kaštel gehört, und dann kostenlos den Hotelbus nutzen.

Nach dem Stadtbummel lohnt es sich, auf der Terrasse des Hotel Kaštel im Schatten alter Kastanien und mit herrlichem Blick, die exzellent zubereiteten Spezialitäten der Region zu kosten.

Gegenüber der Abzweigung nach Motovun führt nach rechts eine Serpentinenstraße durch Kiefernwald auf eine karstige Hochfläche empor und erreicht nach ca. 7 km das Dörfchen **Oprtalj.** Am Stadttor findet man eine große, frei stehende Loggia und im Ort eine Reihe sehenswerter Bauwerke aus dem 15. Jahrhundert. Viele der Wohnhäuser sind längst verlassen und befinden sich in allen Stadien des Zerfalls. Die zentrale Marienkirche, die Rochus-Kapelle (am Ortseingang) und die außerhalb des Ortes gelegenen Kirchen der Hl. Helena und Mariä Geburt hingegen sind für ihre Fresken weit bekannt.

Kažuni – steinerne Liebeslauben
In den Weinbergen von Istrien bis hinunter nach Dalmatien entdeckt man immer wieder jene kleinen, kreisrunden Steinhäuschen mit einem Dach aus kunstvoll aufgeschichteten Kalkplatten, die ganz in Trockenbauweise errichtet wurden. Sie erinnern an die Trulli in Italien oder die Borries der Provence und gehen wohl auch auf die gleiche Zeit zurück. Seit Jahrhunderten dienen sie als Geräteschuppen – und inoffiziell auch als Liebeslauben für junge Paare.

Essen
Hotel Kaštel, Trg Andrea Antico 7, 52424 Motovun, Tel. 052 681607, www.hotel-kastel-motovun.hr (auch auf Deutsch), tägl. 8–22 Uhr. Eines der besten und angenehmsten Restaurants Istriens mit traumhafter Terrasse und köstlichen Spezialitäten der Region wie Trüffelgerichte, Fleisch vom Boskarin-Rind, hausgemachte Pasta (für Schwaben sind besonders die frkanci zu empfehlen!), Wildgulasch, vegetarische Gerichte und Wildspargel.

⓬ Stellplatz Motovun
45,33491°N 13,82504°O

Neuer, schön gelegener und gut ausgestatteter Platz (gehört zum Hotel Kaštel) für 10 bis 12 Fahrzeuge auf ebenem Schottergrund mit einzelnen Bäumen; Spielplatz und Zeltmöglichkeit. Motovun liegt zentral (die meisten Orte Istriens erreicht man in ca. 30 Minuten) und fast direkt am Radweg Parenzana auf einer alten Schmalspurtrasse (www.parenzana.net/de), sodass sich der Platz auch für einen längeren Aufenthalt gut eignet. **Lage/Anfahrt:** Direkt an der Zufahrt zur Altstadt vom Motovun; gleich an der Abzweigung links der Straße; **Wasser/Abwasser:** tadellose Ver-/Entsorgung plus WC und Dusche; **Strom:** ja; **Preis:** 2 Pers. mit Ver-/Entsorgung, Strom, Dusche etc. je nach Saison 1. Nacht 15–25 €, weitere Nächte 10–20 € (plus Kurtaxe); Parken bis 4 Std. 7 €, Wasser, Strom je 2 €, Dusche 1 €; **Geöffnet:** ganzjährig; **Kontakt:** Tel. 052 681557 und 681607 (Hotel), www.motovun-camping.com (auch auf Deutsch); **Tipp:** Gäste des Stellplatzes können gratis mit dem Hotelbus hinauf in die Altstadt fahren, das Hallenbad des Hotels kostenlos nutzen und die Wellnesseinrichtungen gegen Gebühr (10 % Rabatt). Außerdem erhalten sie 10 % Rabatt im sehr empfehlenswerten Restaurant des Hotel Kaštel. Etwas wirklich Besonderes!

GROŽNJAN (Motovun – Grožnjan ca. 10 km direkt)

Ein blumengeschmücktes Schild bei der Gaststätte Ponte Porton verrät, dass man sich hier an der **istrischen Weinstraße** befindet, die den Reisenden zu kleinen Winzerdörfern und Weinkellern führt. Nach rechts klettert ein steiler Fahrweg (bei meinem letzten Besuch noch immer mit grobem Schotter) nach **Grožnjan** hinauf. Sollte der Zustand noch nicht besser sein, empfiehlt es sich mit größeren Fahrzeugen den (deutlich längeren!) Umweg über Buje (s. S. 88) zu fahren. Noch in den 1960er-Jahren war das Bergdörfchen Grožnjan nahezu verlassen und zerfiel. Dann begannen Künstler aus dem ganzen Land, die bröckelnden Gemäuer zu restaurieren, mit neuem Leben zu erfüllen und zu einer Künstlerkolonie zu machen. Hier findet man rund zwanzig kleine Ateliers und Galerien, blumengeschmückte Steinmauern und verborgene Innenhöfe, in denen man idyllische Gaststätten findet. Kein anderes der zahlreichen Bergdörfer hat so viel Flair zu bieten.

Information
TZO Grožnjan, Umberto Gorjan 3, 52429 Grožnjan, Tel. 052 776131, Fax. 052 721131, www.tz-groznjan.hr

Parken
Großer Parkplatz mit Brunnen etwas oberhalb des Dorfes (von Buje kommend links am Stadttor vorbei).

BUJE (BUIE) (Motovun – Buje ca. 17 km, Grožnjan – Buje ca. 8 km)

Von der Abzweigung im Mirnatal auf die E 751 sind es knapp 10 km bis **Buje,** das mit über 3000 Einwohnern schon zu den größeren Orten des Binnenlandes zählt. Das als die „Wacht von Istrien" bezeichnete Städtchen liegt an einem wichtigen Verkehrsknoten inmitten weitläufiger Weinberge der Region Bujština und war bereits von den Histrern und Römern besiedelt. Er besitzt eine reizvolle, aber leider zerfallende Altstadt und bietet vom Dorfplatz einen schönen Ausblick in alle Richtungen. Aus venezianischer Zeit stammen die Loggia, eine Steinsäule am Hauptplatz und Teile der Stadtmauer. Den schönsten und fotogensten Blick auf Buje und die frei stehenden Kampanile der Kirche Sv. Marija und der Pfarrkirche Sv. Servul mit römischen Stelen hat man von der Straße nach Umag.

Essen
Restaurant Lovac, Kaldanija 31, 52460 Buje, Tel. 052 777094. Empfehlenswertes Restaurant mit rustikaler Gaststube, Terrasse, umfangreicher Karte (Lamm-, Spanferkel-, Spargel-, Wildgerichte) und für Kroatien ganz ausgezeichnetem Brot.

Information
TZG Buje, Istarska 2, 52460 Buje, Tel./Fax 052 773353, www.tzg-buje.hr, www.ebuje.info

Einkaufen
Zigante Tartufi, Portoroška 15, Plovanija, 52460 Buje, Tel. 052 777409/410, Fax 052 777111, www.zigantetartufi.com

Von Buje gelangt man auf der Straße 301 via Brotonigla zurück zur Küste nach Novigrad (s. S. 68) oder über die Straße 300 nach Umag (s. S. 66, je ca. 13 km).

Istriens Weinstraßen
Beim Weinreichtum Istriens braucht man sich nicht zu wundern, dass die Halbinsel gleich mehrere Weinstraßen bietet – nicht eine schlichte Rundstrecke, sondern fast schon ein Netz mehr oder weniger gut beschilderter Sträßchen, die zu den besten Lagen und den interessantesten Kellereien führen. Stellen Sie selbst Ihre Route zusammen. Unterwegs können Sie die berühmten istrischen Weine nicht nur probieren und günstig kaufen, sondern nebenbei auch malerische Bergstädtchen, schön gelegene Gasthöfe und eine wunderbare Landschaft entdecken.
Info: *Über die istrischen Weinstraßen informieren zwei Faltblätter mit Karten und Kellerei-Adressen, herausgegeben von Vinistra (www.vinistra.com), C. Huguesa 8, 52440 Poreč, erhältlich bei den Touristinformationen der Region.*

DIE KÜSTE VON ROVINJ

LIMSKI-KANAL (ab Vrsar ca. 12 km)

Einige Kilometer kann man ab Vrsar auf der küstennahen Straße noch in Richtung Süden tuckern, dann legt sich der tief ins Landesinnere ragende Limski-Kanal quer in den Weg, sodass alles, was nicht schwimmt oder fliegt, nach Osten ausweichen muss. Durch dichten Buschwald geht es landeinwärts und durch die Dörfer **Flengi** und **Kloštar** zur Straße Nr. 21, wo man nach rechts biegt und kurz darauf die Limski zaljev erreicht.

Essen
Restaurant I Klitu, Flengi bb, Tel. 052 444632. Gemütlich und rustikal ausgestattetes Restaurant mit offenem Kamin und Antiquitäten. Toni bereitet ausgezeichnete Fischgerichte und Spezialitäten wie Trüffelnudeln, Fuži mit Rehfleisch oder Drachenkopf aus dem Backofen. Am meisten wird sein Spanferkel vom Grill gelobt.
Die **Konoba Sidro** (auch in Flengi) ist ebenfalls für ihr leckeres Spanferkel bekannt.

Wie ein blauer Fjord schneidet sich diese Bucht in die weißen Karstberge – weshalb sie auch „Limski-Fjord" genannt wird, wenngleich es sich hier natürlich nicht um einen wirklichen Fjord handelt. An den Parkplätzen und Aussichtspunkten über der Bucht haben Frauen kleine Stände aufgebaut, auf denen ein Sammelsurium verschiedenfarbiger Flaschen in der Sonne leuchtet – selbstgemachte Obst- und Kräuterschnäpse, die sehr fotogen aussehen. Drunten blinkt

Der Limski-Kanal aus der Vogelperspektive

zwischen grünen Wäldern und weiß-grauen Felsen das Wasser der Bucht. Von einem Holzturm beim ersten Parkplatz rechts genießt man den Ausblick, den sonst das Buschwerk versperrt. Er ist bei schönem Wetter reizvoll – aber nicht so spektakulär, wie die Prospekte glauben machen.

Baden und Wassersport sind in der Bucht verboten. Sie ist Naturschutzgebiet. Hier gehört das Meer den Austernzüchtern und wer ein Faible dafür hat, der kann diese Delikatesse im Restaurant „Viking" direkt am Ufer des Meeresarmes verkosten.

Unter kalkigen Felswänden führt die Straße hinunter in den Taleinschnitt und auf der anderen Seite wieder empor.

Essen

Restaurant Viking, Limski-Kanal, Tel. 052 448119, Fax 052 448223. Das an einer Stichstraße direkt an der Limski-Bucht gelegene Restaurant ist in ganz Istrien für seine Austern bekannt, bietet aber auch exzellente Fischgerichte und flambiertes Beefsteak. Während der Saison ist vorherige Reservierung sehr zu empfehlen.

ROVINJ (ROVIGNO)

(Vrsar – Rovinj 27 km)

Wo die Straße Nr. 21 knapp 5 km nach dem Limski-Kanal auf die Nr. 303 stößt, biegt man rechts in Richtung Rovinj ab, denn diese „Perle der Adria", wie sie sich stolz, aber nicht zu Unrecht nennt, sollte man sich nicht entgehen lassen – auch wenn es hier in der Saison manchmal sehr eng und trubelig wird.

Gleich am Stadtrand rechts zu den Campingplätzen abbiegend erreicht man direkt am Meer einen Parkplatz (s. S. 93). Von dort kann man bequem in die Altstadt spazieren. Allerdings waren die Parkgebühren bei meinem Besuch dermaßen überteuert, dass kein vernünftiger Mensch sie bezahlen wird. Da dieser Platz in der Saison die einzige Parkmöglichkeit für Wohnmobile bietet, ist es im Zweifelsfall günstiger, direkt auf einen der stadtnahen Campingplätze auszuweichen und mit dem Bus in die Stadt zu fahren. Alle weiteren Parkplätze am Hafen sind zumindest während der Saison für Wohnmobile komplett gesperrt – ebenso die weitere Ortsdurchfahrt, sodass man spätestens am Hafen wenden und zurückfahren muss.

Trotz allem ist ein Bummel durch die Gassen der denkmalgeschützten Altstadt fraglos ein Erlebnis. Dicht gedrängt stehen die Häuser auf einem Kalkfelsen im Meer, der schon vor mehr als 200 Jahren mit dem Festland verbunden wurde. Malerisch spiegeln sie sich im ruhigen Wasser des Fischerei- und Jachthafens. Ein wahres Postkartenmotiv! Im Gewirr der schattigen Gassenschluchten ist es angenehm kühl: Über Steinstufen und Kalkplatten steigt man empor, zwischen bröckelnden Fassaden schmucker Barock- und Renaissancepaläste, vorbei an zahllosen kleinen Galerien, Souvenirgeschäften und Cafés.

Auf dem höchsten Punkt des Felsenhügels steht die **Barockkirche Sv. Eufemija,** deren schlanker Kampanile das einstige Seeräubernest hoch überragt. Vom luftigen Kirchplatz aus genießt man einen herrlichen Ausblick über die Dächer der Altstadt, das glitzernde Meer und die vorgelagerten Inselchen.

Auf der anderen Seite geht es steil hinunter zur Spitze der Landzunge, wo man einige kleine **Badeplätze** findet. Schwenkt man unten nach rechts (in Richtung Osten) und folgt der Via Švalba, so kommt man an der kräftig roten Fassade des „**Angelo d'Oro**" vorbei, einem der besten Hotels des Landes, das zugleich auch ein höchst empfehlenswertes Restaurant besitzt.

Die schönsten Blicke auf die Altstadt selbst genießt man entweder vom Parkplatz jenseits des Fischerhafens (vormittags) oder von der Südseite des Haupthafens über das Gewirr der Masten hinweg (ab spätem Vormittag). Es lohnt sich, vom Balbi-Tor, dem Haupteingang zur Altstadt, auch in entgegengesetzter Richtung über den Trg Tita, an der Reihe der Straßen-Restaurants vorbei und um den Hafen herum zu spazieren.

Wer die Zeit hat und einen längeren Spaziergang nicht scheut (oder Fahrräder auf dem Gepäckträger des Wohnmobils hat!), der sollte unbedingt dem Uferweg an den Hotels vorbei weiter nach Süden folgen. Nehmen Sie Badezeug und ein Picknick mit. Es lohnt sich! Denn auf der Halbinsel des **Zlatni Rt** (Goldenes Kap) erstreckt sich ein Naturschutzgebiet mit herrlichen Wäldern und dem größten botanischen Garten Istriens. Zwischen schattigen und teils über 100 Jahre alten Douglasien, Zedern und Zypressen, Aleppokiefern und Ginkobäumen schlängeln sich Fuß- und Radwege zu idyllischen Picknickplätzen und stillen Badestränden mit Felsplatten oder Kiesufer und kristallklarem Wasser.

Herrliche Möglichkeiten für Spaziergänge und einige schöne Badestellen bietet auch die **Insel Sv. Katarina** unmittelbar vor Rovinj. Kleine Taxiboote dorthin legen vom Haupthafen (nahe beim Hotel „Adriatic") und vom Kai (unterhalb Hotel „Park") ab. Die komplette Insel hat vor über 100 Jahren ein litauischer Fürst gekauft, um sie in einen Park verwandeln und sich darauf ein Schloss bauen zu lassen. Inzwischen ist das Schloss ein Hotel und der alte, etwas verwilderte Park schöner denn je.

Information

TZG Rovinj, Obala P. Budičina 12, 52210 Rovinj, Tel. 052 811566, Fax 052 816007, www.tzgrovinj.hr (auch auf Deutsch)

Die heilige Euphemija

Euphemija, der die Kirche von Rovinj geweiht ist, soll der Legende zufolge als junges Mädchen in den Harem des türkischen Sultans entführt worden sein. Dort habe sich die reine Maid dem Herrscher standhaft verweigert – und schließlich den Freitod einem Leben in Schande vorgezogen. Ihr schneeweißer Sarkophag, so heißt es, sei in einer Sturmnacht aus Konstantinopel verschwunden, übers Meer getrieben und vor Rovinj angespült worden. Wie dem auch sei, heute fungiert die Heilige als Stadtpatronin – zugleich aber auch als Wetterhahn auf dem Kirchturm. Kehrt sie dem Meer den Rücken zu, so machen es die Fischer ebenso, denn dann ist schlechtes Wetter zu erwarten oder gar die gefürchtete Bora.

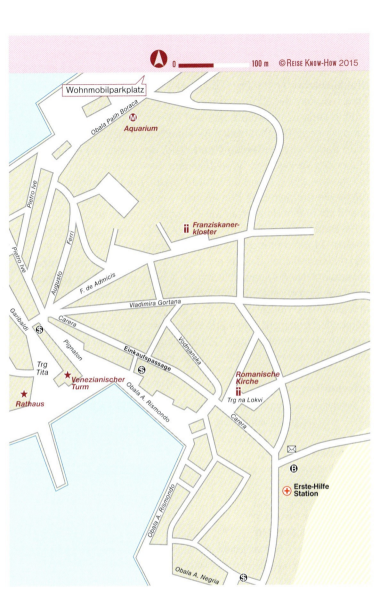

Parkplatz

43,93069°N 15,45229°O

Am Stadtrand (ca. 10 Min. vom Zentrum entfernt) liegt dieser Platz mit schönem Blick auf die Altstadt. Leider sind die Preise stark überhöht: 25 kn pro Std. (max. 6–23 Uhr). Wer hier einen Tag lang parkt, zahlt also fast 60 € Parkgebühr! Empfehlenswerter ist es, auf einen der umliegenden Campingplätze auszuweichen.

Essen

Angelo d'Oro, Via Švalba 38–42, Tel. 052 840502. Hotel/Restaurant im ehemaligen Bischofspalast mit guter Küche, Vinothek und schöner Gartenterrasse!

Am einfachsten verlässt man Rovinj auf dem gleichen Weg, auf dem man gekommen ist, und biegt dann ca. 1 km nach Ortsende an der Kreuzung rechts. So erspart man sich die enge und oft verstopfte Ortsdurchfahrt. An der Polari-Bucht passiert man den **Campingplatz Polari** ⓭, kurz danach die Abzweigung zum **Campingplatz Veštar** ⓯ – dann verlässt man die Küste und fährt in Richtung Bale/Pula ins Landesinnere. Durch hügelige Karstlandschaft zieht sich das Sträßchen dahin: streckenweise durch Wald, dann wieder gesäumt von blühenden Wiesen und Getreidefeldern. Skurril verwachsene Olivenbäume mit silbrig-grünem Blattwerk zieren die Landschaft. Pferdefuhrwerke rumpeln über den Asphalt – manchmal sogar ein Eselgespann vor einem Holzkarren wie zu Urgroßvaters Zeiten.

Bei **Bale** (Valle) stößt man wieder auf die Straße Nr. 21 (E 751) und erreicht 11 km weiter das Städtchen **Vodnjan** (Dignago), das mit seinen mittelalterlichen Gassen nicht nur wie eine romantische Filmkulisse aussieht, sondern tatsächlich auch schon wiederholt als solche gedient hat. Und in der Gruft der Pfarrkirche Sv. Blaž kann man hier sogar drei leibhaftige Heilige aus dem 12. bis 15. Jahrhundert sehen, deren Körper dort unten auf rätselhafte Weise ebenso gut erhalten geblieben sind wie die mittelalterlichen Gebäude droben über der Erde oder die sakralen Kunstwerke und Reliquien in der Schatzkammer der Kirche.

Mumien-Gruft
Župna crkva sv. Blaža
(Kirche des hl. Blasius),
Tel. 052 511420; geöffnet Juli–Aug. 9–19 Uhr, So 14–19 Uhr, sonst nach Vereinbarung, Eintritt: 35 kn

Information
TZ Vodnjan, Narodni trg 3, 52215 Vodnjan, Tel. 052 511700, Fax 052 511700, http://vodnjandignano.com (auf Engl.)

Einkaufen
Vinarija Podrum, Vodnjan, Željeznička cesta 15, Tel. 052 511334; Wein und Olivenöl

⓭ Camping Polari ★★★
45,06340°N 13,67458°O
Sehr schöner Platz 3,5 km außerhalb von Rovinj mit Olivenhainen und Pinien sowie einer effizienten Verwaltung; mit parzellierten Plätzen, Fels-/Kiesstrand und FKK-Bereich. Vom Platz gibt es (allerdings spärliche) Bus- und Bootsverbindungen nach Rovinj. Der Spaziergang bis zur Stadt dauert ca. 1 Std. und führt anfangs durch reizvolle Küstenlandschaft, dann durch öde Vororte. **Preise:** ca. 57–59 €; Camperstop (Übernachtung für 4 Personen, Wohnmobil, Stromanschluss) 12–32 € je nach Saison; maximaler Aufenthalt 48 Stunden; **Geöffnet:** Mitte April–Anfang Okt.; **Kontakt:** 52210 Rovinj, Tel. 052 800200, Fax 052 800215, www.campingrovinjvrsar.com

⓮ Camping Valalta Naturist ★★★★
45,12282°N 13,63118°O
Riesengroßer, sehr gut ausgestatteter FKK-Platz mit Parzellen auf Wiesenflächen (teils schattig), rund 5 km langem Fels-/Kiesstrand, Pool, Vitalcenter, Restaurants, Marina und vielfältigen Sportangeboten; mehrfach ausgezeichnet als „bester Platz

Kroatiens". **Lage/Anfahrt:** ca. 1 km vor Rovinj rechts (Schilder) oder am Ortseingang rechts via Borik; 6 km gute, schmale Teerstraße; **Wasser:** Schlauchanschluss; z. T. direkt am Stellplatz; **Abwasser:** tadellose Plattform; **Chemie-WC:** 10 Stationen in den Sanitäranlagen; **Strom:** ja; **Preise:** 51 € inkl. Anmeldegeb.; **Geöffnet:** Ende April–Ende Sept.; **Kontakt:** Tel. 052 804800, Fax 052 821004, www.valalta.hr

⓯ Camping Veštar ★★★
45,05431°N 13,68585°O

An einer eigenen Bucht gelegener Platz mit schattigen Wiesenflächen, Kiesstrand und vielfältigen Angeboten; u. a. Bootshafen mit Slipanlage, Supermarkt, Restaurant und Sportmöglichkeiten; ein FKK-Bereich befindet sich im Westteil. Die Stellplätze sind für größere Mobile recht eng und etwas uneben. 2012 und 2013 als „bester Platz Kroatiens" ausgezeichnet; **Lage/Anfahrt:** von Rovinj ca. 5 km in Richtung Bale/Pula; bei Kokuletovica dann rechts; ca. 1 km schmale Teerstraße; **Wasser:** Schlauchanschluss; **Abwasser:** tadellose Plattform an der Einfahrt; z. T. auch an den Plätzen; **Chemie-WC:** 4 Chemie-WC Stationen in den Sanitäranlagen; **Strom:** ja; **Preise:** 47–59 € mit Anmeldegebühr; **Geöffnet:** Ende April–Ende Sept.; **Kontakt:** Tel. 052 800200, Fax 052 800215, www.campingrovinjvrsar.com/de/Campingplaetze/Vestar_Rovinj

ABSTECHER
ZUR RUINENSTADT DVIGRAD

(ab Rovinj ca. 17 km einfach)

Etwa 17 km landeinwärts von Rovinj liegt **Kanfanar.** Südwestlich des kleinen Orts zweigt vor der Bahnlinie am Ortseingang eine kleine Straße links ab, die sich von der Hochebene ca. 2,5 km ins Limska-Draga-Tal hinunterwindet. Auf einem Hügel in diesem Tal hat man die einzigartige Gelegenheit, durch die Ruinen einer kompletten mittelalterlichen Stadt mit etwa 220 Häusern, Türmen und Festungsanlagen zu wandern. Rund um zwei Burgen ist sie einst entstanden (daher der Name *dvi-grad* = zwei Burgen oder Städte), 1631 wurde sie wegen einer Pestepidemie aufgegeben und ihre Bewohner gründeten das heutige Kanfanar.

Wer frühmorgens oder am Abend kommt, kann ganz für sich allein das gespenstisch überwucherte Steinlabyrinth der verlassenen Stadt erkunden. Einer Legende zufolge soll hier der Seeräuber *Henry Morgan* vor über 300 Jahren einen sagenhaften Schatz vergraben haben.

PULA (POLANA)
(Rovinj – Vodnjan 26 km, Vodnjan – Pula 10 km)

Information
TZG Pula, Forum 3, 52100 Pula, Tel. 052 219197, 212987, Fax 052 211855, www.pulainfo.hr

Noch viel tiefer in die Vergangenheit als alles Bisherige entführt Pula, die größte Stadt Istriens, ihre Besucher. Zuerst geht es durch wenig einladende, staubgraue Vororte und das Verkehrsgedränge der istrischen Wirtschaftsmetropole. Dann steht man plötzlich vor dem hoch aufragenden Rund des römischen **Amphitheaters.** Ihre erste Blütezeit genoss die Stadt nämlich schon unter dem römischen Kaiser

Augustus, der hier nicht nur gern zur Sommerfrische weilte, sondern zeitweise sein ganzes Imperium direkt von Pula aus regierte. Das monumentale Oval des mehr als 130 m langen Amphitheaters wurde aus gewaltigen Kalkquadern errichtet und war neben dem Kolosseum in Rom eines der größten des Reiches. 23.000 Zuschauer hatten darin Platz, um Schwertkämpfe und Wagenrennen zu erleben. Noch sind die Schächte zu sehen, durch die Raubtiere und Gladiatoren aufeinander losgelassen wurden. Und durch die antiken Theaterbogen blickt man heute auf die gigantischen Kräne des Hafens von Pula.

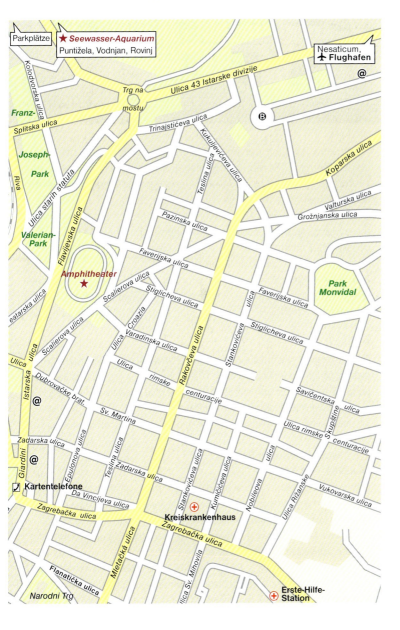

Route 1: Istriens Küste

Pula (Polana)

Dirke-Mosaik

Das römische Mosaik „Bestrafung der Dirke" liegt recht verborgen nahe dem Haus Nr. 16 der Ul. 1. Maja in einem Hinterhof (unweit der Ul. Opatjiska). Kleine Schilder mit der Aufschrift „Rimski Mosaik" weisen den Weg.

Abkürzung

Wer nach **Fažana** (s. S. 99) möchte, kann am Ortseingang – dort wo meist die Staus beginnen – gleich wieder rechts aus der Stadt hinausfahren.

Lohnend ist auch der anschließende Bummel durch die Innenstadt. Überall stößt man auf römische Relikte: den reich verzierten Triumphbogen der Sergier-Familie, den Augustustempel mit korinthischen Säulen, das berühmte Dirke-Mosaik, Stadttore und Reste der Befestigungsanlagen. Aber auch die Venetianer haben Sehenswertes hinterlassen, etwa den dreischiffigen Dom, das alte Rathaus, in dessen Bau noch Säulen und Außenmauern des ehemaligen Diana-Tempels integriert sind, und das Kastell hoch auf dem Hügel im Herzen der Altstadt. Wunderschön ist auch die byzantinische Basilika Marija Formosa, die etwas verloren zwischen Wohnhäusern und der Hauptstraße steht.

Parken

Für Stadtbesichtigungen habe ich stets einen Platz direkt unterhalb des Amphitheaters oder zwischen Bootshafen und Bahnhof gefunden; in der Saison kann es dort jedoch knapp werden, dann parkt man am besten jenseits des Bootshafens hinter dem Bahnhof direkt am Meer. Der Platz (44,87800°N 13,84648°O) ist geschottert und ohne Schatten; Preis: 8 kn pro Std.

⑯ Camping Village Stoja ***
44,85963°N 13,81475°O

Sehr großer und dennoch ebenso reizvoller Platz auf einer durch einen Damm mit dem Festland verbundenen Insel; Pinienwald, Liegewiese, Felsstrand; da es am schmalen Damm wenig Parkraum gibt, kommt es zeitweise zu Problemen bei der Anmeldung. **Lage/Anfahrt:** 3 km westlich des historischen Zentrums; beschildert; **Wasser:** Schlauchanschluss; **Abwasser:** gute Entsorgungsplattform; **Chemie-WC:** ja, nur eine Station; **Strom:** ja; **Preise:** 34–36 €; Zuschläge: 20 % für weniger als 2 Nächte, 20 % für meernahe Stellplätze; **Geöffnet:** Mitte April–Mitte Okt.; **Kontakt:** Tel. 052 387144, Fax 052 387748, www.arenacamps.com

Das römische Amphitheater ist zu Recht die Hauptattraktion von Pula

Essen
Restaurant Milan, Stoja 4, Tel. 052 300200, www.milanpula.com. Das vielfach vom Gastro-Führer ausgezeichnete Restaurant bietet eine große Auswahl an sehr guten Fischgerichten und Meeresfrüchten sowie altösterreichischen Desserts. Hier bekommt man z. B. Scampi-Risotto, Seeteufel und die seltenen Jakobsmuscheln.

FAŽANA UND DIE BRIJUNI-INSELN
(Pula – Fažana 6 km einfach)

Ein Abstecher, der gleich am nördlichen Stadtrand von Pula rechts abzweigt, führt entlang der Küste nach Fažana, von wo aus kleine Schiffe nach **Veli Brijun** tuckern. Sie ist die größte Insel des **Brijuni Archipels** (Brionische Inseln). Schon die Römer haben sich auf diesen paradiesischen Inseln luxuriöse Villen gebaut und nachdem gegen Ende des 19. Jahrhunderts die Sümpfe trockengelegt und dadurch die Malaria gebannt war, entwickelte sich der Archipel zu einem exklusiven Feriengebiet, in dem sich die europäische Prominenz vergnügte.

Bis zum Tod des damaligen jugoslawischen Staatspräsidenten *Tito* 1980 waren die Inseln für Staatsgäste reserviert und ein streng bewachtes Sperrgebiet. 1983 wurden sie zum Nationalpark erklärt und im folgenden Jahr teilweise für Touristen geöffnet. Da nur ein Unternehmen dort anlegen darf, sind die Preise nicht eben günstig (Hauptsaison 210 kn). Reizvoll an diesem kleinen Naturparadies mit **römischen Ruinen** ist vor allem seine üppige Vegetation mit fast 700 teils seltenen und exotischen Pflanzen und Bäumen. Der von Prospekten angepriesene „Safaripark" mit den vierbeinigen Staatsgeschenken *Titos* hingegen wird – außer Kinder versteht sich! – keinen begeistern, der irgendwann schon einmal ein Lama gesehen hat.

Information
Nationalpark-Verwaltung, Brionska 10, 52212 Fažana, Tel. 052 525888, Fax 052 521367, www.brijuni.hr (auch auf Deutsch)
TZG Fažana, Istarske divizije 8, 52212 Fažana, Tel. 052 383727, Fax 052 383728, www.infofazana.hr/de (auch auf Deutsch)

Parken
44,92325°N 13,80258°O
Der reizvolle Parkplatz am südlichen Ortsrand direkt bei Strand und Wiese ist leider nur noch für Pkw zugelassen und auf dem strandnahen Platz nördlich der Stadt bei der ehem. Firma Badel (44,92894°N, 13,80248°O) bezahlt man mit dem Wohnmobil pauschal 200 kn (bis max. 21 Uhr)!

Fährt man hinter Fažana weiter, entdeckt man zwischen der kleinen Hafenbucht von Peroj und einer Feriensiedlung einen weitgehend ursprünglichen Küstenstreifen, der im Sommer eine Art wilder Campingplatz der Einheimischen zu sein scheint: Stellplätze auf blühenden

Parken und Baden
44,85915°N 13,82676°O
Ein sehr schöner, schattiger Parkplatz (kostenlos) befindet sich neben Park und öffentlichem Strandbad; ca. 1 km vom Zentrum an der Zufahrt zu Camping „Stoja" unweit des österreichischen Marinefriedhofs.

☑ *Heute sind die römischen Ruinen auf der Insel Veli Brijun wieder allen zugänglich*

**Parken,
Picknick und Baden**
44,95548°N 13,78596°O
Einige hübsche, kleine Plätze am kleinen Bootshafen ca. 800 m hinter Peroj; Schotter, eben, kein Schatten, Kiesstrand

Wiesenflächen, eingefasst von Büschen und schattigen Bäumen. Zwischen Ginsterbüschen führen schmale Wege zum Strand. Eine echte Rarität an der stark erschlossenen Küste Istriens, an der sich sonst Feriendörfer und Campingplätze fast nahtlos aneinanderreihen.

⓱ Camping Indije **
44,82446 °N 13,85349°O
Eines der kleineren Camps und für meinen Geschmack der lauschigste und reizvollste Platz der Arena-Gruppe umfasst eine Halbinsel mit lockerem Pinienwald; durch den terrassierten Hügel und die lange Küstenlinie haben fast alle Plätze Meerblick. **Lage/Anfahrt:** ca. 7 km südlich von Pula durch den Ort Banjole nach Westen; **Wasser:** Schlauchanschluss, teils an den Stellplätzen; **Abwasser:** Betonplattform und Schacht an einigen Plätzen; **Chemie-WC:** ja; **Strom:** ja; **Geöffnet:** Ende April-Ende Sept.; **Preise:** 30-37 €, Zuschläge: 20 % für weniger als 2 Nächte und 20 % für meernahe Stellplätze; **Kontakt:** Indije 96, 52203 Medulin (Banjole), Tel. 052 573066, Fax 052 573274, www.arenacamps.com; **Tipp:** Arena hat außer den beschriebenen noch eine Reihe weiterer schöner und verschiedenartiger Plätze, die anzuschauen sich lohnt: z. B. den ebenfalls recht intimen Platz „Runke", den Platz „Kazela" mit großer Wiesenfläche und FKK-Bereich sowie „Stupice" und „Pomer".

HALBINSEL MEDULIN
(Pula – Premantura 12 km, Pula – Medulin 9 km (je einfach), Premantura – Medulin ca. 10 km)

Die durch tief eingeschnittene Buchten, Landzungen und vorgelagerte Inseln stark gegliederte Küste der Südspitze Istriens – benannt nach dem zentralen Ort Medulin – bietet dem Besucher sehr viele und abwechslungsreiche Möglichkeiten: insbesondere schöne Strände und Campingplätze sowie die Halbinsel **Premantura** mit dem reizvollen **Naturpark Kamenjak**. Die archäologische Fundstätte **Nesaticum** hingegen ist eher etwas für Fachleute. Der prähistorische Ort war die letzte bedeutende Illyrer-Siedlung Istriens und wurde 177 v. Chr. von den Römern erobert. Zu sehen sind überwiegend Ausgrabungen aus römischer Zeit und zwei frühchristlichen Kirchen; etwas abseits liegen die Überreste der Thermen.

Information
TZO Medulin, Centar 223, 52203 Medulin, Tel. 052 577145, Fax 052 577227, www.medulinriviera.info/de

Nesactium
Geöffnet Juli-Sept. Mo-Fr 9-18.30, Sa 9-15 Uhr, Tel. 052 34629

Bereits auf der Fahrt von Pula zum Südkap Istriens kommt man an einigen schönen Stränden der Bucht von Medulin vorbei und erreicht dann den besonders bei Surfern beliebten Badeort **Premantura**.

Die 6 km lange Halbinsel des **Kap Kamenjak,** die äußerste Südspitze Istriens, steht unter Landschaftsschutz und wird nur von einer schmalen, holperigen Piste durchzogen, von der immer wieder Seitenwege zu stillen Buchten und Badeplätzen abzweigen. Ideal für einen Ausflug mit dem Rad! Das Kap selbst bilden hohe Felsklippen, von denen man bis zu den Inseln Cres und Lošinj blickt.

⑱ Camping Village Medulin *
44,81454°N 13,93202°O

Riesiger und doch reizvoller Platz (siehe Foto Seite 62), der eine komplette Halbinsel plus eine per Damm damit verbundene Insel umfasst; teils Wald teils Wiese; ein Ferienparadies mit vielfältigem Angebot. **Lage/Anfahrt:** in Medulin nach rechts (Süden) den Schildern folgen; gute Teerstraße aber im Sommer viel Verkehr!; **Wasser:** Schlauchanschluss; **Abwasser:** Betonplattform nahe dem Eingang; **Chemie-WC:** ja, mehrere; **Strom:** ja; **Geöffnet:** Mitte April–Mitte Okt.; **Preise:** 35–42 €; Zuschläge: 20 % für weniger als 2 Nächte und 20 % für meernahe Stellplätze; **Geöffnet:** Ende März–Mitte Okt.; **Kontakt:** Tel.052 572801, Fax 052 576042, www.arenacamps.com

⑲ Kranjski Camp ***
44,80681°N 13,91635°O

Sympathischer, kleiner, stiller und sehr familiärer Platz mit eigener Bucht. Restaurant mit regionaler und weitgehend biologischer Küche, Fischgrill für Gäste; einige nette Ferienhäuschen. **Anfahrt:** In Premantura nach links Schildern „Runke" folgen und unmittelbar vor diesem Platz rechts abbiegen. **Wasser:** Schlauchanschluss; **Abwasser:** Schacht vorhanden; der sympathische Inhaber hilft gern; **Chemie-WC:** ja, umweltschonende Entsorgung; **Strom:** ja; **Geöffnet:** Anfang Juni–Mitte September; **Preise:** 30–33 € mit Anmeldegebühr; **Kontakt:** Kranjski Camp, d.o.o. Runke 52, Premantura, 52000 Pula, Hrvatska, Tel. 052 575009, Fax 052 575133, http://camping-kranjski.si (auch auf Deutsch)

Parken, Picknick und Baden
44,81622°N 13,89925°O

Zwischen Banjole und Premantura findet man östlich (links) der Straße eine schöne Parkmöglichkeit (unbefestigt, eben) unter hohen Pinien direkt an der Bucht, die hier zu Fuß auf einem schmalen Damm überquert werden kann. Ein weiterer Parkplatz liegt kurz vor Premantura im Wald.

DIE OSTKÜSTE

Mit Pula und dem Kap Kamenjak ändert sich das Bild schlagartig. Während die Westküste der Halbinsel touristisch intensiv erschlossen und im Sommer ein riesiger, quirliger Ferienpark ist, zeigt sich die Ostseite bis hinauf zur Riviera von Opatija als eher ruhiges, dünn besiedeltes Agrarland. Abgesehen von Rabac und Labin gibt es weder sehenswerte Orte noch Badezentren.

Regionalpark Kamenjak

Die stark gegliederte Südspitze Istriens mit der Halbinsel Premantura und dem Kap Kamenjak ist ein Naturschutzgebiet, geprägt durch die Kombination von Wiesen, Garigue und Macchia mit vielen Orchideen, darunter die istrische Art Serapias istriaca, und anderen seltenen Blumen. Es ist täglich 7–21 Uhr geöffnet. Die Einfahrt mit dem Auto kostet 25 kn; einige Wege sind für Autos gesperrt.

LABIN (Pula – Labin 35 km)

Von Pula geht es auf der gut ausgebauten und streckenweise schnurgeraden Straße Nr. 21 (E 751) nach Norden. Durch eine eher monotone Landschaft erreicht man nach ca. 23 km den Ort Barban, wo sich die Straße ins sumpfige Tal der Raša hinunterschlängelt.

Auf der anderen Seite geht es rasch wieder rund 300 m empor zu dem reizvollen Berg- und Bergbau-Städtchen Labin. Es thront hoch über dem Meer auf einer Bergkuppe und bietet fantastische Ausblicke hinunter auf den Badeort Rabac, der sich in eine tiefblaue Bucht schmiegt, hinüber zu der weiß-karstigen Insel Cres und bis zum Učka-Gebirge. Noch schöner ist vielleicht der Blick nach innen: auf die bunten venezianischen Häuserfassaden, die sich an engen, steilen Gassen entlang zusammendrängen. Ein malerisches Labyrinth von Bogen und Passagen, Treppenwegen und kleinen Plätzen. 1921 haben unterdrückte Bergleute und Bauern des Städtchens hier die „Republik Labin" ausgerufen, die aber nur 36 Tage Bestand hatte, ehe der Aufstand niedergeschlagen wurde.

Fast hätte der Bergbau das ganze Städtchen verschlungen, denn im Hügel von Labin steckt Steinkohle, die dort schon seit Jahrhunderten abgebaut wird. Und in den 1970er-Jahren war die Altstadt schließlich so weit unterhöhlt, dass sie in sich zusammenzustürzen drohte. Inzwischen ist das Stollennetz ausreichend gesichert, sodass man wieder unbesorgt nach Labin hinaufsteigen kann, um durch die Gassen zu bummeln oder das Volksmuseum zu besuchen.

Information
TZG Labin, Aldo Negri 20, 52220 Labin, Tel. 052 855560, 854888, Fax 052 855560, www.rabac-labin.com (auch auf Deutsch)

Volksmuseum
Barockpalast, 1. Maja, Tel. 052 852477, Mo–Sa 10–13 u. 18–20 Uhr, So 10–13 Uhr

So leer sind die pittoresken Gassen von Labin nur selten

Parken

Die Ulica Negrija hinauf zur Altstadt, über den Platz und 100 m die Sv. Katerina entlang findet man rechts einen größeren Parkplatz.
In der Saison und mit größeren Fahrzeugen besser im Vorort Podlabin parken und einen längeren Aufstieg (ca. 1 km) in Kauf nehmen!

RABAC (Labin – Rabac 5 km einfach)

Das Bade- und Wassersport-Zentrum schmiegt sich unterhalb von Labin in eine kleine Hafenbucht. Die Straße hinunter ist gut ausgebaut – aber drunten ist nur wenig Platz. In der Hauptsaison lohnt sich der Abstecher eigentlich nur, wenn man den Camping Oliva ❷⓿ ansteuert.

Weiter nach Norden senkt sich die Hochebene von Labin hinab ins **Čepićko Polje,** die größte Schwemmlandebene Istriens, die einst ein periodischer Karstsee bedeckte. Heute ragt weithin sichtbar der endlos hohe und hässliche Schornstein eines Kraftwerks daraus empor. Dann windet sich die Straße wieder steil aufwärts nach **Plomin** und bietet zwischen herbgrünen Kiefern fantastische Ausblicke auf das weit drunten liegende tiefblaue Meer in der Bucht von Plomin.

Geradezu spektakulär wird der Panoramablick am 247 m hohen **Kap Mašnjak,** wo das Hotel Flanona (grandiose Aussicht, www.hotel-flanona.com.hr) in schwindelerregender Höhe wie ein Schwalbennest am Steilabbruch der Felsspitze klebt und über das Wasser hinauszuragen scheint. Hier steigt das mächtige **Učka-Massiv** steil aus dem Kvarner Golf empor, das höchste Gebirgsmassiv Istriens, das mit dem meernahen Gipfel des Vojak eine Höhe von über 1400 m erreicht. Der Gebirgsstock schirmt wie eine unüberwindliche Mauer die Küste vom Landesinneren ab und verschafft ihr ein geschütztes Klima mit überaus milden Wintern. An seiner Ostflanke entlang schlängelt sich die Straße luftig hoch über dem Meer. Weiße Felsen, blaues Wasser und grüne Pinien leuchten in der Sonne. Eine Stichstraße zweigt rechts ab und führt steil hinunter nach **Brestova** (s. S. 124), dem Fährhafen zur **Insel Cres.** Wenige Kilometer weiter erreicht man die traditionellen Badeorte Mošćenička Draga, Medveja und Lovran, die bereits zur Region Kvarner gehören.

❷⓿ Camping Oliva ***
45,08089°N 14,14577°O

Reizvoller, ruhiger und ebener Wiesenplatz mit Olivenbäumen und Kiesstrand – leider vor der Kulisse hoher, hässlicher Terrassen-Hotels. **Lage/Anfahrt:** am Ortseingang von Rabac rechts nahe dem Meer entlang den Schildern folgen; gute Teerstraße; **Wasser:** Schlauchanschluss, auch an vielen Stellplätzen; **Abwasser:** großes Gitter im Boden – aber wir sind zunächst daran vorbeigefahren, ohne es als Entsorgungsstelle zu erkennen; **Chemie-WC:** ja; **Strom:** ja; **Preise:** 40 € inkl. Anmeldegebühr; **Geöffnet:** Ende April–Anfang Okt.; **Kontakt:** Tel. 052 884150, Fax 052 872088, www.maslinica-rabac.com (auch auf Deutsch)

Anschluss
siehe Route 2 (Kvarner Küste), ab Seite 104 und Route 3 (Kvarner Inseln), ab Seite 122

Auf halbem Weg zwischen Nordpol und Äquator liegt die Kvarner Bucht, deren beliebte Küsten- und Insellandschaft sich zu beiden Seiten des 45. Breitengrads erstreckt. Sie beginnt bei Mošćenička Draga, das geografisch noch auf der Halbinsel Istrien liegt, und reicht im Süden etwa bis Senj am Fuß des mächtigen Velebit-Gebirges. Im Kvarner sind aller guten Dinge vier. „Quaternarius" nannten schon die alten Römer diese Gegend, was manche mit „die vier Himmelsrichtungen" übersetzen. Aber vielleicht ist damit die Vierzahl der großen Kvarner Inseln gemeint – oder aber die vier Winde (Bora, Jugo, Maestral und Puenat), die das Antlitz dieser Eilande geprägt haben. Eingeschlossen zwischen der steilen Ostflanke des Učka-Gebirges und dem Höhenzug der Kastav-Berge dehnt sich tiefblau der Kvarner Golf mit den vier recht unterschiedlichen Inseln Cres, Lošinj, Krk und Rab (s. Route 3). Auch die Festlandsküste und ihr Hinterland zeigen sehr abwechslungsreiche Gesichter: Neben den Karsthängen des Velebit-Gebirges und den Urwäldern des Risnjak-Nationalparks findet man an der Küste fruchtbare Landschaften, die riesige Hafenstadt Rijeka, mondäne Badeorte und die Ferienküste der Riviera von Vinodol.

▷ *Das ehrwürdige Hotel Kvarner in Opatija*

ROUTE 2
KVARNER BADEKÜSTEN

STRECKENVERLAUF

Entfernungen:
Mošćenička Draga – Lovran 7 km, Lovran – Opatija 6 km,
Opatija – Rijeka-Zentrum 12 km, Rijeka – Crikvenica 35 km,
Crikvenica – Novi Vinodolski 10 km, Novi Vinodolski – Senj 32 km,
Senj – Jablanac 40 km, Jablanac – Abzweig Prizna 13 km,
Abzweig Prizna – Karlobag 12 km, Karlobag – Starigrad 45 km,
Starigrad – Maslenika Brücke 16 km, Maslenika Brücke – Zadar ca. 36 km

DIE RIVIERA VON OPATIJA

Nach einer luftigen „Balkonstrecke" hinter dem Kap Mašnjak mit weitem Blick übers Meer senkt sich die Straße hinunter zur Küste in eine völlig andere Landschaft. Der Gebirgsstock des Učka-Massivs, das hier auf wenigen Kilometern weit über 1000 Meter hoch aus dem Meer emporsteigt, schützt diese Küste wie eine Mauer vor den kalten Nordwinden aus dem Landesinneren und verschafft ihr ein angenehmes Klima mit überaus milden Wintern, sodass sie sich schon vor über 150 Jahren zu einem der ersten Feriengebiete am Mittelmeer entwickelte.

Für Wohnmobilisten ist diese Küste im Sommer eher Durchreisegebiet – und so schön sie auch sein mag, wird mancher aufatmen, wenn er sie endlich hinter sich hat, denn es gibt hier sehr viele Urlauber und Autos – bei wenig Parkplätzen und engen Straßen. In der Vor- und Nachsaison hingegen findet man ohne Mühe einen kleinen Campingplatz oder kann hier und da sogar am Hafen stehen.

◨ *Die Marina von Mošćenička Draga*

MOŠĆENIČKA DRAGA

Der Ort hat kaum 500 Einwohner – aber rund hundertmal so viele Feriengäste. Das heißt: In der Saison wird man als Wohnmobilist durch diesen hübsch in eine Bucht geschmiegten Badeort einfach vom Autostrom hindurchgespült werden. Kaum eine Chance auf einen Parkplatz! In der Vor- und Nachsaison hingegen wird man sein Mobil auf einem der Plätze direkt an der Durchgangsstraße abstellen können, von wo es nur wenige Schritte bis zum schönen Kiesstrand sind. Bei Mošćenička Draga beginnt die eigentliche Opatija Riviera. Bis nach Lovran hat man noch ein kurzes Stück unbesiedelter Küste mit Felsen und Pinienwald – danach rollt man durch ein fast ununterbrochenes Badegebiet mit prachtvollen alten Villen und üppig mediterraner Pflanzenpracht – aber chronisch knappen Parkplätzen.

Information

TZG Mošćenička Draga,
Aleja Slatina bb,
51417 Mošćenička Draga,
Tel. 051 739166,
Fax 051 737533,
www.tz-moscenicka.hr
(auch auf Deutsch)

LOVRAN (Mošćenička – Lovran 7 km)

Information
TZO Lovran, Trg Slobode 1,
51415 Lovran,
Tel. 051 291740,
Fax 051 294387,
www.tz-lovran.hr
(auch auf Engl.)

Der neben Opatija größte Ort dieser Küste besitzt eine reizvolle Altstadt und ist durchaus einen Bummel wert – sofern man außerhalb der Saison kommt und einen Parkplatz ergattert. Besonders reizvoll ist der Parkplatz rechts unten am Meer, auf dem man direkt am Wasser stehen und sogar auf die breite Kaimauer fahren kann. Doch die Zufahrt ist eng und im Sommer herrscht oft stressiges Gedränge. Achtung: Der kleine Platz bei der Kaimauer ist oft die letzte Wendemöglichkeit. Falls Sie danach weiterfahren und keinen Parkplatz finden, müssen Sie u. U. ein ganzes Stück rückwärts rangieren.

Parken
„P-Centar", beschildert an der U. Brajdice oberhalb der Altstadt
Parkplatz am Hafen, Abzweigung rechts beschildert (sehr schöner Platz am Meer); in der Saison sind beide eng und u. U. sehr stressig!

Mondäne Fassaden prägen den Badeort Opatija

OPATIJA (Lovran – Opatija 6 km)

Opatija (das einstige Abbazia) ist die etwas verträumte alte Dame unter den Badestädten der kroatischen Küste: ein subtropischer Palmengarten geprägt vom mondänen Flair der Jahrhundertwende, als der Adel hier seine Villen und Paläste errichtete und mit Strohhut, Spitzenkleid und Sonnenschirmchen promenierte.

Der Aufstieg des Fischerdörfchens zur Luxus-Sommerfrische begann bereits 1844, als der Kaufmann *Iginio Scarpa* aus Rijeka sich hier inmitten prachtvoller Parkanlagen seine **Villa Angiolina** errichten ließ und rauschende Feste darin feierte. Begeistert von der subtropischen Schönheit dieser Küste, ließen sich nach und nach auch seine Gäste hier nieder – und wenige Jahre später wurde bereits das heutige **Hotel „Kvarner"** errichtet. Die gesamte Hofgesellschaft des kaiserlichen Wien strömte herbei und errichtete prächtige **Barockresidenzen** und **Jugendstilvillen**. Rasch avancierte das Fischerdorf zum Sommersitz der „Adriastokratie". Ein ganzer Reigen illustrer Gäste traf sich im „österreichischen Nizza", um dem Alpenwinter zu entfliehen: Kaiser und Könige, Komponisten und Musiker, Literaten, Modeärzte und Schauspieler.

Und heute? Anstelle von Spitzenschirmchen und Strohhüten sieht man Shorts und Bikinis. Aber die Prunkvillen stehen noch, versunken im Grün der Palmen und Akazien und in der Blütenpracht von Magnolien und Kamelien. Neogotische Türmchen und venezianische Prachtfassaden mit abblätterndem Putz ragen aus halb verwilderten Gärten hervor. Dazwischen liegen gepflegte Parkanlagen mit subtropischer Pflanzenpracht.

Für den Autoverkehr hingegen wurde die enge und an einem steilen Hang erbaute Stadt nicht geschaffen – und für Wohnmobile erst recht nicht. Während der Saison ist die gesamte Ortsdurchfahrt ein Stau – und selbst außerhalb der Saison ist es schwer, hier einen Parkplatz zu finden.

Information
TZG Opatija, Vladimira Nazora 3, 51410 Opatija, Tel. 051 271710, 271710, Fax 051 712290, 271699, www.opatija-tourism.hr (auch auf Deutsch)

Region Kvarner Primorje-Gorski Kotar: Nikole Tesle 2, 51410 Opatija, Tel. 051 272988, Fax 051 272909, www.kvarner.hr

Parken
Sehr schwierig! Die besten Chancen hat man nach meinen Erfahrungen an der Einbahnstraße bei den Hotels am südlichen Ortsende (zwischen Hotel „Dubrovnik" und dem Kasino). Viel Glück braucht man, um im Zentrum nahe dem Park einen gebührenpflichtigen Platz zu ergattern.

Spazierweg Lungomare
Wer in Opatija keinen Parkplatz findet, der kann sein Wohnmobil auch außerhalb abstellen und auf der 12 km langen Uferpromenade „Lungomare" von Lovran oder dem nördlichen Vorort Volosko dorthin spazieren oder radeln. Der Weg ermöglicht einen Spaziergang zwischen Meer, Stadt und Parks, der Opatija von der schönsten Seite zeigt.

RIJEKA (Opatija – Rijeka-Zentrum ca. 12 km)

Rijeka ist ein Schock! Von den malerischen Insel- und Hafenstädtchen und den verschlafenen Bergdörfern Istriens kommend, gerät man unerwartet in eine wimmelnde Großstadt, die vor lauter Autos überquillt. Hässliche Hochhausburgen, Verkehrslärm und Gedränge. Parken? Fehlanzeige! Die Autos stehen kreuz und quer am Straßenrand, auf Bürgersteigen und selbst auf den Verkehrsinseln.

Information
Touristisches Info-Zentrum, Korzo 14, 51000 Rijeka, Tel. 051 335882, Fax 051 315720

Parken
Der gebührenpflichtige **Parkplatz am Fährhafen** ist der beste, am günstigsten gelegene (und einzig brauchbare!), den ich bisher finden konnte: von der Riva Ivana am Ende des Hafens rechts in die Riva Boduli, dann scharf rechts auf den Parkplatz. Der sehr große, gebührenpflichtige **Parkplatz Brajdica** (4 kn/Std., Riva Ivana über die Brücke und gleich danach links) nahe dem Ostende der Fußgängerzone war bei meinen Besuchen stets völlig überfüllt.

Information
TZG Rijeka, Užarska 14, 51000 Rijeka, Tel. 051 315710, Fax 051 315720, www.visitrijeka.eu (auch auf Deutsch)

Rijeka

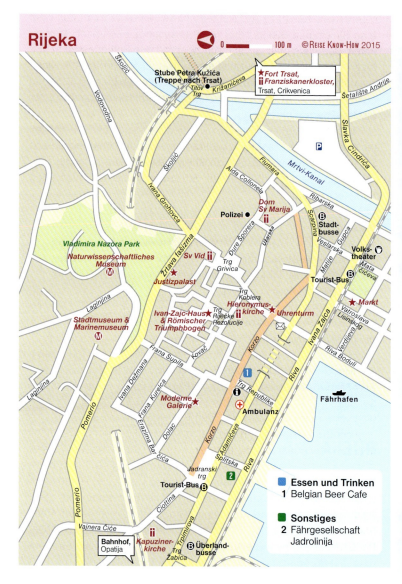

Wem es jedoch gelingt, einen Parkplatz zu ergattern, der kann sich auf ein anderes Rijeka freuen. Er lässt die verkehrsreiche Hafenstraße Riva rasch hinter sich und bummelt durch die parallel dazu verlaufende Fußgängerzone **Korzo,** die zugleich die Hauptgeschäftsstraße ist. Prunkvolle klassizistische Bauten und **Jugendstilfassaden** bezeugen den Reichtum der alten Hafenstadt. Entlang der Fußgängerzone laden Cafés mit Tischen und Stühlen im Freien dazu ein, bei einem Espresso auszuruhen und dem bunten Gewimmel zuzusehen. Etwa auf halber Länge des Korzo passiert man den **Uhrenturm** mit dem habsburgischen Doppeladler, unter dem ein Torbogen in die Altstadt führt: zum alten Rathaus aus dem 16. Jahrhundert, zum Mariendom und zu den

Museen im ehemaligen Gouverneurspalast. Interessant ist auch der Blick von einer der bergauf führenden Querstraßen zurück in Richtung Hafen. Dort sieht man gelegentlich zwischen den Prachtfassaden hindurch ein riesiges Hochseeschiff einlaufen, das den Eindruck erweckt, als wolle es direkt in der Fußgängerzone anlegen. Auch das ist Rijeka.

Wer etwas mehr Zeit hat, kann vom Stadtteil Sušak, östlich der Rječina-Brücke, einen alten Pilgerweg entlang spazieren, der über mehr als 560 Stufen auf den Berg Trsat mit der gleichnamigen Frankopanen-Festung und der Wallfahrtskirche Sveta Marija hinaufführt. Dort oben kann man Lärm und Hektik hinter sich lassen und genießt den Blick über die Dächer der Hafenstadt.

Fähren
Jadrolinija, Riva 16, 51000 Rijeka, Tel. 051 666111, Fax 051 213116, www.jadrolinija.hr (auch auf Deutsch); Küsteneilfähre Rijeka – Dubrovnik mit zahlreichen Zwischenstopps u. a. in Rab, Zadar, Split, Stari Grad, Hvar, Korčula

Essen
Belgian Beer Cafe, Trg Republike 2, Tel. 051 212148, www.ugostiteljstvo-as.com. Hier kann man bei flämischen und mediterranen Gerichten oder einem Bier bekannter internationaler Marken den Blick auf die belebte Fußgängerzone genießen.

◻ *Markttreiben in Rijeka*

DIE VINODOLSKI-RIVIERA

Weniger Erquickliches erwartet den Reisenden, wenn er Rijeka entlang der Küste nach Süden verlässt: unansehnliche Wohnsilos, dröhnender Schwerlastverkehr auf der überlasteten Adria-Magistrale, düstere Werftanlagen und direkt am Meer eine gigantische Erdölraffinerie mit Tanks, Docks, Ruß und Gleisanlagen.

Dazwischen eingeschlossen in der **Bucht von Bakar** – die ohne all diese Zutaten der Neuzeit durchaus malerisch wäre – liegt das Städtchen **Bakar** mit seiner alten Frankopanen-Burg wie ein vergessenes Relikt aus einer anderen Zeit. In einem weiten Bogen um die ganze Bucht herum, senkt sich die Adria-Magistrale allmählich zum Meer hinunter. Bei **Bakarac** sieht man sogenannte „Thunfischleitern" weit über das Wasser hinausragen, von denen zwischen Oktober und März Beobachter nach den immer seltener werdenden Thunfischschwärmen Ausschau halten.

Abkürzung
Inzwischen kann man den weiten Bogen um die Bucht auf einer neuen Straße hinter der Küste abschneiden und etliche Kilometer sparen.

Parken und Picknick
Bucht von Bakar: Parkplatz hoch über dem Nordende der Bucht; mit schönem Ausblick, aber direkt an der Adria-Magistrale
Bakarac: direkt am Hafen und gegenüber vom Campingplatz Parkmöglichkeiten für eine Rast- und Kaffeepause
Jadranovo: kurz hinter der Abzweigung nach Jadranovo schmale, straßennahe Parkbucht mit schönem Ausblick auf das Meer

Anschluss
Über die Krk-Most (40 kn für ein mittelgroßes Wohnmobil) gelangt man auf die Insel Krk und kann die Reise via Cres und Lošinj fortsetzen (s. Route 3). Der Preis gilt für Hin- und Rückfahrt, wer also mit der Fähre auf die Insel kommt, überquert die Brücke zum Festland kostenlos.

Information
TZG Crikvenica, Trg S. Radića 3/2, 51260 Crikvenica, Tel. 051 784101, Fax 051 781056, www.rivieracrikvenica.com (auch auf Deutsch)

Parken
außerhalb der Saison evtl. an der langen Strandpromenade (Einbahnstraße) im Ortsteil Dramalj

Information
TZG Novi Vinodolski, Kralja Tomislava 6, 51250 Novi Vinodolski, Tel. 051 791171, Fax 051 244306, www.tz-novi-vinodolski.hr (auch auf Deutsch)

Parken
45,12853°N 14,78671°O
Auf dem großen Parkplatz hinter dem Badestrand hat sich jetzt Aldi angesiedelt. Aber wenn man dort seine Vorräte auffrischt, kann man sicher auch noch etwas länger parken.

CRIKVENICA (Rijeka – Crikvenica ca. 35 km)

Die Ferien- und Badeküste beginnt erst wieder, nachdem man an der Abzweigung zur berühmten **Krk-Most** (Brücke zur Insel Krk) vorbei ist. Nun fährt man entlang der Riviera von Vinodol. Das fruchtbare „Weintal", dem die Region ihren Namen verdankt, erstreckt sich hinter dem Bergrücken. Schon die Römer haben dort Rebgärten angelegt und später kam der Obstbau hinzu. Aber dann hat vor rund hundert Jahren der Fremdenverkehr die Aufmerksamkeit auf die Küste konzentriert, Gärten und Felder wurden aufgegeben, Weinberge verwilderten und ganze Ortschaften wurden verlassen.

Die bis dahin unbedeutenden Fischer- und Hafenstädtchen hingegen mauserten sich über Nacht zu noblen Kurorten für die erste Garnitur der k. u. k. Monarchie. Allen voran das Städtchen Crikvenica. Einst war es nichts weiter als ein kleiner Hafen des im Hinterland gelegenen Grižane. Dann ließ der *Erzherzog Josef* persönlich es zum Heilbad ausbauen, weil er sich mit seinem kaiserlichen Bruder *Franz Josef* so gründlich überworfen hatte, dass er nicht einmal mehr die Sommerfrische in Opatija mit ihm teilen wollte. Bereits 1888 gab es das erste öffentliche Strandbad, 1891 wurde das Hotel „Erzherzogin Clothilde" eröffnet und 1895 das prunkvolle Kurhotel „Erzherzog Josef". Letzteres steht unter dem Namen Hotel „Therapia Palace" noch heute im prächtigen Palmengarten und verstrahlt den Glanz versunkener k. u. k. Zeiten. Grižane und das fruchtbare Vinodol sind längst vergessen – Crikvenica hingegen ist der Brennpunkt einer Ferienregion, die auch nach über hundert Jahren noch ihren Charme hat.

Die Küstenstraße führt oberhalb am Zentrum der Stadt vorbei. Rechts hinunter (bei der Tankstelle) sollte man lieber nur außerhalb der Saison oder mit sehr kompakten Wohnmobilen fahren. Crikvenica ist ein sehr belebtes Badezentrum und hat sonst nicht viel zu bieten – vor allem keine Parkplätze!

NOVI VINODOLSKI (Crikvenica – Novi Vinodolski 10 km)

Der (in geografischer Reihenfolge!) zweite Kur- und Badeort dieser Küste, dessen schlanker weißer Kirchturm weit über Land und Meer hinaus leuchtet, war im Mittelalter Sitz der Frankopanen von der Insel Krk, die von hier aus ihr Fürstentum Vinodolski beherrschten. Im Schloss von Novi Vinodolski haben sich 1288 die Vertreter aller neun befestigten Städte des Fürstentums versammelt, um das damals geltende Recht zu reformieren und in einem gemeinsamen Kodex zusammenzufassen: dem **Gesetz von Vinodol** *(Vinodolski Zakonik)*, das auf 17 Seiten in glagolitischer Schrift niedergeschrieben wurde und als das älteste kroatische Gesetzeswerk ein bedeutendes Kulturdokument darstellt. Heute ist Novi Vinodolski ein reizvoller Ferienort mit viel Flair und den beliebtesten Stränden der Kvarner Küste.

Auf den Strandterrassen des Camping Sibinj

DIE VELEBIT-KÜSTE

Hinter dem kleinen Ort Povile ist bald das Ende der Vinodolski-Riviera erreicht und die hohe Karstwand des Velebit rückt immer enger an die Küste heran. An ihrem steilen Fuß lässt sie nicht mehr viel Platz für Badestrände und Campingplätze. Selbst die Straße muss sich hoch oben durch die Felsen winden. Wie auf einem luftigen Sonnenbalkon schlängelt sie sich durch weiße Felsen über dem Meer dahin, das im Schutz der großen Insel Krk ruhig wie ein Mühlteich daliegt.

Parken
Kurz nach dem Camping Rača folgt ein schöner Parkplatz mit Meerblick.

㉑ Camping Sibinj **
45,04415°N 14,87823°O

Kleiner Privatplatz am Hang mit schöner, von Felsen gesäumter Kiesbucht; in der Nebensaison reizvoll; im Sommer zu voll. **Lage/Anfahrt:** vor Sibinj an der Küstenstraße (Vorsicht – man fährt leicht an der Abzweigung vorbei!); **Wasser:** Schlauchanschluss am Sanitärgebäude, sonst Kanister; **Abwasser:** einfacher Betondeckel vor dem Sanitärgebäude; **Chemie-WC:** ja; **Strom:** ja; **Preis:** ca. 25 €; **Geöffnet:** April–Sept.; **Kontakt:** Tel./Fax 051 796905

㉒ Kamp Škver **
44,99390°N 14,89976°O

Am Ortsbeginn von Senj in spitzem Winkel rechts ab. Einer der wenigen Beinahe-Stellplätze Kroatiens für ca. 40 Wohnmobile, die alle relativ ruhig und direkt am Wasser stehen. Mit Strom, Wasser, Sanitäranlagen und einem netten, traditionellen Restaurant mit Terrasse am Meer. **Info:** Tel./Fax 053 885266

Parken
Zwischen Novi Vinodolski und Senj gibt es an der Küstenstraße eine Reihe schöner Parkplätze mit Meerblick.

Parken und Baden
Gleich nach Povile zweigt rechts ein rauer Schotterweg ab, der zu einer Wiesenfläche in der **Žrnovica-Bucht** hinunterführt; schön und ruhig, aber die Zufahrt ist für große Fahrzeuge ungeeignet.

Naturpark Velebit

Das gesamte, 150 Kilometer lange Velebit-Gebirge ist inzwischen als „Naturpark Velebit" geschützt und wurde von der UNESCO zum Welt-Biosphärenreservat erklärt. Mit mehr als 2000 km² Fläche ist es das bei weitem größte Naturschutzgebiet Kroatiens – größer als alle anderen geschützten Gebiete zusammen. Innerhalb des Naturparks befindet sich eine ganze Reihe kleinerer Schutzgebiete, u. a. die beiden **Nationalparks Nord-Velebit** *und* **Paklenica**, *sowie die strengen Schutzgebiete* **Hajdučki** *und* **Rožanski kukovi** *(„kukovi" = Felsköpfe). Sie umfassen zusammen eine Fläche von 20 km² und faszinieren durch ihre einzigartigen Karstphänomene: wilde Klippen, scharfe Grate, bizarre Felsgebilde, mächtige Steinkolosse, Karsthöhlen, Schluchten und fast bodenlos tiefe Abgründe. Der 50 km lange* **Premužić-Pfad** *führt mitten durch die Karstwelt des Schutzgebietes Rožanski Kukovi. Er beginnt bei der Zavižan-Berghütte nahe dem* **Botanischen Garten des Velebit**. *Im Schutzgebiet* **Hajdučki Kukovi**, *das fast unzugänglich ist, wurde 1994 die* **Lukina Jama** *entdeckt, der tiefste senkrechte Höhlenschlund Kroatiens und einer der tiefsten der Welt. Von seinem Eingang in 1436 m Höhe reicht er 1392 m tief hinunter – fast bis auf Meereshöhe! Das über tausend Hektar große Schutzgebiet ist von dichten Bergwäldern aus Buchen, Fichten und Kiefern und von grüner Wacholderheide bedeckt und reich an seltenen Tier- und Pflanzenarten.* **Nationalpark „Nördlicher Velebit"**, *Krasno 96, 53274 Krasno, Tel. 053 665380, Fax 053 665390, www.velebit.hr (auch auf Engl.), www.np-sjeverni-velebit.hr (auch auf Deutsch)*

▷ *Bizarre Felsformationen und zahlreiche Pflanzenarten prägen den Naturpark Velebit*

TIPP

Gegenüber der Abzweigung zum Fährhafen Jablanac führt eine schmale Teerstraße nach Osten und in Serpentinen bis in den Nationalpark hinauf. Nahe der Baumgrenze erreicht man die Berghütte Alan (Wanderwege). Dahinter geht es auf einer guten Schotterstraße über den **Veliki-Alan-Pass** (1406 m, nicht verwechseln mit dem Alan-Pass bei Paklenica!) und weiter durch Berg- und Waldlandschaft. Der Weg stößt später auf eine bessere Teerstraße, die in Richtung Norden nach Krasno Polje und Otocac führt. Die Strecke ist toll und für kompakte bis mittlere Mobile unter normalen Bedingungen fahrbar, sofern man sein Fahrzeug kennt. Eine ebenfalls sehr reizvolle und bessere Straße führt von Sv. Juraj über den **Oltare-Pass** (s. S. 119). Beide Strecken bilden ein einzigartiges Kontrastprogramm zur mediterranen Küste.

SENJ (Novi Vinodolski – Senj ca. 32 km)

Bald schwenkt man um einen felsigen Vorsprung und plötzlich liegt Senj vor einem, die uralte Uskoken-Stadt. Ihre trutzige **Burg Nehaj** blieb erhalten. Als Verkörperung des uskokischen Widerstandsgeistes thront dieser wuchtige Würfel aus behauenen Steinquadern bis heute auf einem grünen Hügel sechzig Meter über der Stadt.

Senj selbst ist kein Touristenort und hat daher viel vom Charakter einer alten Küstenstadt bewahrt. Verschlafene Gässchen, blätternder Putz und zerbröckelnde Festungsanlagen verleihen ihm einen eigenen Charme und lassen es authentischer und ursprünglicher wirken als die herausgeputzten Ferienzentren.

Von Senj bis hinunter zum Nationalpark Paklenica hat die Küste dem Tourismus kaum etwas zu bieten. Stundenlang fährt man durch eine karge Felsenwüste mit winzigen, von Steinmauern eingefassten Gärtchen. Kein Badestrand, kein Campingplatz und kaum ein Hotel. So kann man hier getrost die Küste verlassen, um auf die vorgelagerten Inseln **Rab** (s. S. 142) und **Pag** (s. S. 148) auszuweichen oder um über den **Vratnik-Pass** einen Abstecher landeinwärts zu den **Plitvicer Seen im Plitviče-Nationalpark** zu unternehmen.

Uskoken – Flüchtlinge der besonderen Art
Der Name „Uskoken" bedeutet „Flüchtlinge" und bezeichnet die Serben und Kroaten, die Anfang des 16. Jahrhunderts vor den bis nach Dalmatien vorrückenden Osmanen nach Norden flohen und sich schließlich in Senj niederließen. Hier, am Grenzwall des Habsburger Reiches gegen die Türken und die Venezianer, errichteten sie ihr trutziges Widerstandsnest: die Festung Nehaj („Fürchte nichts"). Als ein kleiner Haufen von weniger als tausend unerschrockenen Gesellen führten sie von dieser Burg aus ihren höchst eigenwilligen Krieg zur Verteidigung des Abendlandes und trotzten 70 Jahre lang allen fremden Mächten. Selbst haushoch überlegene Gegner lernten die Kampfkraft der Uskoken fürchten, die in Kroatien bis heute als das leuchtende Symbol des slawischen Widerstandes gelten. Da sie jedoch in Seeräubermanier nicht nur feindliche Türkenschiffe ausplünderten, sondern auch venezianische Händler und selbst päpstliche Schiffe, war es 1617 mit der Uskoken-Herrlichkeit vorbei: Nach einer Niederlage gegen die Venezianer musste sich das Haus Habsburg dazu verpflichten, die renitenten Streiter ins Landesinnere umzusiedeln.

Information
TZG Senj, Stara cesta 2, 53270 Senj, Tel. 053 881068, Fax 053 881219, www.tz-senj.hr

Parken
Nahe dem südlichen Ortsende, rechts der Straße liegt ein großer, ebener Teerplatz am Kai; im Sommer gebührenpflichtig.

Parken und Baden
44,99855°N 14,89944°O
Kleiner Pflasterplatz an der Straße, mit Schatten, wenige Schritte von einer netten, kleinen Badebucht mit Kies und Fels. Kurz vorher gibt es einen großen Parkplatz mit Restaurant; kurz danach folgt Kamp Skver ㉒ (s. S. 113).

☑ *Die trutzige Uskokenburg Nehaj*

Route 2: Kvarner Badeküsten
Die Velebit-Küste

ABSTECHER PLITVICER SEEN (PLITVIČKA JEZERA)

Entfernungen:
Senj – Otočac – Plitvice-Nationalpark ca. 105 km,
Plitvice-Nationalpark – Otočac – Karlobag ca. 130 km,
Plitvice-Nationalpark – Gračac – Zadar ca. 155 km

Information
Plitvice-Nationalpark-Verwaltung, 53231 Plitvička Jezera, Tel. 053 751015, Fax 053 751013, www.np-plitvicka-jezera.hr (auch auf Deutsch), Eintritt: 180/110/55 kn (je nach Saison) für Erwachsene (Pendelbus und Elektroboote inkl.), geöffnet: Frühjahr/Herbst tägl. 8–18 Uhr, Sommer 7–20 Uhr und Winter 8–16 Uhr

Parken
An beiden Eingängen gibt es geteerte Parkplätze im Buchenwald; gebührenpflichtig (Womo 70 kn/Tag) und mit Nachtparkverbot

Von Senj aus geht es zunächst das malerische Schluchttal der Senjska Draga aufwärts, den Schildern „Plitvička Jezera/Otočac" folgend. Auf wenigen Kilometern wandelt sich die Landschaft vollkommen: Das mediterrane Küstenbild wird abgelöst durch dunkle Kiefernwälder, dann von einem herrlichen Buchenwald. Schließlich windet sich die Straße zum malerischen Vratnik-Pass empor. Unterwegs passiert man mehrere Parkmöglichkeiten mit Panoramablick.

Jenseits des Vratnik-Passes geht der Wald schließlich in eine trockene Bergheide mit Blumenwiesen und Wacholderbüschen über. Eine einsame Landschaft. Scheinbar endlos zieht sich das schmale Holpersträßchen dahin. Weit verstreut liegen die kleinen Dörfer im Wiesengrün und manchmal begegnet man Pferdefuhrwerken wie zu Urgroßvaters Zeiten. Man sollte langsam fahren, um die Landschaft zu genießen, aber auch, um den Schlaglöchern auszuweichen.

Die Straße passiert das Städtchen **Otočac** und nähert sich durch reizvoll einsame Bergheide dem Nationalpark. In einem langen Bogen zieht sich die Straße um ihn herum zu den beiden Eingängen direkt bei den berühmten Seen. Man passiert zunächst **Eingang 2** bei den oberen Seen und erreicht wenig weiter **Eingang 1** nahe den unteren Kaskaden. Wo man beginnt, spielt keine Rolle. Geht man vom Eingang 1 durch den Buchenwald, so öffnet sich plötzlich das Blätterdach und man steht vor einer imposanten Schlucht, in deren Tiefe das kristallklare Wasser einer ganzen Kette blaugrüner Seen leuchtet. Ein wahres Wasserparadies, eingefasst von grünen Buchenwäldern, weißen

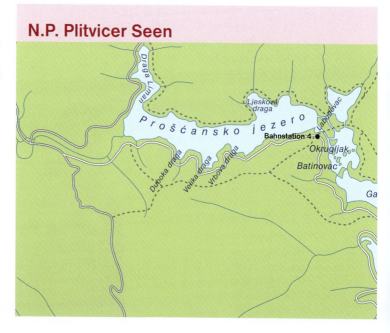

Felsen, moosbedeckten Steinen und einem üppigen Gewucher aus Pestwurz, Ranken und Farnen. Überall rauschen die Wassermassen von den Felsen: in hohen Fällen, Katarakten und Kaskaden. Wasser, wohin man blickt. Über zahllose Stufen und Barrieren hinweg sucht es sich seinen Weg. Selbst die Luft ist erfüllt von belebender Gischt.

Bohlenstege führen bis an den Rand der sprühenden Fälle heran. Mit Wanderstiefeln und Rucksack kann man die amphibische Wasserwelt erkunden und auf einem schmalen Pfad am Ufer der unteren Seen entlang, bis hinauf zu den oberen Seen (bei Eingang 2) wandern. Dort überqueren kleine Elektroboote (im Eintrittspreis inbegriffen) das glasklare Wasser des **Kozjak-Sees.** Und auf der anderen Seite gelangt man in ein ganzes Labyrinth von Teichen, Bachläufen und Wasserflächen, durch die ein verzweigtes Netz von Pfaden, Holzbrücken und Bohlenstegen führt. Breite Schilfgürtel und Sumpfflächen schaffen Übergänge zwischen Land und Wasser. Auf dem Grund der türkisklaren Seen sind versteinerte Pflanzen und Baumstämme zu sehen: von den Kalkablagerungen mit einer weißen Kruste überzogene, bizarre Gebilde, die ihre Äste nach oben recken, fast gespenstisch wie die Arme Ertrunkener. Wo einer der alten Stammriesen aus dem Wasser ragt, ist er von einem dichten Moos- und Blütenteppich überwuchert. Zahllose Libellen und bunte Schmetterlinge schwirren durch die Luft und um jede Biegung des Pfades eröffnen sich neue Überraschungen. Es ist eine Wanderung durch eine fremde, märchenhafte Welt.

Rückfahrt: Man kann entweder auf dem gleichen Wege zurückfahren, den man gekommen ist, um ab **Senj** weiter der Küste am Fuße des **Velebit** zu folgen bzw. um die **Kvarner Inseln** oder **Pag** (s. S. 148)

TIPP
Campinggäste können Ihre Eintrittskarte für den NP auf dem Platz kostenlos einen Tag verlängern lassen.

TIPP
Besonders reizvoll, aber für größere Mobile nicht unbedingt zu empfehlen, ist die An- oder Weiterreise via Krasno Polje durch das Velebit-Gebirge (s. u. und Tipp Seite 114).

**Karstphänomene:
Hier baut das Wasser!**

Wie mag diese wundersame Welt der Plitvicer Seen entstanden sein?, fragt man sich. Im Grunde ganz einfach: durch das Zusammenwirken von Wasser und Kalkstein. Die harten Kalkfelsen dieser Berge besitzen nämlich eine besondere Eigentümlichkeit. Sie werden vom Wasser aufgelöst wie der Zucker im Kaffee. Viel langsamer zwar, aber doch genug, um im Laufe der Jahrmillionen die Landschaft zu gestalten.

Wo die unterirdischen Wasserläufe wieder ans Tageslicht treten, tun sie das nicht als kleine Plätscherquellen, sondern als ausgewachsene Flüsse mit einer Wassermenge von Tausenden oder Zehntausenden von Litern pro Sekunde. Und dieses Wasser ist gesättigt mit Kalk, den es aus den Bergen herausgelöst hat. Jetzt, von der Sonne erwärmt, kann es den Kalk nicht mehr halten. Das kennt man ja vom Wasserkocher zu Hause. An jedem noch so kleinen Hindernis setzt sich der Kalk ab: an Ästen, Blättern und an Wasserpflanzen. Schicht um Schicht werden die Pflanzen in Stein eingehüllt. Und wenn sie schließlich absterben und zerfallen, bleibt die hohle Kalkhülle zurück. Sie wächst mit anderen Kalkhüllen zusammen und bildet den porösen Kalktuff, den der Fachmann Travertin nennt. Wie um einen Kristallisationskern wächst die Barriere weiter und weiter zu einem natürlichen Staudamm heran. Während Wasserläufe überall sonst auf der Welt Hindernisse abtragen, lassen sie hier im Karst ständig neue in die Höhe wachsen. Sie bauen bizarre Tuffterrassen quer durch das ganze Flussbett und haben auf diese Weise im Plitviče-Nationalpark eine Kette aus 16 stufenartigen Seen geschaffen.

Auch heute noch baut das Wasser unablässig weiter. Zwei bis drei Zentimeter pro Jahr wachsen die Terrassen. Der Spiegel der Seen steigt und das Wasser sucht sich neue Wege, baut an einer Stelle weitere Stufen und Kaskaden und reißt sie an anderer Stelle wieder ein. Eine Landschaft im ständigen Wandel. Ein malerisches Gefüge von Naturdämmen, Becken und Katarakten, die das Tal in eins der großartigsten Naturschauspiele unseres Planeten verwandelt haben.

anzusteuern. Man kann aber auch ca. 10 km vor Otočac nach links biegen, um via Straße Nr. 50 durch die reizvoll ländliche Region des **Ličko Polje** zu fahren und dann bei **Gospić** rechts auf der Straße Nr. 25 über den **Oštarje-Pass** nach **Karlobag** an der Küste zu gelangen (ca. 130 km). Wer die Velebitküste umgehen und direkt Dalmatien ansteuern möchte, folgt der E 71 via **Gračac** bzw. der neuen Autobahn A1 zur Küste bei **Zadar** (ca. 155 km; Anschluss: Route 4).

㉓ Camping Turist Grabovac ***
44,973530°N 15,64788°O

Kleiner, gepflegter und sehr sympathischer Platz mit offenen Flächen und Wald nur 7 km vom Parkeingang entfernt; mit kleinem Supermarkt, einfachem, aber solidem Restaurant und kleinem Pool; verschiedene Aktivitäten wie Reiten und Kanutouren; Tipi-Unterkünfte in Vorbereitung; kostenloses WLAN auf einem Teil des Platzes (nahe Rezeption). **Lage/Anfahrt:** direkt an der Straße 1/E71 (Karlovac–Plitvice); auch für größere Fahrzeuge problemlose Zufahrt (auf dem Gelände außerhalb der Stellplätze teils weicher Grund); **Untergrund:** Wiese mit geschotterten Stellplätzen; **Wasser:** ja; **Abwasser:** ja; **Chemie-WC:** ja; **Strom:** ja; **Preis:** ca. 26 € mit Anmeldegebühr; **Geöffnet:** 30.4.–1.10.; **Kontakt:** Tel. 047 784192, Fax 047 784189, www.plitvice-camping.com (auch auf Deutsch). **Tipp:** Da die Straße auch nachts zu hören ist, empfiehlt es sich, einen möglichst weit davon entfernten Stellplatz zu wählen.

AM FUSS DES VELEBIT

Hinter Senj wird die Küste zunehmend einsamer und dünner besiedelt. Nach ca. 8 km kommt man durch das Dörfchen **Sveti Juraj** und kurz danach zweigt links ein gut befahrbares Teersträßchen ab, das sich den Hang des Velebit emporschlängelt. Wenn man kleine Bergsträßchen liebt, kann man hier einen herrlichen und lohnenden Abstecher machen: im Frühjahr durch malerische Blumenwiesen und leuchtende Laubwälder – im Sommer, um der Küstenhitze zu entfliehen, ab September, um die fantastische Laubfärbung zu bewundern.

Nach ca. 14 km passiert man das Dörfchen **Oltare** und unmittelbar danach den gleichnamigen Pass (1018 m). Rechts zweigt ein Fahrweg ab, der nochmals rund 15 km weit bis zum **Botanischen Garten des Velebit** führt. Er ist wohl nur mit kleineren Mobilen zu empfehlen. Kurz hinter **Sveti Juraj** klimmt die Küstenstraße etwas den Hang empor, weil der steile Fuß ihr direkt am Wasser keinen Platz mehr lässt. Im Gegensatz zur botanischen Vielfalt höher oben im Gebirge ist die Landschaft hier eine Felsenwüste: zerfressenes Karstgestein, zwischen dem selbst die anspruchslosen Schafe kaum ein Hälmchen finden, Geröllhalden und steile, öde Felsenbuchten, ohne Schatten. So müsste der Mond aussehen, wenn es dort Wasser gäbe.

Nach rund 40 km Einsamkeit ab Senj führt rechts eine gut ausgebaute Straße hinab nach **Jablanac,** dem hübschen kleinen Fährhafen (s.S. 120) für die Insel Rab (75 Einwohner, zwei Gasthäuser, ein Ho-

Parken und Baden
Sveti Juraj: am Hafen mit kleinem Strand
Bei Kalič: Badeparkplatz mit kleinem Restaurant

Parken und Picknick
Oltare – Krasno Polje: Entlang der Passstraße und zwischen beiden Orten gibt es nur wenige kleine Parkmöglichkeiten – aber dafür in herrlicher Landschaft!

Parken mit Meerblick
44,84538°N 14,90614°O
Schöner Parkplatz mit Meerblick und Felsen, nahe Lukovo, beim Restaurant „Bura".

Fähren zur Insel Rab

Stincina – Mišnjak (ca. 18 Min.), im Sommer tägl. 5–23 Uhr, ca. alle 30–60 Min. Zweimal am Tag gibt es auch Autofähren zwischen Lopar und Valbiska (Krk); zur Insel Pag fahren nur Personenfähren. Tel. 051 724122, www.rapska-plovidba.hr (auch auf Deutsch)

Fähren zur Insel Pag

Prizna – Žgljen (ca. 15 Min.) im Sommer tägl. rund um die Uhr, etwa alle 30 Min.

Essen

Konoba Marasoviči, Tel. 023 209050. Das Fahrzeug auf dem Platz kurz vor dem Eingang des Nationalparks, wo die Straße nach links biegt, abstellen und die enge Gasse hinaufgehen. Wunderschöne Konoba in einem 300 Jahre alten, schön renovierten Bau mit kleiner Ausstellung, lauschigem Innenhof, solider Konoba-Kost und guter dalmatinischer Küche.
Konoba Batela, am Eingang des Camping Paklenica, Tel. 023 209065. Typisch dalmatinische Konoba mit netter Terrasse; einfacher als Marasoviči, aber mit gutem Spanferkel, Fischgrill und Lamm-Peka.

---

tel). Von Jablanac weiter an der Velebit-Küste entlang via **Prizna** (Fähre zur Insel Pag) und **Karlobag** folgen weitere 100 km rauer Felseneinsamkeit (fast völlig ohne Badestrände, Campingplätze und sonstige Ferieneinrichtungen) bis man die nach dem Krieg neu aufgebaute **Maslenika-Brücke** erreicht – den Zugang zu Zadar und der Ferienküste Dalmatiens (s. Route 4). Etwa 45 km hinter Karlobag erreicht man **Starigrad-Paklenica** mit dem Zugang zum **Paklenica-Nationalpark**.

PAKLENICA-NATIONALPARK

Mit dem Küstenort **Starigrad-Paklenica** endet plötzlich die Einsamkeit der Velebit-Küste. Nachdem man den Hauptort bereits durchquert hat und in den südlicheren Ortsteil beim Rt. Stara Kula gelangt, liegt rechts der Straße die **Nationalpark-Verwaltung** (44,28915°N 15,44482°O) mit einigen schattigen Parkplätzen nahe dem Strand und dem Campingplatz „Nacionalni Park" (Tel./Fax 023 369202, 369155). Kurz danach weist eine Tafel nach links den (anfangs etwas engen und verwinkelten) Weg zum Eingang in die **Velika-Paklenica-Schlucht**.

Information
Paklenica-Nationalpark, Dr. F. Tuđmana 14a, 23244 Starigrad-Paklenica, Tel. 023 369155, 369202, Fax 023 359133, www.paklenica.hr (auch auf Deutsch)

Parken
Schattiger, strandnaher Parkplatz bei der **Parkverwaltung**. Weitere Parkplätze direkt am **Parkeingang**. Innerhalb des Parks darf nachts nicht geparkt werden. Parkplätze hinter dem Eingang sind im Sommer nur früh am Tag zu ergattern.

Auch dieses Naturparadies wurde durch die Kraft des Wassers aus dem Karstfels erschaffen. Während im Plitviče-Nationalpark durch den Aufbau von Tuffterrassen wundersame Welten entstanden sind, hat das Wasser hier eine wild zerrissene Schlucht durch das über 1700 m hohe Velebit-Gebirge gefräst. Dank seiner so unterschiedlichen Höhenlagen vereinigt der Nationalpark drei verschiedene Klimazonen auf engstem Raum: mediterrane Küstenvegetation mit Palmen und Agaven, die kontinentale Zone mit dichten Rotbuchenwäldern in den Tälern und Föhrenwald an den Berghängen sowie die subalpine Region mit blühenden Bergmatten und kahlen Karstflächen. Zahlreiche seltene Tier- und Pflanzenarten sind in dieser Bergwildnis zu Hause, darunter Rehe, Hirsche, Gämsen, Wildschweine, Wölfe, Braunbären, Steinadler und Gänsegeier. Kernstück des 1949 gegründeten und 1978 unter UNESCO-Schutz gestellten Naturwunders sind die beiden Schluchten Velika (Große) und Mala (Kleine) Paklenica. Sie durchbrechen den Felsenriegel des Velebit und eröffnen Wanderern den Zugang ins Innere der einzigartigen Gebirgsregion, die von zahlreichen Fußpfaden durchzogen ist.

▣ *Ein weiterer Winnetou-Drehort: Im Zrmanja-Fluss (alias Rio Pecos) kämpfte Old Shatterhand um sein Leben (Blick vom Pueblodorf)*

Eine abenteuerliche Szenerie wie die Kulisse zu einem Wildwestfilm eröffnet die Große Paklenica-Schlucht. Tatsächlich wurden hier und in der näheren Umgebung zahleiche Szenen zu Winnetou- und anderen Karl-May-Verfilmungen gedreht. In der Schlucht selbst werden die Stellen allmählich markiert, in der Umgebung kann man sie auf einer Allrad-Exkursion entdecken, die das Hotel Alan vermittelt. Gleich auf den ersten ein, zwei Kilometern hinter dem Eingang zeigt sie sich von ihrer spektakulärsten Seite. Bis zu 700 m hoch ragen die weißgrauen Felswände in den blauen Himmel, fast lotrecht und stellenweise sogar überhängend. Übereinander getürmte Felsbrocken so groß wie Häuser liegen im engen Talgrund. Steil schlängelt sich ein alter Maultierpfad dazwischen empor. Oberhalb wird das Tal flacher und grüner und dann wandert man durch schattige Buchenwälder bis zur Berghütte am oberen Ende des Tals – oder man steigt (ca. 1 km nach der Anića-Kuk-Abzweigung) links in Serpentinen hinauf zur Mantica-Peć-Höhle. Noch wilder und einsamer ist die Mala Paklenica (Kleine Paklenica). Dort hat man Chancen, sogar Adler und Gänsegeier zu beobachten.

TIPP
Das Exkursionsbüro an der Rezeption des Hotels Alan (siehe ㉔) vermittelt Exkursionen zu den Winnetou-Drehorten, Kanutouren und Rafting auf der Zrmanja etc.

㉔ Bluesun Camp Paklenica *
44,28702°N 15,44621°O
Reizvoller, gut geführter Platz im lichten Kiefernwald. Direkt an einem langen Kiesstrand und nur 2 km vom Parkeingang entfernt beim Hotel Alan gelegen. Der Platz ist inzwischen parzelliert und die schönsten Teile sind Mobile homes zum Opfer gefallen. **Wasser:** ja; **Abwasser:** Plattform mit Deckel gleich nach der Einfahrt links; **Chemie-WC:** ja; **Strom:** ja; **Preise:** ca. 40–44 € inkl. Anmeldung; **Geöffnet:** April–Okt; **Kontakt:** Hotel Alan, Tel. 023 209050, Fax 023 209073, Reservierung Tel. +385 1 3844288, www.hotel-alan.hr/camp-paklenica.aspx (auf Deutsch)

Parken und Baden
44,27790°N 15,47505°O
Selce: Ebener Schotterplatz am südlichen Ortsrand mit Strand und Bootshafen; im Sommer Nachtparkverbot

Anschluss
Folgt man weiter der E 65, so überquert man ca. 6 km nach Starigrad-Paklenica die Maslenika-Brücke und kurz dahinter beginnt die Route 4; weitere 36 km nach der Brücke erreicht man Zadar.

Route 2: Kvarner Badeküsten
Die Velebit-Küste

Die touristischen Highlights der Region Kvarner liegen im Meer: ein Kleeblatt aus vier paradiesischen Ferieninseln mit subtropischem Flair, Cres, Lošinj, Krk und Rab. Sieht man sie von der Küste aus oder von den hohen Hängen des Učka- oder Velebit-Gebirges, so wird man das kaum glauben wollen. Von der Landseite her erscheinen sie schroff und abweisend als kahle, zerfressene Karstfelsen – und nicht mehr. Eine öde Felsenwüste wie auf dem Mond! Wer jedoch hinüberfährt und den Inselrücken überquert, dem enthüllt sich auf der Seeseite ein subtropisches Paradies aus Pinienwäldern und Palmenbuchten. Denn eigenartigerweise ist die Seeseite hier (und entlang dem Großteil der kroatischen Küste) die geschützte Seite, während vom Land her die eisigen Böen der gefürchteten Bora über die Felsen fegen und kaum einen Grashalm aufkommen lassen.

▷ *Uferpromenade von Rab auf der Insel Rab*

ROUTE 3

KVARNER INSELN
KLEEBLATT IM BLAU DER ADRIA

STRECKENVERLAUF

> **Entfernungen:**
> **Insel Cres:** Porozina – Abzweigung Beli 13 km, Porozina – Cres 52 km, Cres – Osor 34 km; **Insel Lošinj:** Osor – Lošinj 22 km; **Insel Krk:** Valbiska – Krk 18 km, Krk – Punat 6 km, Krk – Baška 20 km, Krk – Vrbnik 12 km; **Insel Rab:** Mišnjak – Rab 9 km, Rab – Lopar 12 km

CRES –
INSEL DER DELFINE UND DER GEIER

Hauptfährhafen für Überfahrten auf die Insel Cres ist **Brestova** am steilen Fuß der istrischen Ostküste. *„Pašnja!"* – „Vorsicht", warnt ein Schild vor der 20 %igen Gefällstrecke hinunter zum *Trajekt* (Fähre) – aber im kleinen Gang nimmt man die Kehren ohne Probleme.

Wie der Rücken eines urweltlichen Meeresungeheuers erhebt sich die schroffe Kette dieser lang gestreckten Insel aus den blauen Fluten der Adria. Steinig, kahl und karg. Sie ist die Heimat mächtiger Gänsegeier, genügsamer Schafe und knorriger Olivenbäume. Eine durchgehend asphaltierte, wenngleich streckenweise sehr schmale Straße bildet die Verkehrs-Arterie. In zahlreichen Kurven windet sie sich zum über 600 m hoch reichenden Rückgrat des Eilands empor – mitten durch eine karge Karstlandschaft mit scharfkantigen Kalkschroffen, spärlichen Grasinseln, Trockenmauern und lichten Wäldern aus knorrigen Eichen oder Olivenbäumen. In Spalten und Ritzen blühen bunte Blumen. Langwollige Schafe mit gewundenen Hörnern rupfen das spärliche Grün.

Auf gut 500 m Höhe erreicht man die Wespentaille der Insel, die hier nur 2 km schmal ist. Durch dieses Nadelöhr können heftige Stürme toben, denen kein Baum mehr standhält. Selbst die Straße ist an der exponiertesten Stelle durch eine Steinmauer geschützt, damit die Fahrzeuge nicht von der Bora ins Meer hinuntergefegt werden. Weit reicht der Blick von hier über die Kvarner Bucht: nach Osten sieht man bis zu den Inseln Krk und Plavnik und nach Westen zur Südküste Istriens.

Parken
45,04630°N 14,36728°O
Ungefähr 12 bis 13 Kilometer hinter Porozina auf der freien Kammhöhe, Schotterfläche rechts der Straße (421 m ü. d. M.); etwas uneben und heute leider durch Bauarbeiten und Schuttablagerung verschandelt, aber herrlicher Panoramablick und traumhafte Sonnenuntergänge! Bei starkem Wind ungeeignet, da sehr exponiert! (siehe Bild rechts)

◸ *Womo-Treff mit Panoramasicht*

Fähren nach Cres
Brestova – Porozina (30 Min.), im Sommer rund um die Uhr etwa stündlich (nachts alle 2 Std.); Mitte Sept.–Mitte Juni 6.30–20.30 Uhr. Die Kasse befindet sich etwas vor dem Fähranleger (Bargeld und ggf. Kfz-Schein bereithalten); außerhalb der Saison vorher die Zeiten erfragen, um langes Warten zu vermeiden.
Info Brestova: Tel. 098 299134
Info Porozina: Tel. 051 840620

BELI
(Porozina – Abzweigung Beli 13 km; Abstecher Beli ca. 8 km einfach)

Nach der Mauer zweigt links in spitzem Winkel eine schmale Stichstraße mit Ausweichbuchten (nicht für größere Fahrzeuge geeignet) ab, die ca. 8 km hinab nach Beli führt. Parken Sie dort spätestens am Ortseingang. Die malerische alte Fluchtburgsiedlung mit heute nur noch 40 Einwohnern besitzt am Ortseingang eine römische Brücke. Im Zentrum „Caput Insulae" sind von Juni bis Oktober lohnende Ausstellungen über Gänsegeier, die Geschichte des Orts und die Natur von Cres zu sehen. Im Rettungszentrum kann man die Geier aus nächster Nähe beobachten. Außerdem beginnen hier einige interessante Eco-Trails und Pfade zu Labyrinthen. Weiterhin organisieren die Ornithologen des Zentrums auch vogelkundliche Exkursionen auf der ganzen Insel.

▷ *Die Fähre von Cres nach Krk im Hafen Merag*

Information
Eko-centar Caput Insulae, Beli 4, 51559 Beli, Tel. 051 621877, www.supovi.hr
(auch auf Engl.)

Vogelbeobachtung
Gute Chancen Gänsegeier zu sehen, hat man auch auf den folgenden Kilometern, wenn man von der Abzweigung nach Beli weiter in Richtung Cres fährt, wo die Straße hoch am steilen Osthang der Insel verläuft.

CRES (Porozina – Cres 52 km)

Vielfältige Gesichter zeigt die Insel auf der weiteren Strecke: schattige Kiefernwälder an der Ostküste, würzig duftendes Macchia-Dickicht an den trockenen Hängen, steppenartige Hochebenen im Landesinneren mit endlosen Steinmauern, lavendelblaue Meere aus blühendem Salbei unterbrochen vom kräftigen Gelb der Ginsterblüten. 25 km nach Porozina passiert man die Abzweigung, die links hinunter zum Fährhafen **Merag** (11 km) für die Insel Krk führt, dann senkt sich die Straße zu einer Bucht hinunter und nach ca. 27 km hat man die Inselhauptstadt **Cres** erreicht.

Weltbewegende Sehenswürdigkeiten hat das Inselstädtchen zwar nicht zu bieten, aber man kann durch das schattige Gassenlabyrinth streifen und am malerischen Fischereihafen in aller Ruhe gemütlich Kaffee trinken.

Information
TZG Cres, Cons 10, 51557 Cres, Tel./Fax 051 571535, www.tzg-cres.hr
(auch auf Deutsch)

Essen
Riva, Riva kreskih kapetana 13, Tel. 051 571107. Keine große Küche, aber solide mediterrane Speisen und Fischgerichte.
Restaurant Marina, ACI Marina, Cres, Tel. 051 572018. Etwas außerhalb der Stadt in Richtung Süden. Gewöhnlich sind die Marina-Restaurants gut; hier können wir es bestätigen.

Fähren
Merag – Valbiska (Insel Krk), in der Saison zwischen ca. 6 und 22 Uhr 13 Schiffe tägl., etwa alle 90 Min. (Fahrzeit ca. 25 Min.), **Info Merag (Cres):** Tel. 051 840202 **Info Valbiska (Krk):** Tel. 051 863170

Parken
Trg Sv. Frane; an der Zufahrtstraße gleich hinter dem Kloster links

㉕ Camping Kovacine ***
44,96314°N 14,39713°O
Parzellierter und schattiger Familienplatz mit Textil- und FKK-Bereichen auf einer eigenen Halbinsel; mit angenehmer Atmosphäre, sehr guter Ausstattung und besonders schönem Kies-/Felsstrand, Sonnenplattform, Bootshafen, Sportanlagen, Tauchschule, Geschäft, Restaurant; kostenloser WLAN-Zugang inzwischen auf dem ganzen Platz; schöner Strandweg nach Cres; Taxiboote zu abgelegenen Buchten. **Lage/Anfahrt:** nördlich (rechts) an der Stadt vorbei den Schildern folgen (ca. 1,5 km); **Wasser:** ja, Schlauch, teils am Platz; **Abwasser:** tadellose Ver-/Entsorgungsstation; **Chemie-WC:** 5 Entleerungsstellen; **Strom:** ja; **Preis:** ca. 38 €; **Geöffnet:** April–Mitte Okt.; **Kontakt:** Tel. 051 573150, Fax 571086, www.camp-

Parzellen mit Meerblick auf dem Camping Kovacine ㉕ bei Cres

kovacine.com (auch auf Deutsch); **Tipp:** Einer der wenigen Plätze mit einem Wohnmobilstellplatz (Schotter, relativ eben, Strom) vor dem Eingang (10 € pro Nacht plus Kurtaxe); leider ist er nur für spät ankommende Gäste gedacht.

VALUN UND VRANER SEE

Etwa 8 km hinter Cres zweigt rechts ein Sträßchen ab und führt zu dem kleinen Fischerdorf **Valun,** das durch die Fernsehserie „Der Sonne entgegen" bekannt geworden ist. Das kurvige Sträßchen schlingt sich an der Steilküste hoch über dem Meer entlang. Tief drunten liegt das Filmstädtchen in einer malerischen Bucht: ein wahrhaft idyllischer Kurort mit weniger als 100 Einwohnern, vier Gaststätten und dem wohl klarsten Wasser der Adria. Hier kann man die Stille genießen, an der Kirche die glagolitisch-lateinische „Tafel von Valun" bewundern, auf Fußwegen zu einsamen FKK-Buchten spazieren oder auf der schattigen Terrasse der *Konoba* „Toš Juba" (Alte Mühle) einen Espresso trinken und versonnen aufs Meer hinausschauen.

Parken

Sonnenwiese – ca. 0,5 km hinter der Abzweigung nach Valun mit weitem Ausblick über das Meer

Valun – wenige Hundert Meter oberhalb des Orts gebührenpflichtiger, asphaltierter Parkplatz (Nachtparkverbot), der nicht ganz eben ist, aber einen herrlichen Blick auf die Bucht bietet; steiler Teerweg hinab in das autofreie Dorf
Lubenice – ca. 6 km entlang einer einspurigen Straße hinter Valun, unterhalb der Kirche; sonniger, etwas unebener (im Sommer gebührenpflichtiger) Parkplatz mit herrlichem Blick über das Meer

Hinter der Abzweigung nach Valun führt die neu und besser ausgebaute Straße durch die Einsamkeit der Trockensteppe – bis sich plötzlich ein überraschender Anblick im kalkigen Karstland eröffnet: der blau schimmernde Spiegel des fast 6 km langen **Vraner Sees** *(Vransko jezero),* ein rätselhafter Süßwassersee mit erstaunlich konstantem Wasserstand. Sein 75 m tiefer Grund liegt noch 13 m unterhalb des Meeresspiegels und früher glaubte man, dass er unterirdisch (beziehungsweise unter-meerisch!) mit Grundwasserströmen des Festlands verbunden sei. Er ist das Trinkwasser-Reservoir der sonst wasserarmen Insel und daher für Badegäste und Wassersportler gesperrt.

Parken
Kurz vor **Vrana** rechts der Straße befindest sich ein kleiner Parkplatz bei der hübschen Kapelle Sv. Roki; über die Mauer sieht man auf den Vraner See.

MARTINŠĆICA, OSOR UND DIE KOROMAČNA-BUCHT

(Cres – Osor 34 km)

Nur 3 km weiter zweigt rechts eine gute Straße ab, die via Stivan (nicht via Grmov fahren!) zum 10 km entfernten Badeort **Martinšćica** führt, der nahe dem Ende dieser Sackgasse in stiller Einsamkeit an der Westküste der Insel liegt.

㉖ Camping Slatina ****
44,82083°N 14,34293°O
Ein sehr schöner und ruhiger Platz am Ende der Straße inmitten der Natur; terrassierter Hang mit Parzellen-Reihen, die fast alle Meerblick bieten und durch Buschwerk stark voneinander isoliert sind (allerdings liegen nur sehr wenige direkt am Wasser); teils mit Strom-, Wasser- und Abwasseranschluss; schöner Fels-/Kiesstrand (zwei Kiesbuchten: Tiha-Bucht und Slatina-Bucht); hinter der Slatina-Bucht finden Sie herrliche einsame Buchten, Bootshafen, Slipanlage, Tauchschule, Bootsverleih. **Lage/Anfahrt:** rechts am Ort vorbei den Schildern folgen; **Wasser:** ja, Schlauch; z. T. am Stellplatz; **Abwasser:** tadellose Ver-/Entsorgungsstation; **Chemie-WC:** drei Entleerungsstellen; **Strom:** ja; **Preis:** 30–37,50 €; **Geöffnet:** 12.4.–10.10.; **Kontakt:** Tel. 051 574127, Fax 051 574167, www.camp-slatina.com (auch auf Deutsch)

Parken und Picknick
An der Zufahrt zum Camping „Slatina" liegt links der Straße ein großer, schattenloser Parkplatz mit Meerblick.

Rund 4 km hinter der Abzweigung nach Martinšćica erreicht man das Dörfchen **Belej**, wo links ein schmales Teersträßchen (für Fußgänger oder Radfahrer!) zu den einsamen weißen Stränden der **Koromačna-Bucht** hinunterführt (ca. 2,5 km einfach).

Essen
Restaurant Leut, Belej 49, Tel. 051 524142. Am Ortseingang von Belej direkt an der Straße serviert man von Ende April bis Oktober auf einer schattigen Terrasse sehr gutes Spanferkel, Lammgerichte, Schnitzel und Hirschgulasch. Sehr nette Bedienung.

Etwa 11 km weiter hat sich die Straße wieder auf Meereshöhe gesenkt und erreicht das beschauliche Städtchen **Osor** (ca. 34 km von Cres), das einst mit über 15.000 Einwohnern die bedeutendste Stadt der Kvarner Inseln war.

Heute leben nur noch knapp hundert Menschen an den stillen Pflastergassen, die von zahlreichen Skulpturen und blühendem Oleander gesäumt sind. Still und lauschig ist dieser Ort. Dabei hatten hier schon die Römer eine Großstadt errichtet und noch vor ihnen betrieb der illyrische Stamm der Liburner hier ein Handelszentrum an der Bernsteinstraße! Welches der beiden Völker den Kanal von Osor gegraben hat, ist heute nicht mehr bekannt. Aus einer Insel hat dieser Graben zwei gemacht: Cres und Lošinj – und das bis auf den heutigen Tag.

㉗ Camping Bijar**
44,69941°N 14,39696°O
Sympathischer, ruhiger Platz rund einen Kilometer nördlich von Osor im Wald mit hohen Pinien, eigenem Strand (kleine Sandbucht, sonst Fels) und relativ großen Parzellen (zum Teil mit Strom, Wasser- und Abwasseranschluss). **Lage/Anfahrt:** vor Osor nach rechts den Schildern folgen; **Wasser:** ja, zum Teil am Stellplatz; **Abwasser:** tadellose Ver-/Entsorgungsstation; **Chemie-WC:** ja; **Strom:** ja; **Preis:** 30–37,50 €; **Geöffnet:** 12.4.–10.10.; **Kontakt:** Tel. 051 661124, Fax 051 232202, www.camps-cres-losinj.com; **Tipp:** Es gibt einen schönen Fußweg vom alten Hafen nach Osor. Auf dem Campingplatz hat man je nach Wind die Wahl zwischen See- und Landseite.

Parken
Biegt man in Osor unmittelbar vor der Drehbrücke rechts ab, so gelangt man auf einen großen, ruhigen und ebenen Parkplatz (unbefestigt) direkt am Kanal (Tauchbasis und mit schönem Blick auf die Bucht). Gleich gegenüber ist der preisgünstige (ca. 20 €) **Campingplatz Preko mosta**,** Tel. 051 237350, ca. 19 €, www.jazon.hr (auch auf Deutsch).

▣ *Ruhe pur im Camping Baldarin*

Kurz vor Osor zweigt links eine reizvolle, aber über lange Strecken einspurige Teerstraße mit Ausweichbuchten ab, die via **Punta Križa** (14 km einfach) zur Südspitze der Insel (ca. 20 km einfach) führt. Dort findet man in einsamer mediterraner Küstennatur den herrlich gelegenen **Camping „Baldarin"**.

㉘ Camping Baldarin ***
44,61110°N 14,51731°O

Schön gelegener und ruhiger Platz am Ende der Straße auf einer Halbinsel inmitten mediterraner Natur; mit Wald, Felsküste und zahlreichen kleinen Kiesbuchten; teils FKK, Bootsverleih, Restaurant (Vorsicht vor möglichen Betrügereien bei Bezahlung mit Euro). **Lage/Anfahrt:** Kurz vor Osor zweigt links eine reizvolle, aber über lange Strecken einspurige Teerestraße mit Ausweichbuchten ab, die via Punta Križa (14 km einfach) zum Camping Baldarin an Südspitze der Insel (ca. 20 km einfach) führt; **Wasser:** Schlauchanschlüsse für Frischwasser an beiden Entsorgungsstationen; **Abwasser:** zwei Entsorgungsstationen: im Textilteil nahe der Sanitäranlage, im FKK-Teil in der Nähe des Restaurants „Lucica"; **Chemie-WC:** ja, drei; im Textil-Bereich gleich nach der großen Sanitäranlage, im FKK-Bereich bei der Entsorgungsstation (Camperservice); **Strom:** ja; **Preis:** 30–38,50 €; **Geöffnet:** Ende April–Anfang Okt.; **Kontakt:** Tel. 051 235680, Fax 051 604649, www.camp-baldarin.com (auch auf Deutsch)

Parken
44,72870°N 14,41803°O

Einige Kilometer nördlich von Osor liegt östlich der Straße eine große schattenlose Parkfläche in dürrer Steppenlandschaft (159 m ü. d. M.).

LOŠINJ –
PINIENWALD UND PALMENBUCHTEN

Auf der Drehbrücke von Osor geht es über den Kanal hinweg auf die Insel Lošinj, die vor den kalten Bora-Stürmen besser geschützt und daher milder und grüner ist als Cres, mit Pinienwäldern und Parks voller Palmen, Agaven und Oleander. Zunächst folgt man der Ostküste, an der man vom „subtropischen Palmenparadies" noch nicht allzu viel spürt, in Richtung **Nerezine**.

Parken und Baden
Ca. 2 km südlich von Osor findet man recht ausgedehnte und ebene Parkmöglichkeiten direkt am Strand mit sehr schönem Blick auf Osor und den Lošinjski-Kanal.

㉙ Camping Lopari *
44,68102°N 14,39584°O

Schöner, weitläufiger Wiesenplatz mit vielen Bäumen, langem grobsteinigem Strand und ruhiger, entspannter Atmosphäre, selbst in der Hauptsaison meist nicht sehr voll; Supermarkt, Surf- und Segelschule; perfekt zum Sonnenbaden. Viele schöne, strandnahe Plätze auf Wiesengrund; nur teilweise parzelliert. **Lage/Anfahrt:** kurz vor Nerezine unmittelbar links der Straße; **Wasser:** ja; **Abwasser:** Entsorgungsplattform, leider mit schwerem Deckel, ohne Gefälle; **Chemie-WC:** ja; **Strom:** ja; **Preis:** ca. 27–31 €; **Geöffnet:** Mitte April–Ende Sept.; **Kontakt:** Tel. 051 237127, Fax 051 237127, www.losinia.hr/de/camp/lopari

In Mali Lošinj legen die Boote mitten im Stadtzentrum an

Bei **Čunski** geht es über den Inselrücken hinweg zur Westseite von Lošinj, die grüner, üppiger und waldreicher ist als der Osten. Dann zieht sich die Straße direkt am glitzernden Wasser der **Mali-Lošinj-Bucht** entlang. Landzungen und vorgelagerte Inseln umschließen die traumhafte Wasserfläche wie ein riesiges Hafenbecken. Darin soll schon die römische Flotte Schutz gesucht haben, als sie zur Seeschlacht von Aktium segelte.

Wer an dieser Bucht im milden Abendlicht entlangfährt, der fühlt sich wie in ein exotisches Inselparadies versetzt. Das herbe Grün der Kiefern, auf denen rötlich die schöne Abendsonne schimmert, spiegelt sich im klaren Blau des Wassers. Viele weiße Jachten und bunte Fischerboote liegen am Ufer und draußen auf den Inseln heben sich die Kiefern als schwarze Silhouetten vom leuchtend roten Himmel ab.

MALI LOŠINJ (Osor – Lošinj 22 km)

Mit 6700 Einwohnern ist Mali Lošinj die größte Stadt der Insel, obwohl ihr Name eigentlich das „kleine" Lošinj bedeutet. Aber die Seeschifffahrt hat Klein-Lošinj groß und reich werden lassen, sodass es jetzt mehr als sechsmal so viele Einwohner zählt wie das benachbarte Veli („Groß-") Lošinj. Die Kapitäne haben Schätze aus aller Welt in das Städtchen gebracht und prachtvolle Villen errichtet. Eine Marineschule wurde gegründet und mehrere Schiffswerften entstanden. Als Dampfschiffe die alten Segler verdrängten, drohte der Niedergang – doch der Tourismus hat das Städtchen vor dem Zerfall gerettet.

Heute ist es schmuck herausgeputzt. Bunte Häuser ziehen sich an den Hängen der Bucht empor, Weinreben und Bougainvilleen umranken die Fassaden der alten Kapitänsvillen und die roten Dächer werden vom weißen Turm der Marienkirche überragt. Die engen Gassen hinter dem Hafenplatz verwandeln sich während der Saison in einen beinahe orientalischen Basar, auf dem man sich durch Stände mit Schmuck und Lederwaren, Spitzendecken und Schnitzereien schlängeln kann und zwischen Hausfassaden hindurch, die über und über mit bunten Teppichen behängt sind. Der große Platz am Hafenbecken ist gesäumt von Palmen und vielen Straßencafés, vor denen die Fischer und Segler sitzen. Am Kai liegt ein Sammelsurium von Ausflugsbooten und Jachten und ein findiger Kopf, der sein Schiffchen zum schwimmenden Marktstand umgebaut hat, bietet hier Obst und Gemüse zum Verkauf an.

Wandern zum Televerine

Von Nerezine führt ein Fuß- und Pilgerpfad zum Televerine, dem mit 589 m höchsten Berg der Insel. Der mit einem roten Kreis markierte Pfad steigt zunächst in Richtung Südwesten steil hinauf und folgt dann dem luftigen Kamm des Osorščica-Gebirges nach Nordwesten. Bis zum Gipfel braucht man etwa 2 ½ bis 3 Stunden. Knapp ½ Stunde vor dem Gipfel kommt man an der Wallfahrtskapelle Sv. Mikola vorbei. Von ganz oben reicht der Blick rings über den ganzen Archipel und an klaren Tagen sogar bis nach Istrien, Italien und zum Velebit. Wer nicht auf dem gleichen Weg zurückkehren will, kann weiter nach Osor wandern (insgesamt bis Osor ca. 4–5 Stunden). Informationen: Touristbüro am Hafen von Nerezine, Tel. 051 237038

Information
TZG Mali Lošinj, Riva lošinjskih kapetana 29, 51550 Mali Lošinj, Tel. 051 231547, 231884, Fax 051 233373, www.tz-malilosinj.hr (auch auf Deutsch)

Parken und Picknick
44,54211°N 14,46536°O

Schöner, kostenloser **Park- und Picknickplatz** mit Meerblick gleich nach der Brücke und kurz vor dem Ortseingang links; an vielen anderen Parkplätzen am Meer stehen leider bereits Wohnmobil-Verbotsschilder.

Parkplätze für einen Stadtbesuch findet man vor der Abzweigung zur Čikat-Halbinsel rechts (gebührenpflichtig) und am Anfang der Halbinsel rechts; ein großer, kostenloser Parkplatz auf der Halbinsel etwas weiter rechts (Schotter) mit Treppe hinunter zur Altstadt ist für Wohnmobile leider gesperrt; trotzdem lohnt es sich zu schauen, da die Beschilderung bisher bei jedem Besuch anders war.

Essen
Restaurant Baracuda, Priko 31, Tel. 051 233309. Beliebtes Restaurant am Jachthafen mit einem Aquarium, in dem sich Hummer, Scampi und eine Vielfalt von Fischen tummelt. Hervorragende Fischgerichte in großer Auswahl; außerdem z. B. Oktopussalat mit Puffbohnen und Fenchel, Thunfisch mit Meerfenchel und Olivenöl, Minestrone mit Kvarnerkalamari nach Inselart.

ⓦ Camping Čikat ★★★
44,53597°N 14,45064°O

Sehr schöner Platz im hohen Pinienwald mit langem Felsstrand und Kiesbuchten, Strandpromenade und vielen Sportangeboten; große Indoor-Spielanlage für Kinder; Parzellen mit Strom, Wasser und Abwasser; einer meiner Lieblingsplätze, auch wenn er im Sommer jetzt etwas sehr voll wird; nette und hilfsbereite Platzanweiser; sehr gutes Restaurant Kredo direkt am Meer. **Lage/Anfahrt:** nahe dem Ortsende von Mali Lošinj rechts auf die Čikat-Halbinsel; sehr gute Teerstraße; **Wasser:** ja, am Stellplatz; **Abwasser:** relativ gute Entsorgungsstation; allerdings hat sie anstelle eines Gitters einen Deckel, den man öffnen muss, und etwas wenig Gefälle; **Chemie-**

☐ *Glasklares Wasser in der Bucht des Camping Čikat* ⓦ

WC: 5 Stationen; **Strom:** ja; **Preis:** 29–36 €, inkl. Anmeldegeb.); **Geöffnet:** 12.4.–10.10; **Kontakt:** Tel. 051 661124, Fax 051 232202, www.camps-cres-losinj.com; **Hinweis:** Die bisherige Kuriosität (der Campingplatz Kredo innerhalb des Camping Cikat) existiert nicht mehr; Kredo gehört jetzt zu Cikat.

VELI LOŠINJ

Noch mehr als Mali Lošinj hat mich das kleinere Nachbarstädtchen Veli Lošinj beeindruckt – weil es zumindest außerhalb der Saison eine so exotische und verschlafene Atmosphäre besitzt, dass man sich ganz und gar in eine Traumwelt versetzt fühlt. Mediterrane Romantik par excellence! An einem milden Abend bin ich dort angekommen. Das Mondlicht spiegelte sich auf den blanken Kalkplatten der Gassen, Palmen standen wie schwarze Silhouetten vor dem samtenen Nachthimmel, exotische Blüten dufteten und das Gewinkel der engen Gassen wirkte so geheimnisvoll wie ein Palastgarten aus Tausendundeiner Nacht.

☐ *Die Kirche der Engelhaften Madonna von Veli Lošinj*

Essen
Restaurant Punta, Šestavine, Tel. 051 662034. Das Restaurant mit Terrasse und Meerblick serviert z. B. Krakensalat, Gnocchi mit Wildspargel und Scampi „Aldebrand Petrina", Lamm der Insel Cres zubereitet unter der Peka sowie Karameldessert „Rožata" mit Mandeln.

Da Lošinj für alle Fahrzeuge eine Sackgasse ist (ab Mali Lošinj gibt es nur Personenfähren nach Rab, Pag, Rijeka sowie zu den kleinen Kvarner Inseln Susak, Ilovik und Unije), muss man auf dem gleichen Weg zurückfahren, den man gekommen ist, und dann einige Kilometer hinter der Stadt Cres rechts zum Fährhafen **Merag** abbiegen, um zur Insel Krk zu gelangen.

Fähren zur Insel Krk
Merag – Valbiska (ca. 25 Min.) zwischen ca. 6 und 22 Uhr 13 Schiffe täglich, etwa alle 90 Min. Information: Tel. 051 231765
Merag (Cres): Tel. 051 840202
Valbiska (Krk): Tel. 051 863170

Baden und Spazieren
Den reizvollen Fußweg, der unter schattigen Pinien von Mali nach Veli Lošinj führt, säumen eine ganze Reihe schöner Felsbuchten. Veli Lošinj selbst hat ein feinkiesiges Strandbad südlich der Rovenska-Bucht (hinter dem Park). Außerhalb des Strandbads liegen FKK-Buchten an der Felsküste. Fußpfade führen von Veli Lošinj zu abgelegenen Buchten und Stränden (meist Fels oder grober Kies) an der Südspitze der Insel.

KRK – RAUE SCHALE, SCHÖNER KERN

Zugegeben der Name dieser karstigen Felseninsel klingt nicht eben einladend – und nicht halb so sanft und verlockend wie etwa Samoa oder Hawaii. Doch hinter der harten Kruste verbergen sich unerwartete Schönheit und Vielfalt: malerische Altstädte, traumhafte Strände und Badebuchten, Weinberge, Schluchten und einsame Felsenberge, perfekt ausgestattete Campingplätze und belebte Marinas.

Man erreicht die Insel Krk entweder vom Festland her über die mautpflichtige **Krk-Most** (s. S. 112) oder per Fähre von Merag auf Cres nach Valbiska. Im Sommer gibt es auch eine Fährverbindung von der Insel Rab nach Valbiska (s. S. 140).

Vom Fähranleger in **Valbiska** rollt man rund 10 km durch dichte Macchia, ehe man auf die Hauptachse der Insel stößt. Rechts geht es zur Inselhauptstadt Krk und nach Baška, links in Richtung Njivice und zur Brücke, die Krk mit dem Festland verbindet. Letztere Strecke hat, außer einigen recht unterschiedlichen Campingplätzen und den Badeorten **Malinska** und **Njivice,** nicht sonderlich viel zu bieten.

❸❶ Camping Njivice **

45,16993°N 14,54696°O

Schön gelegener und sympathischer Platz im Eichenwald am Ende der Straße mit schmalem Fels-/Kiesstrand und Sonnenterrassen; Restaurant; kostenloses WLAN. **Lage/Anfahrt:** von der Inselstraße in Richtung Westen nach Njivice, nördlich am Ort vorbei durch Eichenwald mit Badestrand, den Schildern folgen; **Wasser:** ja, Schlauchanschluss; **Abwasser:** Schacht; **Chemie-WC:** 3 Entleerungsstellen; **Strom:** ja; **Preis:** 36–42 €; **Geöffnet:** Mitte April–Anfang Nov.; **Kontakt:** Tel. 051 846168, Fax 051 846411, www.kampnjivice.hr

Parken
Ein großer, sonniger Parkplatz mit Mülltonnen, Toilette und Gaststätte befindet sich am **Hafen von Valbiska.**

Das FKK-Camp Konobe auf Krk ❸❺

Parken

Hinter **Omišalj,** kurz vor der Brücke zum Festland liegt links der Straße ein riesiger geteerter Parkplatz mit Meerblick; Achtung: bei Wind sehr exponiert!
Voz: Über ein schmales Teersträßchen, das hinter Omišalj rechts abzweigt, fährt man hinunter nach Voz; dort liegt direkt an der Bucht zwischen alten Schiffswracks ein großer, ebener und ruhiger Schotterparkplatz mit Blick auf die Brücke.

KRK (Valbiska – Krk 18 km)

Biegt man 10 km hinter dem Fähranleger nach rechts, so erreicht man auf einer zunehmend besser ausgebauten Straße nach 13 km den Hauptort der Insel. Zu römischer Zeit trug er den ebenso langen wie stolzen Namen „Splendissima Civitas Curictarum". Zweitausend Jahre später ist davon nur ein dürres „Krk" übrig. Dafür blieb im historischen Städtchen selbst vieles verschont: Tore und Wachtürme, das wuchtige Bollwerk des Kastells und die imposante Basilika mit ihrem hübschen Zwiebelturm, der weit übers Meer hinaus die Segler grüßt.

Information
TZO Krk (Insel-Information), Trg Sv. Kvirina 1, 51500 Krk, Tel. 051 221359, Fax 051 222336, www.krk.hr (auch auf Deutsch)
TZG Krk (Stadt-Information), Vela placa 1/1, 51500 Krk, Tel./Fax 051 221414, www.tz-krk.hr (auch auf Deutsch)

㉜ Autocamp Bor ★★★
N45.02266 E14.56300°O

Sympathischer, ruhiger Privatplatz am Ortsrand; offene Flächen, aber auch schattige Olivenbäume und Pinien; ca. 10 Min. vom Meer; schöner Ausblick; nettes Restaurant, WLAN. Die Besitzer stellen auch Wein und Olivenöl her; probieren lohnt sich! **Lage/Anfahrt:** die Innenstadt nördlich (nach rechts) umfahren; beim Kreisverkehr am Ende der Slavka nikoliča die erste rechts in die Kvarnerska, die in die Cirkvenica übergeht; auch für große Fahrzeuge problemlos; **Wasser:** ja, Schlauchanschluss; **Abwasser:** gute Plattform; **Chemie-WC:** ja; **Strom:** ja; **Preise:** ca. 34 €; **Geöffnet:** ganzjährig; **Kontakt:** 51500 Krk, Crikvenička 10, Tel. 051 221581, Fax 051 222429, www.camp-bor.hr

㉝ Camper Stop Krk
45,02954°N 14,58164°O

Einer der wenigen bislang existierenden Stellplätze Kroatiens auf einem Privatgrundstück hinter dem Wohnhaus; relativ ruhig, allerdings nicht sonderlich reizvoll vor einer Betonmauer; WLAN; zu Fuß nur wenige Minuten vom Zentrum; netter, hilfsbereiter Betreiber. **Lage/Anfahrt:** Ulica Ivana Gorana; im östlichen Teil von Krk via Ulica Narodnog preporoda in Richtung Punat, dann nach Norden (links; kleines Schild) in die Ivana Gorana; etwas schmale und steile, aber problemlose Zufahrt; **Ver-/Entsorgung:** Wasser, Abwasser, Strom; **Weitere Ausstattung:** Dusche/WC (sauber); **Untergrund:** Schotter, eben; **Geöffnet:** laut ADAC ganzjährig, aber bei unserem Besuch Anfang Mai war niemand da; **Preis:** 24 Std. und 2 Pers. 25 €, je weitere Pers. 2 € (inkl. Strom, Wasser, Entsorgung etc.); **Kontakt:** Tel. 098 218218

Östlich der Stadt stößt eine Landspitze weit ins blaue Wasser vor und umschließt eine geschützte Bucht wie einen natürlichen Hafen. Mitten darin liegt das Klosterinselchen **Košljun**, das mit seinen reichen

Schätzen zu den bedeutendsten Kulturmuseen ganz Kroatiens zählt. Die Inselstraße schlingt sich um die Bucht bis zur Abzweigung nach Punat.

PUNAT (Krk – Punat ca. 6 km)

Information
TZG Punat, Pod Topol 2, 51521 Punat, Tel. 051 854860, Fax 051 854970, www.tzpunat.hr (auch auf Deutsch)

Unmittelbar bei der Abzweigung nach Punat kann man eine Kostbarkeit entdecken, die zunächst kaum auffällt. Unscheinbar wie ein Steinhaufen wächst dort eine pilzförmige Steinkuppel empor. Bei näherem Hinsehen erkennt man ein schlichtes Tonnengewölbe mit archaischer Kuppel: das Kirchlein **Sveti Dunat** aus altkroatischer Zeit, das wie ein zur Kugel gerollter Steinigel fast zwölf Jahrhunderte überdauert hat.

Parken und Baden
Bei der **Kapelle Sv. Dunat,** kurz vor der Abzweigung nach Punat, liegt ein ungeteerter Parkplatz direkt am Wasser; im Sommer meist überfüllt. Inzwischen gibt es auch auf der Straßenseite gegenüber einen Parkplatz.

Ganz dicht am Wasser entlang – nur leider ohne einen geeigneten Parkplatz – schwingt die Straße um die Bucht herum nach Punat. Zunächst passiert man die riesige ACI Marina, dann geht es vom Wasser weg und im Bogen um die Stadt herum. Sehenswürdigkeiten hat das Städtchen zwar nicht zu bieten, aber es ist ein hervorragend ausgestatteter Ferienort mit einem der besten Campingplätze der gesamten Region.

Parken und Baden
Einige schattige Parkplätze an der Promenade findet man, wenn man knapp 1 km nach dem Ortsschild rechts abbiegt und ca. 500 m in Richtung Hafen fährt; Vorsicht: niedrige Äste, im Sommer sehr voll.

③④ Camping Pila ★★★
45,01595°N 14,62838°O
Ein guter Platz im Pinienwald an der Strandpromenade und mit ebenen, aber nicht sehr großen Parzellen. Selbst wenn es hier voll wird, ist die Atmosphäre angenehm ruhig. **Lage/Anfahrt:** nach der Marina und vor dem Ortseingang links steil hinauf den Ort umfahren, dann wieder bergab und links (beschildert); **Wasser:** ja; **Abwasser:** tadellose Station vor dem Eingang links; **Chemie-WC:** 2 Entleerungsstellen; **Strom:** ja; **Preis:** 35,80–43,10 €; **Geöffnet:** 12.4.–19.10. **Kontakt:** Tel. 051 854020, Fax 051 854020, www.hoteli-punat.hr (auch auf Deutsch)

③⑤ FKK-Camp Konobe ★★
44,99097°N 14,63076°O
Schöner FKK-Platz inmitten der Natur (s. Foto S. 136). **Lage/Anfahrt:** von Punat weiter in Richtung Stara Baška den Berg hinauf; dann rechts eine steile, aber prob-

lemlose Teerstraße hinunter; **Wasser:** ja, mit Schlauch; **Abwasser:** Entsorgungsstation nahe dem Westende des Strands; **Chemie-WC:** 2 Entleerungsstellen; **Strom:** ja; **Preis:** 35,80–43,10 €; **Geöffnet:** 12.4.–19.10; **Kontakt:** Tel. 051 854036, Fax 051 854049, www.hoteli-punat.hr

Fährt man am Camp Konobe vorbei weiter nach Süden (Sackgasse), so gelangt man ca. 13 km hinter Punat auf der schmaler werdenden Straße nach **Stara Baška** mit einem hübschen kleinen Hafen und einem Kiesstrand.

Parken
45,02780°N 14,67704°O

Obzovo-Gerbirge: Sehr schöner Parkplatz (Schotter, 283 m ü. d. M.) kurz hinter dem Pass mit einer Glagoliza-Skulptur und Blick auf die Berge.

BAŠKA (Krk – Baška 20 km)

Landschaftlich reizvoll ist auch die Fahrt über die gut ausgebaute Straße Nr. 102 nach Baška (16 km ab Punat). Sie klettert hoch über die Bucht von Košljuin empor, überquert den Rücken des imposanten **Obzovo-Gebirges,** mit schroffen Felsabstürzen, herbgrünen Kiefernwäldern, Steineichen, vereinzelten Akazien und einigen schönen Wandermöglichkeiten. Dann geht es an einer Quelle mit Trinkwasser vorbei und ein hübsches Bachtal mit Weinbergen und Gemüsegärten abwärts.

In **Jurandvor** zweigt rechts ein Fahrweg ab, der nach **Batomalj** und (an der Gabelung rechts) zu einer Bergkapelle mit herrlichem Ausblick führt (nicht für größere Fahrzeuge!). Gegenüber von dieser Abzweigung geht es nach links nur ein kurzes Stück zur Kapelle „Sv. Lucija, Bašćanska Ploča" (beschildert) mit der 1000 Jahre alten **„Tafel von Baška",** dem ältesten kroatischen Schriftstück überhaupt.

Das an die südöstlichste Bucht der Insel geschmiegte Städtchen Baška ist ein beliebtes Ferienzentrum mit einer reizvollen Altstadt, deren enge Treppen und Pflastergässchen an blumengeschmückten Häusern vorbei zu zahlreichen Restaurants und Cafés führen. Vor allem aber besitzt der Ort einen kilometerlangen Strand aus Sand und feinem

038kr Abb.: rh

Wandern
Wer die weiße Felsenwelt des Obzova-Gebirges hautnah erleben will, kann auf einem fantastischen, aber recht anstrengenden Fußweg von Baška nach Stara Baška wandern (grüne Markierung, Gehzeit ca. 3,5 Stunden; reichlich Wasser mitnehmen!). Der Pfad beginnt beim Campingplatz „Zablaće", südwestlich von Baška, führt zunächst durch das Tal in Richtung Norden nach Batomalj, dann geht es in südwestlicher Richtung steiler hinauf zum 370 m hohen Bergrücken, von dem man einen herrlichen Blick genießt.
Der steile Abstieg nach Stara Baška erfordert Trittsicherheit.

Information
TZG Baška, Kralja Zvonimira 114, 51523 Baška,
Tel. 051 856817,
Fax 051 856544,
www.tz-baska.hr
(auch auf Deutsch)

Kies, der sich rings um die weite Bucht schwingt. Lohnend ist ein Spaziergang hinauf zur Kapelle Sv. Ivana mit einem fantastischen Ausblick über das Meer zur Insel Rab und der Festlandsküste.

Parken
Die teuren **Stadt-Parkplätze** an der Kralja Tomislava (am Ortseingang links hinauf) füllen sich im Sommer rasch und Wohnmobile werden dort meist nicht akzeptiert. Besser man fährt am Ortseingang rechts zum **Campingplatz „Zablaće",** wo man bei den Tennisplätzen meist eine (inzwischen gebührenpflichtige) Möglichkeit findet.

Fähren
Valbiska/Krk – Lopar/Rab (ca. 1:15 Std.), Juni–Sept. 4 Autofähren pro Tag; sonst 2 pro Tag. Zum Festland gibt es ab Baška keine Verbindungen. Information: Linijska Nacionalna Plovidba d.d., 114. brigade 10, Split, Tel. 021 352527, www.lnp.hr (auch auf Engl.).
Lopar (Rab): Tel. 051 775532, **Valbiska** (Krk): Tel. 051 863180

㊱ Camping Zablaće ★★★
44,96714°N 14,74523°O
Großer, ebener, überwiegend sonniger und teilweise parzellierter Wiesenplatz mit traumhaftem, langem Kiesstrand; Sportanlagen, angenehme Atmosphäre; kostenloses WLAN; nur einen Strandspaziergang von Baška entfernt. **Lage/Anfahrt:** am Ortseingang rechts den Schildern folgen; **Wasser:** ja, mit Schlauch; **Abwasser:** 2 Stationen mit Plattform, aber etwas kleinem Schacht und ohne Gefälle; **Chemie-WC:** 2 Entleerungsstellen; **Strom:** ja; **Preis:** 35–50 €; **Geöffnet:** Mitte April–Mitte Okt.; **Kontakt:** Tel. 051 586909, Fax 051 856604, www.hotelibaska.hr/de/campingplatz/campingplatz-zablace.aspx (auch auf Deutsch)

㊲ Naturist Camp Bunculuka ★★★★
44,96906°N 14,76680°O
In einer fantastischen, wildromantischen Felsbucht gelegener, wunderschöner FKK-Platz mit herrlichem Kiesstrand, der auf den ersten Blick begeistert; bis zu 130 m² große Parzellen. **Lage/Anfahrt:** vor Baska links den Ort oberhalb umfahren und dann in der ersten Haarnadelkurve geradaus weiter (nicht hinunter bis ans Meer); **Ausstattung und Preise:** wie Zablaće ㊱; **Tipp:** vom Strand führen Fußpfade entlang der Küste zu weiteren reizvollen Buchten; **Info:** www.hotelibaska.hr/de/campingplatz.aspx (auch auf Deutsch)

VRBNIK (Krk – Vrbnik ca. 12 km)

Information
TZG Vrbnik, Plava vrbnickog statuta 4, 51516 Vrbnik,
Tel. 051 857 479, Fax 051 857479, www.vrbnik.hr (nur auf Kroatisch)

Zurück vom Abstecher nach Baška lohnt es sich, kurz vor Erreichen der Abzweigung nach Punat rechts abzubiegen und quer durch die Insel zur schroffen Nordostküste zu fahren, wo auf einem felsigen Hügel das Städtchen Vrbnik trutzig aus dem Meeresblau aufragt. Vrbnik auf Krk – mit Vokalen ist man hier sparsam! Umso großzügiger ist Vrbnik jedoch mit anderen Kostbarkeiten. Schon das Städtchen selbst ist ein Schmuckstück unter den vielen bezaubernden Altstädten Kroatiens. Seine Mauern bergen sehenswerte Kirchen und Kapellen und die 600 Jahre alte Fürstenbibliothek mit 15.000 Büchern, unter denen zahlreiche Raritäten zu finden sind. Und wenn Ihnen nach Baukultur und staubigen Folianten die Kehle brennt oder der Magen knurrt, dann ist die „Konoba Nada" gleich hinter dem Kirchplatz wärmstens zu empfehlen. Ein wahres Kleinod der kroatischen Gastronomie. Dort können Sie auf der Dachterrasse mit Blick auf die Hafenbucht speisen oder im kühlen Gewölbekeller zwischen alten Holzfässern und unter duftenden Schinken, die verlockend von der Decke baumeln. Hausgemachter „Sir i Pršut" (Käse und Schinken) sind besonders zu empfehlen. Aber Sie können sich auch mit Fisch, Meeresfrüchten oder Fleischgerichten stärken und dazu einen der köstlichen Weine genießen. Allen voran natürlich den berühmten strohgelben Žlahtina, der nur auf dem fruchtbaren Karstboden in einem kleinen Gebiet bei Vrbnik gedeiht.

Urige Atmosphäre herrscht in der Konoba Nada

Parken
Ortseingang: Richtung Zentrum, dann rechts den Schildern folgen.
Busparkplatz: Am Ortseingang links die Japenica hinunter in Richtung Bucht und dann rechts (beide gebührenpflichtig).

Essen
Konoba Nada, Glavaca 22, Tel. 051 857065, Fax 051 857205, www.nada-vrbnik.hr (auch auf Deutsch), 15.03.–01.11. tägl. 12–23 Uhr (Reservierung empfohlen). Gutes Restaurant mit Konoba im stimmungsvollen Gewölbe und Weinkellerei. Besonders gut ist der nur in Vrbnik gekelterte Weißwein Zlahtina Nada.

BUCHT VON SOLINE

Wer das Inselhüpfen fortsetzen möchte, macht den Abstecher nach Vrbnik zuerst und setzt dann von Baška nach Rab über. Falls die Fähren nicht verkehren oder man aus anderen Gründen lieber der Küste folgen will, kann man von Vrbnik zurück zur Inselhauptstadt fahren und über die gute, aber eher langweilige und an Wochenenden zeitweise überlastete Inselstraße zur Brücke zum Festland fahren. Reizvoller ist es, man biegt kurz hinter Vrbnik nach rechts in Richtung **Dobrinj** (8 km), dort kann man links biegen, um nach 7 km bei Malinska die Inselstraße zu erreichen.

Parken und Baden
Soline-Klimno: kleiner, schattiger, nicht ganz ebener Platz mit Bäumen, Wiese und Strand gleich hinter Soline
Soline-Čižići: sonniger Platz am Meline-Sandstrand kurz hinter Soline

Anschluss
Anschluss an Route 2 (s. S. 112).

Oder man fährt zuerst geradeaus in Richtung Klimno und erreicht dann nach ca. 3,5 km hinter dem Dorf Soline die reizvolle **Bucht von Soline** mit einem schönen Badeplatz. Hält man sich in Soline links in Richtung Čižići/Rudine, so sieht man bald, dass die Bucht ihren (von Sole für Salzlösung hergeleiteten) Namen nicht umsonst trägt: Kurz hinter dem Ort dehnen sich die weiten Uferflächen der einstigen Salzbecken aus – heute ein beliebter und für Kroatien ungewöhnlicher Sandstrand mit braunem Heilschlamm und sehr flachem Wasser.

Wer auf dem schmalen Sträßchen weiter via Čižići nach Rudine fährt, kann dort die **Biserujka-Höhle** besichtigen (www.klimno.net/biserujka_deu.htm). Andernfalls folgt man der Bucht noch ein kurzes Stück und schwenkt dann links in Richtung Malinska zur Inselstraße zurück. Dort angekommen sind es noch 13 km bis zur Brücke zum Festland.

Parken
Parkmöglichkeiten bei **Omišalj** und **Voz** (s. S. 137)

RAB – GRÜNE INSEL MIT PARADIESSTRAND

Anschluss
In Jablanac an Route 2, (s. S. 119)

Parken
Am **Fährhafen Mišnjak** ist ein riesiger, völlig schattenloser Parkplatz (mit Toiletten) für ein Picknick mit Meerblick oder sogar ein Bad.

„Rab ist die grünste und fruchtbarste Insel der nördlichen Adria", verkünden die Reiseführer. Wer mit der Fähre von Jablanac ankommt, wird das nicht glauben. Steingraue Schotterwüste empfängt ihn dort – so kahl wie der Mond. Und darüber flimmert die sengende Hitze. Totes Land. Kein Baum, kein Strauch und kein Grashalm.

Aber das ist nur die Landseite, die von den eisigen Böen der Bora kahl gefegt wurde wie bei fast allen kroatischen Inseln. Auf der Seeseite hingegen gedeihen Weinberge und Gemüsegärten. Stattliche Wälder mit Kiefern oder Flaumeichen säumen die Berghänge darüber und duftende Tamarisken flankieren die schönen blauen Badebuchten. Das ist die andere, die grüne und einladende Seite des Eilands.

Ungefähr 3 km nach dem Fährhafen lohnt sich ein kurzer Abstecher die Teerstraße links hinunter zum alten Fähranleger von **Pudarica**.

Fähren zur Insel Rab
Stincina – Mišnjak (ca. 18 Min.), im Sommer 5–23 Uhr ca. alle 30–60 Min.; trotzdem sind lange Staus möglich; Gesellschaft Rabska Plovidba, Tel. 051 724122, Fax 051 724018, www.rapska-plovidba.hr (auch auf Deutsch)
Lopar – Valbiska (s. S. 140)

Parken und Baden
Pudarica: großer, ebener, aber schattenloser Teerparkplatz und schöne Sandbuchten; außerhalb der Saison herrlich und ruhig; während der Saison Imbisslokal, viel Trubel und voll

▣ *Blick von einem Rastplatz der Adria-Magistrale auf die vorgelagerten Karstinseln*

RAB – DIE INSELHAUPTSTADT (Mišnjak – Rab 9 km)

Auf halber Strecke der Inselstraße erreicht man das Städtchen Rab, eine wahre Perle unter den kroatischen Küstenstädten. Für viele die schönste überhaupt. Auf einer Landspitze erbaut, scheint die befestigte Altstadt wie ein Schiff durch das Meer zu pflügen. Hinter einem Wald von Segeljachten staffeln sich die Häuser den steilen Hang hinauf. Darüber – entlang der Donja Ulica aufgereiht – ragen die vier Kirchtürme in den Abendhimmel wie die Masten eines alten Schoners, der die Segel gerefft hat. Kühle Gassen, flankiert von Cafés und kleinen Geschäften, durchschneiden die Landspitze. Und ein von Palmen und blühenden Agaven gesäumter Uferweg führt darum herum wie eine Schiffspromenade – nur an der exponierten Südseite ist er unterbrochen, weil dort die Felsen und Mauern senkrecht aus dem Meer emporsteigen.

Den schönsten Blick über die Hohlziegeldächer und auf die vier Kirchtürme des Museumsstädtchens genießt man bei Sonnenuntergang von der alten Stadtmauer, die Rab zum Festland hin abschirmt. Dahinter erstreckt sich der traumhafte **Waldpark Komrčar,** der mit hundertjährigen Pinien, Zypressen und Feigenbäumen bis zur Uferpromenade hinunterreicht. Kein Wunder, dass Feriengäste schon vor hundert Jahren die Inselstadt entdeckt haben. Rab hatte den ersten FKK-Strand Kroatiens. Selbst der britische König *Eduard VIII.* ließ hier schon 1936 die Hüllen fallen. Und heute ist die gesamte Insel den Sommer hindurch ein beliebtes Touristenziel.

Information
TZG Rab, Trg Municipium Arba 8, 51280 Rab, Tel. 051 724064, Fax 051 725057, www.tzg-rab.hr (auch auf Deutsch)

Route 3: Kvarner Inseln

◨ *Der Stadtplatz von Rab mit dem Fürstenpalast lädt zur ausgiebigen Pause ein*

Baden kann man nicht nur an der Strandpromenade und entlang dem Park, sondern man kann sich auch mit kleinen Booten auf die gegenüberliegende **Halbinsel Frkanj** bringen lassen, deren von Eichenwald gesäumte Felsufer bei FKK-Freunden sehr beliebt sind.

Parken

Zu ruhigeren Zeiten kann man zwischen Hafenmauer und Stadt oder beim Supermarkt am Hafen parken; in der Saison evtl. besser nicht links zum Hafen, sondern rechts zum Einkaufszentrum beim Busbahnhof fahren.

Ein **Abstecher** lohnt sich zum nahen **Kloster Sveta Eufemija** (auch zu Fuß auf dem ca. 4,5 km langen Uferweg zu erreichen) und durch den üppigen Wald der **Kalifront-Halbinsel** mit einigen schattigen Parkplätzen in Strandnähe. Hier ist es vorteilhaft, ein Fahrrad an Bord zu haben, denn auf der menschenleeren Halbinsel gibt es ein Geflecht reizvoller Waldpfade, die zu abgelegenen Buchten führen! **Achtung:** Campen und jede Art von Feuer sind auf der Halbinsel streng verboten!

Parken und Picknick

An der Straße nach **Suha Punta** (Richtung Kampor und ca. 3 km hinter Rab links um die Bucht herum) liegt ein großer, ebener Teerparkplatz zwischen Bäumen (gehört evtl. zur Ferienanlage). Unmittelbar danach folgen einige schöne Parkmöglichkeiten zwischen Kiefern auf unbefestigtem Grund.

LOPAR UND DER PARADIESSTRAND (Rab – Lopar 12 km)

Information

TZG Lopar, Lopar bb, 51281 Lopar, Tel. 051 775508, Fax 051 775487, www.lopar.hr (auch auf Deutsch)

Durch reizvolle Landschaft führt die Inselstraße weiter nach Lopar, das vom Stadtbild her nicht viel zu bieten hat, aber dennoch **das touristische Zentrum** der Insel ist. Warum? Wegen seines Paradiesstrandes: ein langer, feinsandiger und flach abfallender Badestrand rings um die hufeisenförmige **San-Marino-Bucht.** Das ist für Kroatien wahrhaft eine Rarität! Daher bietet der Ort an Restaurants, Souvenirshops und Freizeiteinrichtungen alles, was das Touristenherz begehrt – und einen großen Campingplatz, der fast die ganze Bucht umfasst. Zugleich ist die Stadt im Sommer der Fährhafen für Verbindungen zur Insel Krk.

㊳ Camping San Marino ★★★★
44,82337°N 14,73691°O

Großer, sehr schön gelegener und teilweise parzellierter Platz mit Pappel- und Pinienwald, Wiese und einem für Kroatien einmaligen 1,5 km langen Sandstrand; daher

◹ *Am Paradiesstrand von Lopar*

aber leider selbst außerhalb der Hauptsaison meist sehr voll. **Lage/Anfahrt:** am Ortseingang rechts den Schildern folgen; **Wasser:** ja; **Abwasser:** Entsorgung möglich; **Chemie-WC:** ja; **Strom:** ja; **Preis:** ca. 40 €; **Geöffnet:** April–Sept.; **Kontakt:** Tel. 051 775133, Reservierung Tel. 051 667788, Fax 051 775290, www.rab-camping.com (auch auf Deutsch)

Fähren Krk – Rab
Lopar (Rab): Tel. 051 775532; **Valbiska (Krk):** Tel. 051 863180 (s. S. 140)

Anschluss
Von Lopar kann man entweder die Fähre nach Valbiska auf der Insel Krk nehmen und seine Reise dort fortsetzen (s. S. 140) oder man fährt auf dem Weg zurück, den man gekommen ist, und folgt dann der Festlandsküste ab Jablanac.

Was hat Lopar mit San Marino zu tun?
San Marino nennt sich auch die Hotelsiedlung samt Campingplatz, die hinter der San-Marino-Bucht zwischen schattigen Pappeln und Pinien emporgewachsen ist, und man fragt sich, ob sie wohl etwas mit der Mini-Republik auf der Apenninenhalbinsel zu tun hat. Sie hat – zumindest der Legende nach. Der in Lopar geborene Steinmetz Marinus soll im 3. Jahrhundert übers Meer nach Rimini gesegelt sein, um dort am Bau der Festung mitzuarbeiten. An den Hängen des Monte Titiano, so heißt es, habe er eine Höhle gefunden, in die er sich als Einsiedler zurückzog. Gleichgesinnte folgten, eine Kirche wurde gebaut, dann ein Kloster und schließlich eine Stadt: San Marino.

Route 3: Kvarner Inseln

Nach der kahlen Felsenküste zwischen Senj und der Maslenika-Brücke – wer würde da noch belebte Badeplätze erwarten, malerische Buchten oder gar feinsandige Strände, die doch in ganz Kroatien eine Rarität darstellen? Aber es ist so – ab Zadar reihen sich Badestrände und malerische alte Städte in bunter Folge aneinander. Zwischen den wilden Karstschluchten von Paklenica und den Wasserwundern des Krka-Nationalparks erstreckt sich Norddalmatien. Zentrum der Region ist die über 2000 Jahre alte Hafenstadt Zadar mit ihrer Vielfalt an Kulturschätzen und Baudenkmälern. Mit der kuppigen Hochfläche Ravni Kotari besitzt das „Tor nach Dalmatien" als einzige dalmatinische Küstenstadt ein fruchtbares Hinterland. Wer die kurvige Küstenstraße abkürzen möchte oder für die Rückfahrt eine Alternativroute sucht, kann auf die vorgelagerte Insel Pag ausweichen, die neben rauer Steinwüste auch paradiesische Badestrände und gute Campingplätze bietet. An der Küste südlich von Zadar erstreckt sich eine Kette malerischer Badeorte, Fischerdörfer und mittelalterlicher Museumsstädte. Und Schiffsausflüge locken in das Insellabyrinth des Kornaten-Nationalparks mit Hunderten von unbewohnten Robinson-Inseln.

▷ *Kiesstrand in der Zrće-Bucht bei Novalja*

ROUTE 4

NORDDALMATIEN: INSEL PAG, ZADAR BIS ŠIBENIK

BADEPARADIESE JENSEITS DER STEINWÜSTE

STRECKENVERLAUF

Entfernungen:
Novalja – Pag 18 km, Pag – Nin ca. 55 km,
Nin – Zadar ca. 18 km, Zadar – Biograd 26 km,
Biograd – Šibenik 43 km, Šibenik – Skradin 18 km
Abstecher Povljana: 6 km einfach

INSEL PAG –
KARSTINSEL MIT TRAUMSTRÄNDEN

Wer die Faxen der kurvigen Küstenstraße dicke hat, der nimmt ab **Prizna** (s. Route 2, S. 120) die Fähre (ziemlich teuer) und ist 15 Minuten später schon in einer anderen Welt. Die ca. 60 km lange **Insel Pag** zeigt sich zwar bei Ankunft in **Žigljen** so steinig, kahl und schattenlos wie ein ausgebrannter Stern, aber das ist man ja inzwischen gewöhnt. Und zwischen den Felsen sprießen hier die reinsten Kräutergärten. Die Schafe von Pag fressen kein Gras, sondern duftende Kräuter, die von den Böen der Bora zusätzlich mit feinem Salznebel aus dem Meer überstäubt werden. Das verleiht dem berühmten Pager Schafskäse *(Paški Sir)*, aber auch dem Schafsbraten seine besondere Würze.

NOVALJA – DAS TOURISTISCHE ZENTRUM

Information
TZO Novalja,
Trg Brišćić 1,
53291 Novalja,
Tel. 053 661404,
Fax 053 663238,
www.visitnovalja.hr
(auch auf Deutsch)

Die Inselstraße klettert in zwei Kehren den Hang hinauf und zieht sich dann schnurgerade über den steinigen Inselrücken. Nach 7 km ist die Abzweigung rechts zum Badeort Novalja erreicht, ein Ferienort wie aus dem Katalog und im Sommer entsprechend überfüllt. Die Stadt selbst bietet so ziemlich alles an Freizeiteinrichtungen – aber sonst fast nichts (abgesehen vom Heimatmuseum). Im Sommer parkt man lieber draußen und besucht sie zu Fuß – oder gar nicht.

Parken
44,54017°N 14,91131°O
Großer, gebührenpflichtiger Parkplatz vor der Stadt gegenüber der Zufahrt zum Camping „Straško"; weitere gebührenpflichtige Parkmöglichkeiten befinden sich in der Stadt, doch im Sommer ist das Gedränge dort groß!

Fähren nach Pag
Prizna – Žgljen (ca. 15 Min.), im Sommer tägl. rund um die Uhr, etwa alle 60 Min.; von Zgljen jede volle Stunde. Info: Tel. 053 889600 (Prizna), Tel. 098 299133 (Žigljen/Pag). Achtung: Die Fähren Karlobag – Pag verkehren schon längst nicht

mehr! Hingegen verkehren Jadrolinija Passagier-Fähren (keine Autofähre!) zwischen Rab (Insel Rab) und Novalja.

㊴ Camping Straško ★★★★
44,53878°N 14,88596°O

Sehr großer, weitläufiger Platz mit Pinien, Eichen und Freiflächen, der nicht gedrängt wirkt; langer Fels-/Kiesstrand, Geschäft, Restaurant, Bungalows; großer FKK-Bereich. **Lage/Anfahrt:** vor Novalja nach links den Schildern folgen (ca. 1,5 km); **Wasser:** ja, z. T. Stellplätze mit Strom-, Wasser- und Abwasseranschluss; **Abwasser:** tadellose Entsorgungsplattform gleich hinter der Rezeption; z. T. Entsorgung am Stellplatz möglich (mit geeignetem Schlauch oder Eimer); **Chemie-WC:** 3 Entleerungsstellen in Sanitärgebäuden; **Strom:** ja; **Preis:** 45–61 €; **Geöffnet:** Mitte April–Mitte Okt.; **Kontakt:** Tel. 053 661226, Fax 053 661225, www.campingkroatienpag.de (auch auf Deutsch)

Fährt man rechts (östlich) an Novalja vorbei, so gelangt man ca. 6,5 km hinter dem Ort nach **Stara Novalja** (Alt-Novalja), dem einstigen Fähranleger, dessen großer, schattenloser Parkplatz heute etwas verwaist liegt und die Möglichkeit zu einer ruhigen und gebührenfreien Mittags- oder Kaffeepause bietet.

Parken und Baden
Stara Novalja: schattenloser Wiesenplatz am Ortseingang rechts gegenüber Strandbad mit Toilette und Kiosk

ÜBER DEN INSELRÜCKEN

Fährt man von Novalja auf der Inselstraße nach Süden, so sieht man ca. 1 km hinter der Abzweigung nach Žgljen links einen schmalen Teerweg abzweigen, der durch den Kiefernwald zum Kiesstrand an der **Zrće-Bucht** führt. Außerhalb der Saison ein wahrhaft idyllisches Plätzchen mit Parkmöglichkeit direkt hinter dem Kiesstrand (s. Foto S. 146), im Sommer ein Riesen-Rummel mit teurem Parkplatz (5 kn/ Std.; 44,54117°N 14,91328°O).

Auf den folgenden 5 km klettert die Straße höher auf den Inselrücken empor und zieht sich durch die grafischen Linienmuster zahlloser Steinmauern. Nach links zweigen immer wieder kleine Sträßchen ab, an denen Täfelchen einen „Plaža" versprechen. Mit einem kompakten Fahrzeug lässt sich hier manches Idyll entdecken (besonders außerhalb der Saison); für größere Mobile sind die teils engen und steilen Zufahrten kaum geeignet. Schön und bislang ohne Verbotstafeln ist der feinkiesige Strand Sv. Duh mit kleinem Campingplatz, aber steiler und schmaler Zufahrt (44,51471°N 14,9663°O).

Hinter dem Weiler **Kolan** schwingt sich die Straße zur Außenküste der Insel hinüber und eine kleine Stichstraße zweigt rechts zum fantastisch gelegenen Campingplatz „Šimuni" ab.

Parken und Picknick
Stara Novalja: großer, schattenloser Parkplatz am alten Fährhafen

Radtour
Wer ein bisschen Einsamkeit sucht oder eine nette Radtour unternehmen will, kann auf der recht guten Teerstraße nördlich von Novalja durch die karge Steppen- und Buschlandschaft der schmalen Halbinsel von Lun bis fast zu ihrer Nordspitze fahren (ca. 24 km einfach).

Einkaufen
Pager Schafskäse bester Qualität (zahlreiche Auszeichnungen) und zu reellen Preisen bietet der Shop der Käserei Gligora in Kolan (44,50023°N 14,95704°O, mit Parkplatz direkt an der Straße), auch Besichtigung der Käserei und Verkostung, Tel. 023 698052, www. gligora.com (auch auf Engl., mit Onlineshop), Mo–So 8–20.30 Uhr.

⓴ Camping Šimuni ★★★
44,46523°N 14,96710°O

Großer, reizvoll gelegener Platz (z. T. knappe Parzellen) mit Eichen und Pinien, der u. a. eine ganze Halbinsel umfasst; viele liebevolle Details; langer Kies- und Sandstrand, viele Sportangebote; Fisch-/Lebensmittelladen, mehrere gute Restaurants, insbesondere das Fischrestaurant ist ausgezeichnet; WLAN, hilfsbereites Personal. **Lage/Anfahrt:** etwa 2,5 km hinter Kolan nach rechts den Schildern folgen; **Wasser:** ja, z. T. Stellplätze mit Strom- und Wasseranschluss; **Abwasser:** ja, („Trokadero"-)Plattform mit Deckel ohne Gitter, etwas enge Zufahrt (Vorsicht Bäume!) und falsches Gefälle; **Chemie-WC:** ja, in Sanitärgebäuden; **Strom:** ja; **Preis:** 50–54 €, Zuschlag für 1. Reihe 15 €; **Geöffnet:** ganzjährig; **Kontakt:** Tel. 023 697441, Fax 023 697442, www.camping-simuni.hr (auch auf Deutsch)

◨ *Badestrand am Camping Šimuni* ⓴

Wieder geht es über den kargen Inselrücken empor – mit weitem Blick übers Meer und zwischen Flächen blauer Salbeiblüten hindurch. Dann blickt man plötzlich wie aus der Vogelperspektive hinab auf die Bucht von Pag und auf das Gittermuster der Salinenbecken. Zwischen beiden liegt das Renaissancestädtchen Pag, das ebenfalls im Schachbrettmuster angelegt ist. Und gleich bietet sich ein großer Parkplatz an, von dem aus man dieses Panorama bei einer Kaffeepause genießen kann.

Parken und Picknick
Unbefestigter, schattenloser Platz gleich nach der Linkskurve rechts mit weitem Ausblick

PAG – RENAISSANCESTADT MIT SCHACHBRETTMUSTER (Novalja – Pag 18 km)

Information
TZG Pag,
Ulica od Špitala 2, 23250 Pag, Tel./Fax 023 611301, www.tzgpag.hr (auch auf Deutsch)
Infocenter, P. Kresimir IV Square, Tel./Fax 023 611286

Eine über 500 Jahre alte Stadt mit einem rechtwinkligen Straßenmuster wie Manhattan oder sonst eine US-Metropole – da schaut man doch überrascht. Doch tatsächlich ist das beschauliche Städtchen mit seinem unberührten Charme 1483 von *Juraj Dalmatinac* ganz am Reißbrett entworfen und planmäßig angelegt worden: rings um den weiten und prachtvollen Marktplatz, auf dem ein Denkmal des Baumeisters steht. Dahinter erhebt sich die Basilika Sv. Maria (1443–1488), an deren Fassade sich Elemente aus der Gotik und der Renaissance mischen.

Südlich der Stadt bedecken riesige **Salinen** die flache Lagune, in denen schon seit 1215 Salz gewonnen wird und die noch heute zu den bedeutendsten des Landes zählen.

◨ *Der Blick auf die Stadt Pag*

In den schattigen Gassen sitzen alte Frauen vor der Haustür und arbeiten an den berühmten **Pager Spitzen,** die nicht gestickt oder geklöppelt, sondern genäht werden. Sie sind so fein verästelt und zart wie Schneekristalle. Daher arbeiten die Frauen selbst an den kleinsten Deckchen tagelang von früh bis spät. Kein Wunder, dass diese Kunstwerke ihren Preis haben. In kühlen Gewölbekellern reift der berühmte *Paški Sir* (Schafskäse von Pag), sauber aufgereiht neben duftenden Schinken und alten Holzfässern, in denen der Wein lagert. Alle Köstlichkeiten bekommt man in **„Bepo Biles Konoba"** serviert. Schon das Lokal ist ein Erlebnis: ein uraltes Gemäuer, das *Bepo* mit viel Liebe und Geschmack auf rustikale Weise ausgestattet hat – mit wuchtigen Tischen und einem offenen Kamin, in dem ein Feuer flackert. Und die typische Konoba-Küche ist einfach, authentisch und ausgezeichnet.

Parken

Parken kann man beim Supermarkt gleich links oder bei der Tankstelle links und um die Altstadt herum bis zum großen Parkplatz am Ufer (zeitweise gebührenpflichtig).

Verlässt man Pag in Richtung Süden, so fährt man an den Salzwerken vorbei (leider versperrt meterhohes Rohrdickicht den Blick) und folgt der Solana-Bucht mit ihren Salzbecken und kommt dann durch eine Reihe kleiner Ortschaften, in denen immer wieder „*Paški Sir*" angeboten wird. Nach 7 km kann man in Gorica rechts abbiegen,

Essen

Konoba Bile, Juraj Dalmatinca 35, geöffnet (meist) 19 – 1 Uhr. Gute Küche bietet auch das Bistro Tamaris, Tel. 023 61227

Einkaufen

Spitzen: bei den Herstellerinnen direkt in Pag oder Umgebung (die Preise sind hoch)
Pager Käse: am besten direkt vom Hersteller z. B. in Kolan (s. S. 149); außerhalb der Stadt entlang der Straße oder in kleinen Orten abseits davon, wo Schilder „*Paški Sir*" oder einfach „*Sir*" („Käse") darauf hinweisen (ebenfalls nicht billig)

Route 4: Norddalmatien

◨ *Die Ruinen der Brückenfestung*

Achtung
Bei Bora kann die Brücke zeitweise gesperrt sein – manchmal für mehrere Tage!

um einen Abstecher (6 km einfach) nach **Povljana** zu machen. Dort findet man außer vielen Obst- und Gemüseständen den schönsten **Sandstrand** der Insel (an der Kirche vorbei rechts) und den kleinen, privaten Campingplatz „Malo Dubrovnik" (die Zufahrt ist beschildert und problemlos).

Etwa 20 km von Pag entfernt erreicht man die 340 m lange Brücke **Paški-Most** (kostenlos), über die man von der Insel zurück aufs Festland gelangt. Auf einem kahlen, weißen Felsenriegel inmitten tiefblauer Fluten erheben sich die zerfallenden Mauern der **Most Fortica** (Brückenfestung).

Parken und Picknick
Ein Parkplatz mit schöner Aussicht befindet sich unmittelbar hinter der Brücke links; ca. 200 m vor der Brücke zweigt rechts ein Sträßchen ab, das zu einem zweiten, großen, ebenen, schattenlosen und meist ruhigen Parkplatz direkt bei der Ruine führt (44,32313°N 15,25516°O). Wenn Sie mit Kindern unterwegs sind, bitte Vorsicht: Es herrscht Absturzgefahr! Schöner Blick auf die Brücke; manche übernachten dort.

Auf der anderen Seite kann man entweder geradeaus weiterfahren bis man nach ca. 23 km auf die Straße Nr. 8 stößt und dann links zur Maslenika-Brücke und dem Paklenica-Nationalpark fahren (siehe Route 2, S. 120) oder rechts nach Zadar (s. S. 154). Man kann aber auch schon nach knapp 10 km gleich hinter dem Dorf **Škulići** rechts abbiegen (dort, wo es links nach Ražanac geht) und auf kleinen Sträßchen durch die fruchtbare Gartenlandschaft von **Ravni Kotari** mit riesigen Melonenfeldern in Richtung Zadar fahren. Unterwegs passieren Sie zahlreiche Obst- und Gemüsestände. Vergleichen Sie die Preise! Sie sind nicht angeschrieben, sondern werden von den Händlerinnen spontan festgelegt!

NIN – WIEGE DER NATION UND DIE KLEINSTE KATHEDRALE DER WELT

(ca. 18 km von Zadar, 11 km von der Abzweigung bei Poljak)

Ehe man Zadar erreicht, lohnt sich unbedingt ein Abstecher in nördlicher Richtung nach **Nin**. Was heute ein unscheinbarer Fleck im Abseits ist, war einst Königstadt, Bischofssitz und ein wichtiger Hafen; kurz: die „Wiege Kroatiens".

☐ *Sveti Križ – das Kleinod aus dem Mittelalter*

846 begründete hier Fürst *Trpimir* die erste kroatische Herrscherdynastie. 879 erklärte sein Nachfolger Fürst *Branimir* seine Treue zur Römischen Kirche und wurde im Gegenzug von Papst *Johannes VIII.* als Herrscher des ersten selbstständigen Staates Kroatien anerkannt.

Wichtigste Sehenswürdigkeit des sympathisch verschlafenen Örtchens ist heute die **Kirche Sv. Križ (Heiligkreuz-Kirche).** Das im 10. Jh. errichtete vorromanische Kirchlein gilt nicht nur als die älteste Kirche des Landes, sondern auch als die kleinste Kathedrale der Welt. Diesen Titel verdankt sie dem Umstand, dass Nin Kroatiens erster Bischofssitz war. Hier residierte u. a. der von den Kroaten als Nationalheld verehrte Bischof *Grgur Ninski*, der im 9. Jahrhundert durchsetzte, dass in der Kirche anstatt dem Latein die den Menschen verständliche Glagoliza (siehe Exkurs S. 84) verwendet wurde. An ihn erinnert eine von dem berühmten kroatischen Bildhauer *Ivan Meštrovic* geschaffene Statue.

Essen

Restaurant Sokol, Tartaro Hrvatskog Sabora 2, 23232 Nin, Tel. 023 264412. Das gute, sympathische und günstig gelegene Restaurant Sokol im historischen Zentrum Nins bietet unter anderem einen schattigen Innenhof hinter dem Stadttor. Serviert werden Spezialitäten der dalmatischen Küche wie zum Beispiel Fisch-, Fleisch- und Grillgerichte oder auch die örtliche Spezialität *Šokol* (geräucherter Schweinenacken, konserviert in Meersalz und Gewürzen). Alle Gerichte gibt es zu passablen Preisen.

Parken und Baden

Von der Straße zwischen Nin und Vrsi zweigen mehrere unbefestigte Stichstraßen zu einer schönen Meeresbucht mit flachen Sandstränden ab, die bislang fast nur von Einheimischen besucht werden.

Information

TZO Nin, Trg braće Radića 3, 23232 Nin, Tel./Fax 023 265247, www.nin.hr (auch auf Deutsch)

Parken

44,24097°N 15,18121°O
an der Brücke rechts, 5 kn/Std.; Reihenparkplätze an der Brücke mit schönem Blick auf die Altstadt

Route 4: Norddalmatien

Fährt man von Nin weiter nach Zadar, so erblickt man kurz vor der Abzweigung zum Campingplatz „Zaton" auf einem Hügel rechts der Straße – unübersehbar und dank zweier vom Wind geformter Pinien äußerst fotogen – die altkroatische Wehrkirche **Sv. Nikola.** Das kleine, eher einem Wachturm als einem Gotteshaus ähnelnde Rundkirchlein stammt aus dem 11. Jahrhundert.

Parken und Picknick

Ein kleiner Teerparkplatz befindet sich direkt an der Abzweigung zu der Kirche Sv. Nikola.

🔴 Camping Zaton ★★★★
44,23451°N 15,16662°O

Vorbildlicher, recht ebener Platz mit hohen Pinien, großen Parzellen, sehr guter Ausstattung, langem Kies-/Sandstrand, Pool, Restaurants, Shopping-Straße, einer neuen Bäckerei, Disco u. v. a. m.; riesengroß, aber so angelegt, dass man sich nicht bedrängt fühlt. **Lage/Anfahrt:** von Zadar ca. 14 km nach Norden, dann links; **Wasser:** Wasserhahn und Abwasserschacht direkt am Stellplatz (Zone A und B), Schlauchadapter ist bei Bedarf kostenlos an der Rezeption erhältlich; **Abwasser:** Ver-/Entsorgungsstation außerhalb, nahe dem Nordende des Platzes; **Chemie-WC:** 6 Entsorgungsstellen in den Toiletten; **Strom:** ja; **Preis:** 60 € (Zone A), 49 € (Zone B); Zuschlag: 1. Reihe 8,40 €; **Geöffnet:** 26.4.–30.09.; **Kontakt:** Tel. 023 280215, Fax 023 280310, www.zaton.hr (auch auf Deutsch)

ZADAR – RÖMERFORUM UND DIE SCHÖNSTEN MÄRKTE DALMATIENS

(Nin – Zadar ca. 18 km)

Wie ein wuchtiger Keil ragt die Altstadt von Zadar auf ihrer Halbinsel ins blaue Meer hinaus. Seit Jahrtausenden ist sie die bedeutendste Marktstadt Kroatiens und in ihren Straßen herrscht daher vormittags ein Gedränge, als ob ganz Dalmatien hierher zum Einkaufen käme. Wer Parkprobleme vermeiden will, kommt daher sehr früh oder mit dem Bus.

Information

TZG Zadar (Stadt-Information), I. Smiljaniča bb, 23000 Zadar, Tel. 023 212222, Fax 023 211781, www.tzzadar.hr (auch auf Deutsch). Infozentrum: Tel. 023 316166.

Parken

Wer früh am Morgen kommt und/oder Glück hat, findet einen Parkplatz entlang dem Kai der **Obala Tomislava** bzw. ihrer Verlängerung, der **Liburnska Obala,** direkt vor den Mauern der Altstadt (Schildern „Trajekt" folgen); sonst steuert man besser den Parkplatz auf der anderen Seite des Hafenbeckens an der **Obala Branimira** an, von dem man über die Hafenbrücke rasch zur Altstadt gelangt. Am stressfreisten ist es in der Saison fraglos, sich auf einem Campingplatz außerhalb (z. B. Zaton) einzuquartieren und den Bus zu nehmen bzw. den Radweg zu nutzen.

Auch wenn das Geschiebe dort am dichtesten ist, lohnt sich der Besuch der **Märkte** von Zadar unbedingt. Denn der täglich abgehaltene Fisch- und Bauernmarkt ist nicht nur der größte Markt Kroatiens, sondern ein Erlebnis für alle Sinne! Übrigens: Zur Siestazeit, wenn der Markt vorbei ist, wird es in der Altstadt wieder deutlich ruhiger!

Information
TZŽ Zadar (Region Norddalmatien), Sv. Leopolda B. Mandića 1, 23000 Zadar, Tel. 023 315316, Fax 023 315107, www.zadar.hr (auch auf Deutsch)

Einkaufen
Auf dem **Bauernmarkt** von Zadar bekommt man u. a. auch *Paški Sir* (Schafskäse aus Pag) und *Pršut* (Schinken); vergleichen Sie die Preise und lassen Sie sich ggf. von Einheimischen helfen. Der **Fischmarkt** jeden Morgen bietet frisch und relativ günstig alles, was an Essbarem in der Adria gedeiht. Nahe dem Ausgang der Fischhalle beginnt eine Gasse mit guten Metzgereien.

Zu den klassischen Sehenswürdigkeiten der im 4. Jh. v. Chr. von den Römern gegründeten Stadt zählt das antike **Römische Forum** mitten in der heutigen Altstadt. Von der einst 95 m langen und 45 m breiten Anlage sind noch das Pflaster, Säulenfragmente und Kapitelle, eine 14 m hohe korinthische Säule, Reste eines Tempels und die Treppe zum ehemaligen Portikus zu sehen. Daneben erhebt sich die Kirche **Sv. Donat,** die größte und kulturhistorisch bedeutendste altkroatische Kirche. An den im 9. Jahrhundert errichteten, vorromanischen Rundbau wurde im 12. Jahrhundert der prachtvolle Dom **Sv. Stošija** angebaut. Die dreischiffige Basilika ist ein Meisterwerk der Steinmetzkunst und heute das Wahrzeichen von Zadar.

Sv. Donat und der prachtvolle Dom Sv. Stošija

Hie und da sollte man aber auch von der Hauptachse abweichen und durch die engen und schattigen Nebengassen bummeln, um die vielfältigen Sehenswürdigkeiten zu entdecken. Sie sind zu zahlreich, um hier auch nur einen Überblick geben zu können. Dafür müssen Sie schon einen Standard-Reiseführer bemühen. In diesen wiederum wird leider oft ein Hinweis auf die **Stadtmauer** vergessen, die einen großen Teil der Altstadt umrundet. Ein Spaziergang auf ihrer Krone eröffnet herrliche Blicke über Altstadt und Hafen. Sie ist zwar nicht so hoch und so berühmt wie die Stadtmauer von Dubrovnik, aber sogar noch länger als diese – und so dick, dass oben entlang eine Straße verläuft!

Zadar

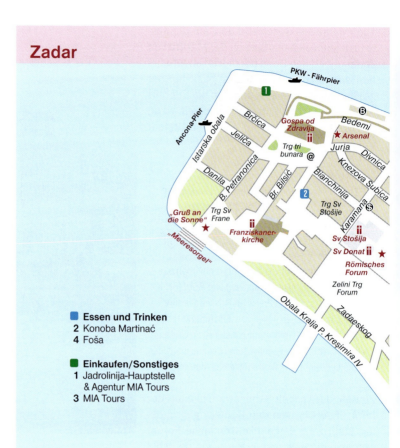

■ **Essen und Trinken**
2 Konoba Martinać
4 Foša

■ **Einkaufen/Sonstiges**
1 Jadrolinija-Hauptstelle
 & Agentur MIA Tours
3 MIA Tours

Essen

Restaurant Foša, am Fischerhafen Foša, Kralja Dmitra Zvonimira 2, Tel. 023 314926, www.fosa.hr. Direkt über dem malerischen Fischerhafen der Altstadt gelegenes, gutes Fischrestaurant mit großer Auswahl (auch gute Fleischgerichte). Von der Terrasse bietet sich ein sehr schöner Blick über den winzigen Hafen, auf die Altstadt und übers Meer.

Konoba Martinać, A. Paravije 7, Tel. 023 250753. Einfache, gemütliche Konoba in einer Seitengasse nahe der Kirche Gospe od Kaštela. Auf der Karte mit Restaurant-Niveau stehen täglich wechselnde preiswerte und schmackhafte Gerichte; Spezialität: Fisch, Meeresfrüchte und Tintenfisch-Risotto. Unser „Stammlokal" in Zadar.

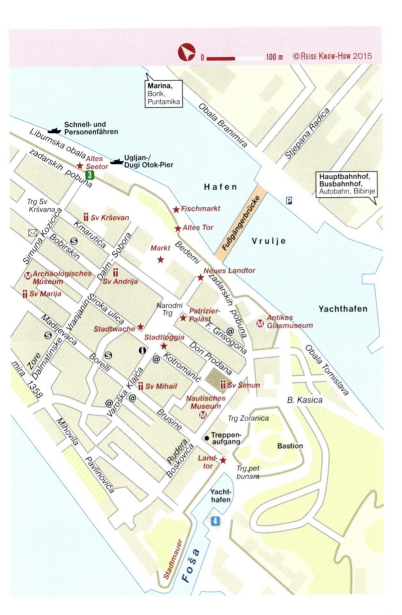

Fähren

Fährhafen an der Liburnska obala vor der Altstadt. Regelmäßige Autofähren zu den Inseln Ugljan, Pašman, Dugi Otok und Iž. Küstenfähren nach Pula, Rijeka, Split und Dubrovnik. Personenschiffe zu den Inseln Ist und Iž, jeweils mit Zwischenstopps auf kleinen Inseln. Tragflügelboot (nur Personen) nach Rijeka. Internationale Autofähre und Tragflügelschnellboote (nur Personen) nach Ancona/Italien.

Jadrolinija-Büro, Liburnska obala 7 (am Fährkai), Tel. 023 250555, Fax 023 250351, www.jadrolinija.hr;

MIA Tours, Vrata Sv. Krševana b.b., Tel. 023 254300, Fax 254 401, www.miatours.hr (Personenschnellfähre nach Premuda, Silba, Olib)

Anschlüsse

Von Zadar kann man entlang der Küste nach **Biograd** fahren (s. S. 165, Schildern „Split/Šibenik" folgen) oder mit einer der Fähren zur **Insel Ugljan** übersetzen, von dort über die Brücke zur **Insel Pašman** und dann von Tkon per Fähre nach **Biograd.**

Route 4: Norddalmatien

ABSTECHER ZU DEN INSELN UGLJAN UND PAŠMAN

Entfernungen:
Preko – Ugljan 12 km einfach, Preko – Brücke ca. 10 km,
Preko – Pašman ca. 24 km, Pasman – Tkon 5 km

◰ *Die kleine, kreisrunde Klosterinsel Galovac*

Die beiden „Garten-Inseln" Ugljan und Pašman, unmittelbar vor der Küste von Zadar, sind grüner und fruchtbarer als fast alle anderen kroatischen Inseln (da es im Hinterland keine Berge und daher auch keine Bora gibt) und zudem vom Tourismus bislang relativ wenig berührt.

Fähren von Zadar nach **Preko** auf der Insel Ugljan verkehren etwa jede halbe Stunde, da viele Ugljaner als Pendler in Zadar arbeiten. Nach kaum 30 Minuten geht man im Fährhafen südlich von Preko an Land. Eine etwas schmale und steile Stichstraße führt hinab in die Gassen der „Hauptstadt" mit ihrem malerischen kleinen Fischerhafen, an dem ein großer Platz die beste Parkmöglichkeit bietet.

Information
Ugljan Tourist Board,
23275 Ugljan,
Tel./Fax 023 288011,
www.ugljan.hr (auch auf Engl.), Fähre: Tel. 023 286008 (Preko/Ugljan)

Parken
Preko: Parkplatz am Fischereihafen;
Fährhafen außerhalb von Preko: großer befestigter und unbefestigter Platz

Prekos Hauptsehenswürdigkeit, die winzige, kreisrunde **Klosterinsel Galovac**, schwimmt nur einen Steinwurf vom Ufer entfernt im Wasser. Ein Bootstaxi bringt die Gäste hinüber auf die von den Einheimischen wegen ihrer Liegewiesen geschätzte Badeinsel, auf der die Franziskaner im 15. Jahrhundert ein Kloster errichtet haben. Ein weiteres, reizvoll am Meer zwischen alten Kiefern gelegenes Franziskanerkloster (**Sv. Frane** aus dem Jahr 1430) findet man im 12 km entfernten Nachbardorf **Ugljan.** Dort gibt es auch einen kleinen Campingplatz.

Auf den über Preko aufragenden **Berg Sv. Mihovil** mit Festungsruine und einem grandiosen Ausblick über die ganze Insel und den halben Archipel von Zadar führt eine schmale Teerstraße hinauf, die sich besser für einen Spaziergang (ca. 1,5 Std.) eignet als für größere Fahrzeuge.

Vorbei an Olivenhainen, Feigenbäumen und Zypressen zieht sich die Inselstraße über Kukljica nach Süden und über die elegant geschwungene Bogenbrücke hinüber nach **Pašman.** Eine Nebenstraße zweigt links zum gleichnamigen Hauptort ab, in dem man die rustikale Gaststätte „Lanterna" findet.

Essen
Lanterna, Pašman. Direkt am Ufer gelegene Gaststätte mit gutem und preiswertem Essen.
Konoba „Treva". Im malerischen Weiler Ugrinić werden in der musealen Bauernstube an großen, rohen Holztischen Wein, Brot, eingelegte Gurken, Oliven, Schafskäse und Räucherschinken aus eigener Produktion serviert; abends Fischgerichte (vor dem Dorf parken! – und die wenigen Schritte zu Fuß gehen).

Ein kurzer Abstecher führt zum **Franziskanerkloster Kraj,** das wunderbar still am Meer liegt, frisch restauriert wurde und nun klösterlich schlichte Zimmer vermietet.

Aber das wohl schönste der vier Inselklöster ist das winzige, auf einem Gipfel des Berges Ćacovac gelegene, 1125 errichtete **Kloster Tkon.** Zwar führt auch zu ihm eine sehr schmale Teerstraße hinauf, Wohnmobilisten sollten jedoch unten an der Hauptstraße parken, da es beim Kloster weder Parkmöglichkeit noch Platz zum Wenden gibt.

Parken und Essen
Beim **Kloster Kraj** ist ein unbefestigter Platz direkt am Ufer. Im ehemaligen Speisesaal des Klosters gibt es ein sehr schönes Restaurant.
Am **Fährhafen Tkon** befindet sich ein großer befestigter Parkplatz mit Bars und Restaurants.

Information
TZ Tkon, 23212 Tkon,
Tel. 023 285213,
Fax 023 285304,
www.tkon.hr (auch auf Engl.)

Vom Berg Sv. Mihovil eröffnet sich eine grandiose Aussicht

Fähren
Tkon – Biograd (ca. 20 Min.), zwischen 7 und 21 Uhr etwa 10 Verbindungen
Info: Tel. 023 285201 (Tkon/Pašman), Tel. 023 384589 (Biograd)

ABSTECHER ZUR INSEL DUGI OTOK

Entfernungen:
Sali – Zaglav 4 km, Zaglav – Brbinj 20 km, Brbinj – Božava ca. 10 km, Bozava – Verunić ca. 5 km

Dugi Otok („Lange Insel") wird wenig besucht und noch viel seltener mit dem Wohnmobil angesteuert, da sie relativ weit draußen im Meer liegt und die Fährpassage (1,5 Std.) nicht ganz billig ist. Trotzdem und gerade deshalb ist sie ein faszinierendes Ziel und meine kroatische Lieblingsinsel überhaupt.

Tanken
Es gibt auf der ganzen Insel nur eine Tankstelle am Hafen von Zaglav.

Fähren
Zadar – Brbinj (1 Std. 20 Min.), tägl. zwei Verbindungen, freitags drei. Keine Verbindung ab Ugljan/Pašman. **Info:** Jadrolinija-Büro, Zadar, Liburnska obala 7 (am Fährkai), Tel. 023 250555, Fax 023 250351; Brbinj (Dugi otok), Tel./Fax. 023 378713

Die gute, wenig befahrene **Inselstraße** durchzieht Dugi Otok auf ihrer gesamten Länge von 52 km und gilt als eine der schönsten Panoramastraßen auf den Inseln Kroatiens. Von vielen Stellen genießt man den herrlichen Blick über das Meer und die Inseln – manchmal schaut man aber leider auch auf rostige Autowracks und wilde Müllkippen. Berühmt ist die Insel für ihr kristallklares Wasser, für ihre einsamen Strände und als Taucherparadies.

Südsee-Flair: die Sakarun-Bucht

Von **Sali,** dem Hauptort der Insel mit beschaulichem Hafen, schlängelt sich die Inselstraße meist in luftiger Höhe nach Nordwesten. Ein Stopp lohnt sich beim Weiler **Savar,** wo auf einer Halbinsel beim alten Friedhof die **Kirche Sv. Pelegrin** aus dem 13. Jahrhundert steht, einer der bedeutendsten altkroatischen Sakralbauten. Wunderschön gelegen, recht ursprünglich erhalten und meist überraschend ruhig ist auch **Božava,** der touristische Hauptort der Insel.

Parken
vor dem Ort nahe der Bushaltestelle

> **Tauchparadies Božava**
> *Die einzigartigen Taucherparadiese von Dugi Otok und der abenteuerlichen Telašćica-Bucht erschließt der Diverclub Božava. Die Tauchbasis unter deutscher Leitung mit Schule, Flaschenfüllstation, Geräteverleih und eigenem Bootsanleger bietet Kurse für Anfänger, Fortgeschrittene und Tauchlehrerassistenten.*
> *Tauchschule Božava, 23286 Božava, Tel. 023 318891, Büro Deutschland: Tel. 0170 5951798, www.bozava.de*

Kurz hinter der Abzweigung nach Božava fährt man über eine Kuppe – und jenseits davon eröffnet sich plötzlich ein traumhafter Blick auf die „südsee-blaue" **Sakarun-Bucht** links und bis zur Pantera-Bucht und dem Leuchtturm am Nordkap der Insel. Dort kann man in Panoramalage eine Picknickpause mit weitem Ausblick genießen – und traumhafte Sonnenuntergänge über dem Meer erleben!

Information
TZO Sali, Obala P. Lorinija, 23281 Sali, Tel./Fax 023 377094, www.dugiotok.hr (auch auf Deutsch)
TZ Božava, 23286 Božava, Tel. 023 377607

Parken und Picknick
unbefestigter, nicht ganz ebener Parkplatz links der Straße, ca. 2 km hinter der Abzweigung nach Božava

Camping
Camp Kargita (GPS: 44,15503°N 14,82290°O): Ein kleiner Familiencampingplatz im Nordwesten der Insel mit 50 Stellplätzen direkt am Strand zwischen hohen Pinien; Kontakt: 23287 Veli Rat, Tel. 098 532333, www.camp-kargita.hr (auch auf Deutsch); Preis: ca. 35 €.
Camp Mandarino (GPS: 44,14040°N 14, 86689°O): Ebenfalls ein kleiner, neuer und moderner Platz am Strand nahe der Bucht von Saharun; Kontakt: 23287 Soline, Tel. 099 6622504, www.campmandarino.com (auch auf Deutsch); Preis: 51–61 €.

Gegenüber der Sakarun-Bucht zweigt rechts eine Teerstraße nach **Verunić** ab, das malerisch an der **Pantera-Bucht** liegt und einen Abstecher lohnt. Außerhalb der Saison wird man einen traumhaften Parkplatz direkt am Wasser finden (evtl. sogar über Nacht); sonst kann man bei den netten Leuten von **„Gorgonia"** (s. S. 162) einen ruhigen, meernahen Stellplatz finden. An einem milden Abend sollte man sich auf der Terrasse des sympathischen kleinen Ferien-Paradieses ein ausgiebiges Abendessen gönnen, das für mich zu den besten und am schönsten gelegenen Restaurants des Landes zählt. Auf den Tisch kommen überwiegend Fisch und Meeresfrüchte aus den glasklaren Gewässern der Region.

Essen

Gorgonia (s. Apartments Gorgonia)

Parken/Übernachten/Stellplatz Gorgonia

Apartments Gorgonia. Wer einmal wieder in richtigen Betten schlafen will, dem bietet das traumhaft ruhig an der Pantera-Bucht gelegene Haus nicht nur saubere und komfortabel ausgestattete Apartments mit Balkon, eine Terrasse mit Grillplatz und einen kleinen Laden mit einer guten Auswahl frischer Produkte, sondern die überaus sympathischen Inhaber (Miriam spricht perfekt deutsch) sorgen auch für eine höchst angenehme Atmosphäre! Und das alles zu sehr familienfreundlichen Preisen. Sehr gut essen kann man inzwischen ebenfalls auf der lauschigen Terrasse von Gorgonia mit Meerblick und frischem Fisch aus den sauberen Gewässern der Region, Grillfleisch und Gemüse von der Insel. Und inzwischen haben die Gastgeber hinter dem Haus sogar einen absolut ruhigen und schattigen **Stellplatz für Wohnmobile** eingerichtet.

Kontakt: 23287 Veli Rat, Verunić, Dugi Otok, Tel. 023 378153, Fax 023 378154, im Winter: Tel./Fax +41 91 9944119 (Schweiz), www.gorgonia.hr (auch auf Deutsch)

> **Achtung: Strand-Launen!**
> Es kann passieren, dass Sie zum berühmten Sandstrand von Sakarun kommen – und er ist gar nicht da! Anstelle von weißem Sand finden Sie dann nur Berge verfaulender Wasserpflanzen. Das ist jedoch kein Beweis mangelhafter Reiseführer-Recherchen, sondern eine Laune von Wellengang und Meeresströmungen, die zeitweise den Sand fortspülen und dafür tonnenweise Tang ans Ufer werfen. Doch nur Geduld: Früher oder später kommt der Sandstrand wieder zurück!

Kurz hinter der Abzweigung nach Verunić geht links ein Schotterweg ab, der durch einen Busch- und Waldstreifen zum schneeweißen **Sandstrand von Sakarun** führt, einem der schönsten Strände Kroatiens. Die Zufahrt zum schattigen Parkplatz ist nur für sehr kompakte und robuste Fahrzeuge geeignet (schlechter Weg und tief hängende Äste), aber von der Straße sind es auch nur ein paar Schritte bis zum Strand. Allerdings gibt es an der Abzweigung kaum Parkmöglichkeiten. Der Sandstrand ist außerhalb der Saison meist völlig menschenleer und nach rechts zum Kap Lopata hin findet man traumhafte Felsbuchten.

Es lohnt sich, an der Abzweigung zum Weiler **Veli Rat** vorbei und weiter bis zum **Kap Veli Rat** zu fahren – auch wenn die Straße schmal wird und auf manchen Karten gar nicht mehr existiert. Sie führt durch eine faszinierende Buschlandschaft mit goldenem Ginster und verwilderten Olivenhainen, an der Pantera-Bucht entlang und zu einem großen, traumhaft gelegenen Parkplatz beim **Leuchtturm Veli Rat** am gleichnamigen Nordkap der Insel. Direkt am Leuchtturm dehnt sich ein großer, teils schattiger Wiesenplatz; nach rechts weg findet man ebene Plätze zwischen den hohen Pinien. Links und rechts des Kaps gibt es mehrere kleine, aber wunderschöne Kiesbuchten zwischen weißen Kalkfelsen.

Aber Achtung: Keinerlei offenes Feuer! Der trockene Waldboden ist extrem leicht entzündlich!

Parken, Picknick und Baden

Direkt vor dem und etwas rechts vom Leuchtturm findet man traumhafte Park- und Picknickplätze in idyllischer Natur!

TELAŠĆICA-NATURPARK

Etwa auf halber Strecke zwischen Sali und Zaglav zweigt nach Westen eine kleine Teerstraße ab, die in Richtung **Telašćica-Bucht** durch eine dürre Steppenlandschaft mit herrlichen Meerblicken und einigen kleinen Parkplätzen führt – zeitweise hoch oben über dem blauen Wasser, dann wieder direkt am Ufer entlang. An einem Seitenarm befindet sich links der Straße in einsamer Lage ein gutes **Restaurant** mit herrlicher Terrasse (erkennbar an davor aufgestellten Miet-Rollern). Nach einem steilen Aufstieg und kurz bevor man rechter Hand die Militärstation passiert, liegt rechts ein kleiner, unbefestigter Parkplatz auf einer rund 150 m hohen, senkrechten Klippe über dem Meer. Ein spektakulärer Ausblick! Die Straße reicht jedoch nicht – wie auf manchen Karten angegeben – bis zur Hauptbucht nahe dem See hinunter, sondern endet knapp 2 km vorher bei einem kleinen, schattenlosen Parkplatz, von dem ein Fußweg durch Buschland bis zum **Naturpark-Zentrum** mit Restaurant verläuft. Keine Angst: Die „Schlangen", die Sie unterwegs sehen werden, sind überwiegend harmlose „Riesen-Blindschleichen" *(Scheltopustik)* – und in jedem Fall sehr scheu und rasch verschwunden! Vom Restaurant führt ein kurzer und breit ausgetretener Pilgerweg bis zum **Salzsee Mir** mit seinem warmen Wasser und schattigen Picknickplätzen.

Sehr lohnend – wenngleich etwas beschwerlich, da es keinen Pfad gibt – ist eine kleine **Wanderung** (2–3 km) entlang dem Steilabbruch der Klippen zwischen der Bucht und dem offenen Meer. Die Ausblicke sind atemberaubend! Aber Vorsicht: Es gibt keinerlei Geländer oder sonstige Absicherung!

Wer solche atemberaubenden Ausblicke genießen will, sollte keine Höhenangst haben

Telašćica-Naturpark
Ulica Danijela Grbina b.b.,
23281 Sali,
Tel./Fax 023 377096,
www.telascica.hr (auch auf Deutsch)

▷ *Biograd, die weiße Stadt am Meer*

ZWISCHEN ZADAR UND ŠIBENIK

Entfernungen:
Zadar – Sukošan ca. 9 km, Sukošan – Sv. Petar 8 km,
Sukosan – Sv. Filip i Jakov 14 km, Sukošan – Biograd 21 km

Parken
44,05290°N 15,30861°O
Sukošan: Großer, geschotterter Platz am Hafen (gebührenpflichtig); 15.06.–15.09. 8–22 Uhr, sonst 15–20 Uhr

Parken und Baden
Südlich von Sukošan gibt es eine Reihe kleiner Parkplätze unter Pinien und nicht weit vom Strand, aber direkt an der Uferstraße: z. B. bei 44,03215°N 15,34018°O (schattig, holperig, niedrige Äste, nicht gepflegt; 15.6.–15.9. 8–22 Uhr, 5 kn/Std.)

Auf der gut ausgebauten Küstenstraße in Richtung Šibenik ist man rasch aus der großen Stadt heraus und rollt weiter an der Urlaubsküste entlang. Keine 10 km weiter passiert man schon das hübsche Badestädtchen Sukošan, das von einer Reihe langer Sand- und Kiesstrände gesäumt ist. Südlich des Orts finden sich direkt an der Straße einige strandnahe Parkmöglichkeiten im Pinienwald, die nicht weit vom Strand entfernt sind.

Den besonders gut ausgestatteten, sympathischen und schön gelegenen Privat-Campingplatz „Filko" mit Strand erreicht man vor dem Ortseingang von Sveti Petar.

㊷ Camping Filko★★
44,00509°N 15,36733°O
Sehr schöner, kleiner und bestens ausgestatteter Privatplatz am Strand mit großen schattigen Parzellen auf einer ebenen Wiesenfläche; Bar-Restaurant mit Fisch, Grillgerichten, Spaghetti; Terrasse mit schönem Meerblick; sehr netter und hilfsbereiter Betreiber. **Lage/Anfahrt:** am Ortseingang rechts beim Badestrand; **Wasser:** ja, sehr gut, mit Schlauch; **Abwasser:** perfekte Station mit guter Zufahrt; **Chemie-WC:** perfekt und so schön gefliest, dass man sich kaum traut, die Kassette zu leeren!; **Strom:** ja; **Preis:** ca. 28–30 €; **Geöffnet:** ganzjährig; **Kontakt:** Tel./Fax 023 391177, Mobil 091 5132311, www.autokamp-filko.hr

㊸ Camp Đardin ***
43,96099°N 15,42899°O
Ausgesprochen sympathischer und familiärer, wenngleich etwas veraltet wirkender Platz in einer Parklandschaft mit alten Bäumen (der Name des Platzes bedeutet tatsächlich auch „Garten"). Er liegt gegenüber der Insel Pašman und hat einen schönen Blue-Flag-Strand. **Lage/Anfahrt:** in Sv. Filip i Jakov rechts; **Wasser:** ja; **Abwasser:** Plattform vorhanden; **Chemie-WC:** ja; **Strom:** ja; **Preise:** 28–35 €; **Geöffnet:** Mitte April–Mitte Okt.; **Kontakt:** Tel./Fax 023 388960, campgjardin@gmail.com

BIOGRAD NA MORU (Zadar – Biograd 26 km)

Die „Weiße Stadt am Meer" ist ein beliebter Badeort und der Ausgangspunkt für viele Bootsausflüge in die Inselwelt der Kornaten. Obwohl die Stadt auf eine sehr lange Geschichte zurückblicken kann, hat sie außer den Resten einer römischen Villa keine nennenswerten Baudenkmäler vorweisen. Dafür gibt es hier aber ein sehr sehenswertes Stadtmuseum mit Exponaten aus der umfangreichen Ladung eines gesunkenen venezianischen Handelsschiffes aus dem 16. Jahrhundert.

Information
TZG Biograd, Trg hrvatskih velikana 2, 23210 Biograd,
Tel./Fax 023 383123, www.tzg-biograd.hr (auch auf Deutsch)
Pakostane, Kraljice Jelene 78, 23211 Pakoštane, Tel. 023 381892,
Fax 023 381608, www.pakostane.hr (auch auf Deutsch)

Stadtmuseum
Krešimirova 22, gegenüber Pier 1; Mo–Sa 8–12 und 18–22 Uhr

Essen
Kornati, Šetalište kneza Branimira 1, Tel. 023 384505. Marina-Restaurant mit gehobenem Service und guten Fisch- und Fleischgerichten (die Restaurants in den Marinas sind fast immer sehr gut!). Zu Fuß sind es von hier ca. 10 Min. zum Zentrum von Biograd.

Fähren
Biograd – Tkon (ca. 20 Min.), zwischen 6 und 21 Uhr etwa 10 Verbindungen täglich
Info: Tel. 023 384589 (Biograd), Tel. 023 285201 (Tkon/Pašman)

㊹ Camping Soline ****
43,92818°N 15,45514°O
Großer, parzellierter Platz im Pinienwald, der bis zum Kiesstrand reicht; wurde gut ausgebaut und hat eine effiziente Verwaltung; Restaurant mit schönem Meerblick, aber verbesserungsfähig. **Lage/Anfahrt:** nach Biograd hinein und dann links den Schildern folgen; **Wasser:** ja; **Abwasser:** tadellose Plattform am Rand des Platzes; **Chemie-WC:** ja; **Strom:** ja; **Preis:** ca. 41–53 €; **Geöffnet:** 15.04.–01.10.; **Kontakt:** Tel. 023 383351, Fax 023 384823, www.campsoline.com (auch auf Deutsch)

Parken und Baden
Strand Soline nördlich des gleichnamigen Campingplatzes (43,93069°N 15,45229°O). Im Sommer Schranke; außerhalb der Saison ein sehr schöner ebener Schotterplatz mit Sandstrand.

VRANER SEE (VRANSKO JEZERO)

Entfernungen:
Biograd – Pakoštane 5 km, Pakoštane – Pirovac 16 km, Pirovac – Tisno 7 km

Information
Park Prirode Vransko Jezero, Kralja Petra Svačića 2, 23210 Biograd, Tel. 023 383181, Fax 023 386452 www.vransko-jezero.hr (auch auf Engl.), geöffnet 8-16 Uhr

Parken und Baden
43,92961°N 15,51065°O
Ein schattiger Parkplatz mit öffentlichem Badestrand am Vraner See.

Der Abstecher in die Seitenstraße 2 km hinter Biograd rechts lohnt sich nicht – sie führt zum gesicherten Gelände eines privaten Klubs. Hingegen sollte man 5 km hinter Biograd bei **Pakoštane** links abbiegen, um den ungewöhnlichen und grasgrünen Vraner See (Vransko Jezero) zu erreichen. Der ca. 12 km lange und nur durch eine schmale Landbrücke vom Meer getrennte See ist sehr fischreich und deshalb in Anglerkreisen weltbekannt. An seinem moorigen Schilfufer erstreckt sich ein Vogelschutzgebiet, in dem zahlreiche Sumpf- und Wasservögel leben, darunter die einzige Kolonie von Purpurreihern. Leider sind See und Fauna durch die Klimaveränderung bedroht. In den letzten Jahren ist der Wasserspiegel gefallen und einstige Sumpfgebiete trocknen aus.

㊺ Camping Kozarica ★★★★
43,91113°N 15,49965°O
Mittelgroßer, sehr gut ausgestatteter Platz im dichten Pinienwald mit eigenem Strand (teils FKK), nur einen Spaziergang von Pakoštane entfernt; gutes Restaurant, WLAN auf dem ganzen Platz; Sportmöglichkeiten, Kinderschwimmbad sowie Wellnessoase mit Sauna, Jacuzzi und Massage. **Lage/Anfahrt:** etwa 500 m nördlich der Petrol-Tankstelle von der Straße 8/E65 meerwärts abbiegen und ca. 800 m den Schildern folgen.; auch für größere Fahrzeuge problemlose Zufahrt; **Untergrund:** Kies; **Wasser:** ja (z.T. am Stellplatz); **Abwasser:** ja; **Chemie-WC:** ja; **Strom:** ja; **Preis:** ca. 38–46 €; **Geöffnet:** 4.4.–31.10.; **Kontakt:** Tel. 023 381070, Fax 021 381068, www.adria-more.hr (auch auf Deutsch); **Besonderheiten:** Wellness, Wohnmobilvermietung, Flughafenabholung

▷ *Am grünen Vraner See*

Essen
Tri Ferala, Pakostane Ivana Mestrovica 9, Tel. 023 381107, www.tri-ferala.biz (auch auf Deutsch). Sehr gute Küche mit großer Auswahl und gutem Service; zu den Spezialitäten des Restaurants zählen Tintenfisch und Scampi und wer besonders großen Hunger hat bestellt ein Steak nach Art des Hauses!

Ab Pakoštane sind es rund 16 km durch eine kaum besiedelte Region mit Kiefernwald, über den hinweg sich einmal Blicke auf den grünen See, dann auf das blaue Meer eröffnen – unterbrochen nur von dem Weiler **Drage** und einer Abzweigung rechts zum Meer.

Parken und Baden
Drage: Südöstlich des Orts gibt es mehrere kostenlose, schattige Parkplätze, von denen Pfade zum Felsstrand führen.
Nördlich von Drage (43,89392°N 15,53084°O): An diesem schönen Felsstrand gibt es klares Wasser, aber viele Seeigel. Der Parkplatz ist schattig, aber sehr holperig und ungepflegt.

46 Autocamp Oaza Mira ★★★
43,88613°N 15,53305°O

Außergewöhnlich schöner, vorbildlich gestalteter und relativ ruhiger Platz, etwas abseits der Hauptroute – aber extrem teuer. Eigene feinkiesige Bucht, schön angelegte Terrassen mit hohen Pinien, einzigartige Sanitäranlagen mit Wasserspiel; trotz allem leger und unprätentiös. Einer der Toptipps in ganz Kroatien. **Lage/Anfahrt:** am nördlichen Ortsrand von Drage Richtung Meer, völlig problemlose Zufahrt; **Wasser:** ja; **Abwasser:** vorbildliche Plattform am Rand des Platzes; **Chemie-WC:** perfekt; **Strom:** ja; **Preis:** 85 €; **Geöffnet:** 1.4.–31.10.; **Kontakt:** Dr. Franje Tuđmana 2, 23211 Drage, Tel. 023 635419, www.oaza-mira.hr (auch auf Deutsch)

INSEL MURTER
Abzweigung – Tisno 4 km (einfach), Tisno – Murter 5 km (einfach)

Hat man Pirovac passiert, so erreicht man bald eine Kreuzung, an der es rechts zur Insel Murter geht. Die fruchtbare Insel mit schönen Badebuchten 25 km nordwestlich von Šibenik ist für Badeurlauber und Segler ein beliebter Anlaufpunkt. Sie hat den Vorteil, auch ohne Fähre erreichbar zu sein, da sie durch eine Klappbrücke mit dem Festland verbunden ist. Die Brücke ist in der Saison täglich von 9 bis 9.30 und 17 bis 17.30 Uhr geöffnet und die Straße dann gesperrt!

Nahe **Tisno,** kurz vor der Brücke, geht es zum Campingplatz „Hostin" und der Inselort **Jezera** bietet Besuchern das große Camp „Jezera-Lovišća".

Information
TZO Tisno, Istočna Gomilica 1a, 22240 Tisno, Tel. 022 438604, 022 438603, www.tz-tisno.hr (auf Engl.)

Parken und Picknick
43,80136°N 15,64885°O
Insel Murter, Tisno: Bootshafen vor der Brücke; kostenloser, unbefestigter Parkplatz

Ausflüge in die Kornaten
Kornat Turist, Hrvatskih vladara 2, 22243 Murter, Tel. 099 7342169, www.kornatturist.hr (auch auf Deutsch)
Coronata, Žrtava Ratova 17, 22243 Murter, Tel. 022 435933, Fax 022 435 555, www.coronata.hr (auch auf Deutsch)

㊼ Camping Jezera-Lovišća (Jezera) ★★★
43,79184°N 15,62771°O
Großer, aber dennoch recht gemütlicher Platz um eine große Bucht mit sehr schönen, schattigen Parzellen; teils terrassiert; sehr gute Ausstattung, breites Sportangebot, Restaurant, Bungalows, Bootshafen. **Lage/Anfahrt:** bei Jezera rechts den Schildern folgen; **Wasser:** ja, mit Schlauch; **Abwasser:** bislang noch mangelhafte Ver-/Entsorgungsstation; Plattform mit Schacht; grüner Deckel für Abwasser und Chemie-WC; **Chemie-WC:** ja; **Strom:** ja; **Preis:** 39 €; **Geöffnet:** Ende April–Anfang Okt.; **Kontakt:** Tel. 022 439600, Fax 022 439215, www.jezeravillage.com/de

VODICE (Pirovac – Vodice 11 km)

Information
TZO Vodice, Obala Vladimira Nazora bb, 22211 Vodice, Tel. 022 443888, 022 442111, www.vodice.hr (auch auf Engl.)

Hinter dem Abzweig nach Murter folgen 8 km „dürre", küstenlose Strecke, ehe man schließlich den beliebten Badeort Vodice erreicht. Das reizvolle einstige Fischerstädtchen hat zwar inzwischen ganz auf den lukrativeren Tourismus umgesattelt, doch im alten Zentrum konnte es viel von seinem eigentlichen nostalgischen Charme bewahren, da sich Hotels und Marina außerhalb des Stadtkerns zwischen Bäumen verstecken. Sehenswürdigkeiten bietet es sonst keine, dafür aber eine sehr gute touristische Infrastruktur und vielfältige Sportangebote. Zudem ist es ein beliebter Ausgangspunkt für Törns im Archipel von Šibenik und den Kornaten.

Mit dem Wohnmobil biegt man am besten gleich nach links in Richtung Hotels und Marina, wo man auch den Campingplatz und Strände findet.

㊽ Autocamp Slanica (Murter) ★★
43,80692°N 15,58664°O
Sehr schöner und ruhiger Platz mit langer Felsküste. Wer sich durch die teilweise sehr enge Zufahrt nicht abschrecken lässt, findet hier Stellplätze mit traumhaftem Meerblick. Für mich eine der reizvollsten Lagen Dalmatiens. **Lage/Anfahrt:** via Tisno nach Stari Murter und kurz davor links zur Slanica Bucht, teilweise sehr eng, aber machbar; **Wasser:** ja; **Abwasser:** nicht optimal, aber machbar; **Chemie-WC:** ja; **Strom:** ja; **Preis:** ca. 30 €; **Geöffnet:** 15.04.–15.10.; **Kontakt:** Jurja Dalmatinca 17, 22243 Murter, Tel. 022 434580, Fax 022 435911, www.murter-slanica.hr (auch auf Deutsch)

Parken
Hinter Vodice, vor der Krka-Brücke rechts liegt ein großer, ebener Teerplatz mit Blick auf den tief eingeschnittenen Fluss.

ŠIBENIK (Vodice – Šibenik 11 km)

Die alte Königsstadt mit ca. 40.000 Einwohnern liegt etwas vom offenen Meer zurückgesetzt nahe der Krka-Mündung und besitzt dennoch einen großen Hafen. Ihre terrassenförmig am Steilhang über einer fjordartigen Bucht aufgebaute Altstadt gilt als eine der schönsten der dalmatinischen Küste. In ihrem malerischen Labyrinth gibt es auf Schritt und Tritt etwas zu entdecken.

◨ *Blick von der Festung auf die Dächer von Šibenik*

Irgendwann öffnet sich dann plötzlich die schattige Enge der Gassen und man tritt auf den weiten, sonnenüberfluteten Domplatz, auf dem das prachtvollste Bauwerk der Stadt mit seiner mächtigen Kuppel in den tiefblauen Himmel ragt: die weltberühmte, monumentale **Kathedrale Sveti Jakov.** Das Meisterwerk der Steinmetzkunst wurde vom berühmtesten Baumeister Dalmatiens *Juraj Dalmatinac* geschaffen, der in Bronze verewigt vor seinem Werk steht. Vom Domplatz steigen verwinkelte Treppen und Gassen hinauf zur **Festung Sv. Ana,** die einst von den Venezianern zur Türkenabwehr erbaut wurde. Der Ausblick von diesem Adlerhorst über die Dächer der Altstadt und auf den engen Meereskanal ist umwerfend.

Das **Urlauberzentrum** von Šibenik liegt 6 km außerhalb der Stadt auf der Zablaće-Halbinsel. Neben dem Camping Solaris ㊾ findet man dort inzwischen zahlreiche Restaurants und Hotels, Badestrände und Pools, einen riesigen Aquapark, den Solaris Beach Club und das Solaris Pirate Adventure. Von all dem mag man halten, was man will, aber lohnend ist ein Besuch im „Dalmatinischen Dorf" (s. Kasten Seite 171).

Route 4: Norddalmatien

Information

TZO Šibenik (Stadt-Info), Fausta Vrančića 18, 22000 Šibenik, Tel. 022 212075, 022 214411, Fax 022 200183, www.sibenik-tourism.hr (auch auf Deutsch)

TZŽ Šibenik-Knin (Region Šibenik-Knin), Fra N. Ružića bb, 22000 Šibenik, Tel. 022 219072, Fax 022 212346, www.sibenikregion.com (auch auf Deutsch)

Touristisches Infozentrum, Obala dr. Franje Tuđmana 5, Tel. 022 214448, 214411

Jadrolinija, Obala dr. Franje Tuđmana 7, Tel. 022 213468, www.jadrolinija.hr

Reigen der Geizhälse

Rings um die Chorapsiden der Kathedrale zieht sich ein Fries aus 71 Köpfen, die den Besucher mit ihren unterschiedlichen Gesichtern erheitern. Allesamt sind sie Zeitgenossen des Baumeisters, mit individuellen Zügen und teilweise in Form witziger Karikaturen: Bürger, Bauern und Adelige, Fischer, Mädchen und Matronen. Sie glotzen, gaffen, granteln oder ziehen Grimassen. Der Überlieferung zufolge sind es Geizhälse, die ihren Beitrag zum Bau der Kirche verweigerten und dafür nun seit Jahrhunderten am Pranger stehen.

059kr Abb.: rh

Restaurant „Dalmatinisches Dorf" („Dalmatinsko Selo")

Auf der Zablaće-Halbinsel und nur wenige Schritte außerhalb des Campingplatzes Solaris ㊾ liegt inmitten von schattigen Bäumen, Wasserläufen und traditionellen Gärten ein authentisches, dalmatinisches Dorf mit zahlreichen historischen Steinbauten, das genauso ein ethnografisches Museum sein könnte. Dort erwartet Sie ein Erlebnis, das weit über das Kulinarische hinausgeht: hervorragende Fisch- und Fleischgerichte in historischem Ambiente, serviert von freundlichem Personal in traditioneller Tracht. Das Brot kommt direkt aus dem Holzofen – vor dem ein Bäcker wie aus dem Bilderbuch werkelt – und das Mehl dazu aus der Wassermühle gleich gegenüber. Zudem gibt es zahlreiche Vorführungen, Klapa-Chöre, Weinproben, eine Brennerei, eine Ölpresse und vieles mehr. Gewiss ist der Andrang im Sommer groß, aber durch zahlreiche kleinere Gebäude, Räume, Nebenhöfe etc. hat man auch das gut im Griff. Für mich ist es eine der größten Entdeckungen der letzten Jahre und eines der besten Restaurants. Es ist es durchaus wert, extra einen Abstecher zu machen, um etwas Besonderes zu erleben.

Route 4: Norddalmatien

Parken
43,72991°N 15,89610°O

Sehr große gebührenpflichtige Parkflächen befinden sich nahe dem Ortsende jenseits von Fährhafen und Bahnhof – etwas südlich des Zentrums.

㊾ Camping Resort Solaris ★★★★
43,69930°N 15,87937°O

Ein großer Platz mit Wald- und Wiesenflächen nahe dem Strand. Es gibt zwei sehr saubere Sanitärgebäude, einen schön angelegten Pool und Spielanlagen für Kinder sowie zahlreiche Restaurants, darunter eine wahrhaft einzigartige Anlage (s. Kasten Seite 171). Parzellen mit Strom, Wasser, Abwasser, WLAN und Sat-TV. **Lage/Anfahrt:** am südlichen Stadtrand nach rechts (Westen) in Richtung Zablaće den Schildern folgen; **Wasser:** teils am Stellplatz; **Abwasser:** teils an den neuen Stellplätzen, sonst „Plattform" im hintersten Winkel der Marina; **Chemie-WC:** ja, teils neu angelegt und gut, sonst bei der Abwasserplattform; **Strom:** ja, zum Teil; **Preis:** 38–50 €; **Geöffnet:** Ende März–Ende Okt.; **Kontakt:** Hotelsko naselje Solaris, Tel. 022 361017, 022 364001, www.campingsolaris.com (auch auf Deutsch); **Achtung:** Ein Engpass ist die Rezeption, an der es keinen Parkplatz gibt, sodass Fahrzeuge die Zufahrt blockieren, keine Wendemöglichkeit außerhalb.

KRKA-NATIONALPARK (Šibenik – Skradin 18 km)

Nur wenige Kilometer von Šibenik landeinwärts hat der tief eingeschnittene Fluss Krka eine fantastische Wunderwelt geschaffen, die mit zum Schönsten gehört, was die vielfältige Natur an Kroatiens Küste zu bieten hat.

10 Kilometer nachdem man von der Adria-Magistrale Richtung Drniš abgebogen ist, geht es bei Lozovac links in den Nationalpark hinein. Wenige hundert Meter weiter gabelt sich die Straße zu den beiden Eingängen. Links gelangt man nach einer landschaftlich ungemein reizvollen Fahrt hinab ins tiefe Flusstal zu dem hübschen, kleinen Örtchen **Skradin**. Am Ortseingang steht ein großer, ebener Parkplatz zur Verfügung und am Kai des malerischen Örtchens wartet eine rustikale, sehr empfehlenswerte Weinstube auf Besucher. Von Skradin fahren auch Ausflugsboote flussaufwärts zu den weltberühmten Wasserfällen.

Information
TZG Skradin, Trg Male Gospe 3, 22222 Skradin, Tel./Fax 022 771329, www.skradin.hr (auch auf Engl.)

Parken
43,81777°N 15,92465°O
am Ortseingang Skradin, Gebühr: 7 kn/Std.; großer, gebührenpflichtiger und in der Saison recht voller Parkplatz mit wenig Schatten
43,82267°N 15,92063°O
ca. 500 m außerhalb von Skradin, Gebühr: 5 kn/Std.; kleiner, schattenloser und ebenfalls kostenpflichtiger Wiesenplatz neben Privat-Camping Krka

Essen
Prstać, Obala bana Pavla Šubića, Tel. 022 771128. Das nette Restaurant liegt bei der ACI Marina mit schattiger Terrasse, Blick auf den Hafen und sehr guten Fisch- und Muschelgerichten.

50 Camping Marina *
43,79982°N 15,94324°O
Sehr ruhiger und netter Privatplatz – mit etwas Schatten; kleines, einfaches, aber gutes Restaurant mit solider Küche (Wein aus eigenem Anbau, Köstlichkeiten vom Grill sowie dalmatinischer Schinken); WLAN kostenlos; sehr nette Leute. **Lage/Anfahrt:** direkt an der Straße nach Skradin links; **Wasser:** ja; **Abwasser:** ja; **Chemie-WC:** ja, im Sanitärgebäude; **Strom:** ja; **Preis:** 18 €, ADAC-Rabatt 20 %; organisiert verschiedenste Exkursionen in den Park per Kleinbus und Boot, bei denen man das eigene Fahrzeug nicht braucht und sicher manches entdecken wird, was man sonst versäumt; **Geöffnet:** April–Sept.; **Kontakt:** Tel. 022 778503, www.camp-marina.hr (auch auf Deutsch); **Beachten:** Da mehrere Leser enttäuscht waren, weise ich darauf hin, dass Marina der Vorname der freundlichen Gastgeberin ist und nicht etwa auf einen Hafen hindeutet.

◁ *Auf der Fahrt nach Skradin*

◳ *Wie weiße Vorhänge schäumt das Wasser über die unteren Kaskaden im Krka-Nationalpark*

Hält man sich an der Gabelung rechts, so erreicht man kurz darauf den Haupteingang des Nationalparks, der oberhalb des Tales auf dem Plateau liegt. Daneben erstreckt sich ein sehr großer, schöner Parkplatz bis zum Waldrand. Von hier aus bringen Shuttlebusse die Besucher zu den **Wasserfällen.** Drunten klappert inmitten üppig grüner Natur eine museale Mühle, in der hübsche Trachten-Mädchen die uralte, aber höchst effiziente Technik vorführen. Zwischen rauschendem Wasser lockt ein zauberhaftes Café. Wenige Schritte weiter kommt man auf einen Felsvorsprung, von dem man den besten Blick auf die Hauptwasserfälle hat. Über 17 Felsstufen stürzen hier gewaltige Wassermassen insgesamt 46 m in die Tiefe – eine gischtende, weiße Wasserwand von fast hundert Metern Breite. Nicht zu Unrecht werden die Wasserfälle als die „schönsten Travertin-Wasserfälle Europas" gepriesen.

Durch die verwirrend verwobene Wasserwelt schlängelt sich ein schmaler Pfad, der über kleine Brückchen und Stege quer durch die urwaldhafte Natur führt. Überall gluckst, plätschert und rauscht es. Hier quillt ein Minifall aus dem Dickicht, dort stürzt sich ein mächtiger Strom über die Felsen. Blühende Seerosen bedecken einen stillen Tümpel, mannshohe Pflanzen mit riesigen Blättern verwandeln den Weg in einen Dschungelpfad. Dann steht man unterhalb der Fälle in einem grünen Wiesengrund vor einem kleinen Lokal, nahe dem sich

Hier ist Waschen noch Handarbeit

die unteren Fälle in breiter Front über die Felsstufen ergießen. Eine erquickliche Oase, auf deren Terrasse man sich herrlich ausruhen kann.

Parken
Ein riesiger, ebener, teils schattiger Platz liegt direkt am Haupteingang des Nationalparks; kostenlos, Nachtpark-Verbot.

Information
Nationalpark-Verwaltung, Trg Ivana Pavla II br. 5, 22001 Šibenik, Tel. 022 201777, www.npkrka.hr (auch auf Engl.)

Vorzeitliche Waschmaschine
In einer Felsenkammer hinter der Mühle rauscht das Wasser direkt aus der Wand in ein rundes Becken: eine ebenso alte wie geniale Waschmaschine, die seit Jahrhunderten schon störungsfrei läuft! Die schmutzige Kleidung wird einfach hineingeworfen. Da der Wasserstrahl seitlich in das Becken schießt, erzeugt er einen starken Strudel, der die Wäsche sofort in die Tiefe zieht und dort im Kreis herumwirbelt. Eine halbe Stunde später ist sie sauber und wird mit einer Holzstange wieder herausgefischt. Verloren gehen kann dabei nichts, da die Strömung stets zur Mitte hin zieht.

Route 4: Norddalmatien
Krka-Nationalpark

Sandstrände und bizarre Felsenküsten, bunter Ferientrubel und stille Buchten, klares Wasser und Robinson-Inselchen – die Küste Mitteldalmatiens bietet jedem seinen Traumstrand. Und dazwischen liegen malerische, alte Städte voll römischer, byzantinischer und venezianischer Baudenkmäler. Nach der mittelalterlichen Museumsstadt Trogir folgt die Straße der Kastelle mit einer ganzen Perlenkette lauschiger Küstenstädtchen und dann Solin mit einem faszinierenden Ruinenfeld riesiger Ausdehnung. Zentrum der Region ist die Metropole Split, die zweitgrößte Stadt des Landes und wohl die einzige Stadt der Welt, die aus einem römischen Kaiserpalast hervorgegangen ist. Zugleich dient ihr Hafen als Sprungbrett zu den ebenso zahlreichen wie unterschiedlichen Inseln: Brač, Hvar und Korčula (s. Route 6). An der Küste folgt die einstige Piratenfestung Omiš mit Sandstränden und der wildromantischen Cetina-Schlucht. Dann steigen steil aus dem Meer empor die weißen Kalkwände des Omiško-Gebirges und jenseits davon erreicht man die berühmte Makarska Riviera, die sich fast bis zum Delta der Neretva erstreckt.

▷ *Peristyl – das historische Split bei Nacht*

ROUTE 5

DIE KÜSTE MITTELDALMATIENS: ŠIBENIK BIS PLOČE

ALTE STÄDTE, STILLE BUCHTEN

STRECKENVERLAUF

> **Entfernungen:**
> Šibenik – Trogir 62 km, Trogir – Split ca. 20 km, Split – Omiš 22 km, Omiš – Vrulja Bucht 23 km, Vrulja Bucht – Makarska 19 km, Makarska – Drvenik 29 km, Drvenik – Gradac 12 km

ZWISCHEN ŠIBENIK UND SPLIT

Hinter Šibenik endet das fruchtbare Tiefland Ravni Kotari und die Küste wird wieder buchten- und abwechslungsreicher. Auf dem klaren Wasser schaukeln Fischerboote und an Kiesstränden sonnen sich Badegäste. Dicht am Meer entlang passiert man **Brodarica** und weitere winzige Fischerdörfer, dann geht es um die Grebaštica-Bucht herum und etwas höher empor. Immer wieder weisen Schilder auf Campingplätze hin – meist winzige Privatplätze im Vorgarten mit enger Zufahrt.

Parken und Baden
43,69371°N 15,90094°O

Hinter Brodarica gelegener großer, schattenloser und kostenfreier Parkplatz an einem Kiesstrand. Wenig weiter folgt direkt hinter der Brücke über den Ausgang der **Morinje-Bucht** ein geteerter Parkplatz mit Tischen, Pinien und Meerblick (43,67164°N 15,92981°O).

🔴 Camping Jasenovo ***
43,65088°N 15,95188°O

Idyllisches, kleines Familiencamp mit 50 Plätzen zwischen Pinienwald und Feinkiesstrand; sauber, gut ausgestattet und erfrischend anders – ein kleines Paradies. Liebevoll gepflegte Anlage mit eigenem Strand; gemütliches Café mit Meerblick (abends Fisch- und Grillgerichte). **Lage/Anfahrt:** beim winzigen Ort Jasenovo, nahe Brodarica (zwischen Šibenik und Primošten); Schild an der Straße beachten; problemlos erreichbar. **Wasser:** ja; **Abwasser:** Entsorgungsplattform; **Chemie-WC:** ja; **Strom:** ja; **Preis:** ca. 30 €; **Geöffnet:** 01.05.–30.09.; **Kontakt:** Uvala Jasenovo, Žaborić, Tel. 098 9063250, www.jasenovo.hr (auch auf Deutsch)

INSELSTÄDTCHEN: PRIMOŠTEN UND ROGOZNICA

(Šibenik – Primošten ca. 28 km, Primošten – Rogoznica ca. 8 km, Šibenik – Trogir ca. 62 km)

Um das Kap herum mit Ausblick auf eine schmale Landzunge erreicht man ca. 28 kurvenreiche Kilometer hinter Šibenik das malerisch auf einer Insel gelegene Fischerstädtchen Primošten. Errichtet wurde es

im frühen 16. Jahrhundert von Flüchtlingen aus dem Landesinneren, die sich auf der Insel vor den anrückenden Türken in Sicherheit bringen wollten. Inzwischen ist die Insel durch einen Damm mit dem Festland verbunden und offen für die Invasion der Urlauber. Trotzdem hat sich Primošten viel von seiner altertümlich-beschaulichen Atmosphäre bewahrt. Vom lauschigen Dorfplatz führen steile Sträßchen zum Kirchberg hinauf und unterwegs sieht man die ersten Dächer aus Kalksteinplatten, die für Dalmatien so typisch sind. Die Ferienanlagen und ein großer Campingplatz liegen auf einer Halbinsel nördlich des Orts; den schönsten Postkartenblick auf das Inselstädtchen genießt man rückblickend auf der Weiterfahrt nach Süden.

Das alte Inselstädtchen Primošten

Information

TZO Primošten, Trg Biskupa Josipa Američa 2, 22202 Primošten, Tel. 022 571111, Fax 022 571703, www.summernet.hr/primosten (auch auf Deutsch)

Die Weinberge von Primošten

Die weltberühmten Weinberge von Primošten wurden auf zahllosen Fotos verewigt – ein riesiges Bild dieser einzigartigen Rebenhänge ziert sogar das UN-Gebäude in New York. Generationen von Winzern haben in mühevoller Arbeit Steine abgesammelt und die Hänge mit einem faszinierenden Grafikmuster winziger Karrees überzogen – Tausende und Abertausende von kleinen Vierecken. Dabei sind die freigelegten Nutzflächen kaum breiter als die Mauerwälle selbst: handtuchgroß, beinahe im wahrsten Wortsinn. Sie haben zudem einen dreifachen Nutzen: sie halten den Wind ab, reflektieren die Sonnenstrahlen auf die Reben und speichern die Wärme. Von weitem sehen die Hänge wie überdimensionale Seiten eines Rechenheftes aus, in dessen weißen Kästchen das frische Grün der Reben strahlt. Hier gedeiht der Babić, ein trockener Rotwein, der ebenso bekannt ist wie die dekorativen Steinwälle, zwischen denen er wächst.

▷ *Abendstimmung mit Wohnmobil*

Parken
43,58851°N 15,92697°O
Großer asphaltierter Parkplatz am Ortseingang, nicht ganz eben, kaum Schatten, nachts beleuchtet

❺❷ Camping Adriatiq ★★★
43,60657°N 15,92210°O
Sehr großer, moderner, gut ausgestatteter, aber auch teurer Platz mit langem Kiesstrand, Pinienwald, Tauchcenter, Taxiboot, Sportanlagen u. v. a. m.; im Sommer sehr voll und evtl. etwas überforderte Rezeption. **Lage/Anfahrt:** vor Primošten gleich rechts der Küstenstraße; **Wasser:** ja, sehr gut, Schlauch; **Abwasser:** vorbildliche Ver-/Entsorgungsstation; **Chemie-WC:** ja, an der Ver-/Entsorgungsstation; **Strom:** ja; **Preis:** ca. 35–45 €; **Geöffnet:** April–Okt.; **Kontakt:** Tel. 022 571223, Fax 022 571360, www.autocamp-adriatiq.com (auch auf Deutsch)

Nur 6 km weiter erreicht man die Abzweigung nach **Rogoznica**, das etwas mehr abseits der Touristenströme liegt, aber wegen seiner Marina bei Skippern beliebt ist. Wie Primošten ist es ein Inselstädtchen mit ganz ähnlicher Geschichte und wenigstens ebenso reizvoller Lage. Die hübsche und selbst im Sommer überraschend ruhige Uferstraße ist eine Einbahnstraße. Um wieder zurück zum Ausgangspunkt zu gelangen, wird man durch einen Pinienwald und die Gassen am Ortsrand gelotst, wo man sich mit großen Fahrzeugen etwas schwer tut.

Information
TZO Rogoznica, Obala kneza Domagoja bb, 22203 Rogoznica, Tel. 022 559253, Fax 022 558030, www.tz-rogoznica.hr (auch auf Deutsch)

Parken
Es gibt einige Parkplätze gleich hinter der Brücke direkt am Wasser.

Die Straße verlässt vorübergehend die Küste und führt etwa 10 km durch ein trockenes Tal mit Steinmauern und Olivenbäumen zur **Marina-Bucht** mit dem gleichnamigen Ort, der tatsächlich eine Marina besitzt, wie es sein Name besagt – zudem aber auch einen trutzigen Festungsturm, der direkt aus dem Wasser der Bucht aufragt. Die fünfhundert Jahre alte Schutzburg gegen die Türken wurde inzwischen zum Hotel umgebaut. Heute flüchtet man hierher nicht mehr vor wilden Reiterheeren, sondern vor Alltagsstress und Hektik – und im Hotelrestaurant kann man sich mit traditionellen Fisch- und Fleischgerichten stärken.

Information
TZO Marina, Trg Stjepana Radića 1, 21222 Marina Tel. 021 889015, www.tz-marina.hr (auch auf Engl.)

Essen
Hotel Marinska Kula, Obala kardinala Alojzija Stepinca 1, 21222 Marina, www.marinskakula.com (auch auf Engl.), Tel. 021 889073. Außergewöhnliches Hotel im Bischofsturm mit nostalgischem Erlebnisrestaurant; umfangreiche Speisekarte mit Pasta, Fisch und Meeresfrüchten

Parken und Picknick
43,51339°N 16,16328°O
Der kostenlose Park- und Picknickplatz liegt **nahe Marina;** auf der Straßenseite gegenüber liegt der Strand mit überwiegend Fels und etwas Kies.
Einen weiteren kostenlosen Platz findet man am anderen **Ortsende von Marina;** schattenlose Schotterfläche mit Strand und Dusche.

◨ *Die Mauern von Trogir – als wären die Jahrhunderte spurlos vorbeigezogen*

TROGIR – SPAZIERGANG DURCH DAS MITTELALTER

(Šibenik – Trogir ca. 62 km, Rogoznica – Trogir ca. 26 km)

Nirgends in Dalmatien wird man eine zweite Stadt finden, die ein so geschlossenes mittelalterliches Bild bewahrt hat wie Trogir. Abseits wichtiger Heerstraßen und Handelsrouten gelegen, hat die Stadt im Windschatten der Weltgeschichte ein halbes Jahrtausend ohne nennenswerte Veränderung überdauert. Ein mittelalterliches Museumsstädtchen, aber nicht verstaubt, sondern von Leben erfüllt. Wie Primošten und Rogoznica wurde Trogir auf einer Insel erbaut. Ihre Mauern und Befestigungen sind jedoch nie geschleift worden.

Alles ist noch wie vor Jahrhunderten, nur dass jetzt anstelle venezianischer Patrizier eine bunte Touristenschar durch die engen Pflastergassen pilgert. Und dass die Hauptgeschäftsstraße nach *Helmut Kohl* und *Hans-*

Dietrich Genscher „Ulica Kohl-Genschera" benannt wurde – als Dank dafür, dass Deutschland als erster Staat die Unabhängigkeit Kroatiens anerkannt hat!

Schmuckstück der Stadt ist ihr **Dom,** um dessen romanisches Westportal sich ein wahrer Bilderreigen spannt. Das Kirchendach überragt ein eleganter Campanile, den spitzenfeines Maßwerk ziert. Zusammen mit dem **Patrizierpalast Ćipico,** dem Rathaus, der Loggia sowie der

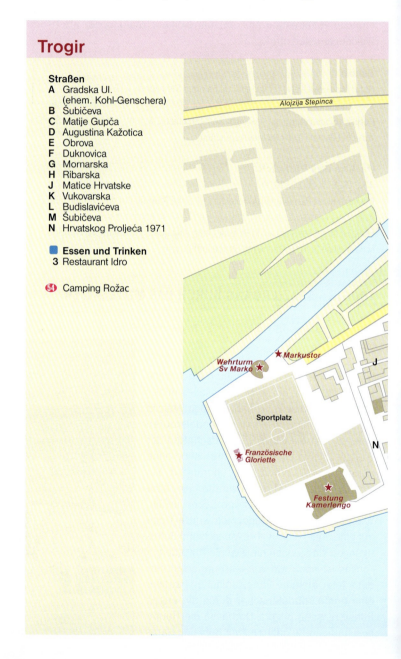

Trogir

Straßen
A Gradska Ul.
   (ehem. Kohl-Genschera)
B Šubičeva
C Matije Gupča
D Augustina Kažotica
E Obrova
F Duknovica
G Mornarska
H Ribarska
J Matice Hrvatske
K Vukovarska
L Budislavićeva
M Šubičeva
N Hrvatskog Proljeća 1971

Essen und Trinken
3 Restaurant Idro

54 Camping Rožac

dahinter aufragenden Basilika Sv. Barbara macht er das Geviert zu einem der schönsten Stadtplätze Kroatiens. Ein verzweigtes Netz enger Pflastergässchen erschließt von hier aus die Reize der weiteren Altstadt, in der man auf Schritt und Tritt kostbare Baudenkmäler, romantische Winkel und lauschige Restaurants entdeckt. Im Kloster Sveti Nikola kann man ein griechisches Relief des Gottes Kairos bewundern, den Gott des günstigen Augenblicks mit seiner Stirnlocke, an der man

Information
TZG Trogir, Trg Ivana Pavla II. Br. 1, 21220 Trogir, Tel./Fax 021 885628, www.tztrogir.hr (auch auf Engl.), www.trogironline.com (auch auf Deutsch)

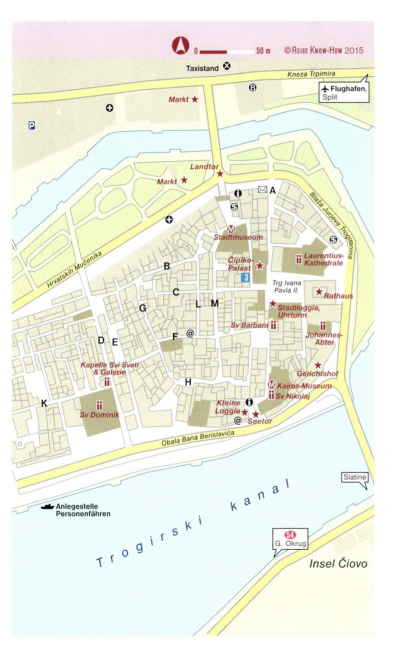

Route 5: Die Küste Mitteldalmatiens
Zwischen Šibenik und Split

▷ *In der Kathedrale von Trogir*

Parken
fast direkt gegenüber der Altstadt an der Straße in Richtung Split (meist sehr voll!); weitere, sehr große, gebührenpflichtige Parkplätze folgen etwas weiter in Richtung Split.

ihn im sprichwörtlichen Sinne packen kann (aber nur von vorn!). Und die malerische Palmenpromenade auf der Seeseite der Altstadt führt zur Festung Kamerlengo.

Das schönste Panorama der Gesamtanlage bietet sich jedoch von der Nachbarinsel **Čiovo**, die man über eine schwankende Klappbrücke erreicht. Von dort blickt man über stolze Jachten hinweg auf eine stattliche Palmenallee und die hohen Festungsmauern, die von roten Ziegeldächern und zierlich-filigranen Kirchtürmen überragt werden. Neben dem Seetor haben die Stadtherren eine kleine Loggia an die Außenseite der Mauer geklebt — als Obdach für Reisende, die Trogir erst nach Torschluss erreichten. Heute dient das Gebäude als Fischmarkt.

53 Camping Vranjica Belvedere ★★★
43,51193°N 16,19421°O
Relativ schattiges Terrassen-Camp mit schönem Kiesstrand, Bootshafen, Tennisanlage und einem sehr guten Restaurant (Tipp: gehen Sie von der Terrasse durch den Gastraum zur zweiten Terrasse!) und günstigen Bootsverbindungen nach Trogir; WLAN kostenlos. **Lage/Anfahrt:** bei Seget Vranjica, ca. 6 km westlich von Trogir; **Wasser:** ja; **Abwasser:** z. T. am Stellplatz, sonst Plattform mit Schacht (keine WC-Kassetten entleeren!); **Chemie-WC:** 2 bei den Toiletten; **Strom:** ja; **Preis:** ca. 32–39 €; **Geöffnet:** 27.3.–20.8.; **Kontakt:** Tel. 021 798222, 894141, Fax 021 894151, www.vranjica-belvedere.hr (auch auf Deutsch)

54 Camping Rožac ★★★
43,50514°N 16,25817°O
Ein traumhafter Platz in toller Lage mit dynamischem Team; 2 km von Trogir auf einer eigenen, bewaldeten Halbinsel; Feinkiesstrand auf der einen, Felsstrand auf der an-

deren Seite. Sehr gute, behindertengerechte Ausstattung; freundliche Atmosphäre.
Lage/Anfahrt: Bei Trogir über die Brücke nach Čiovo, danach rechts und den Schildern folgen; enge Straßen und meist dichter Verkehr. **Wasser:** ja, am Platz; **Abwasser:** tadellose Plattform, teils auch am Stellplatz; **Chemie-WC:** ja; **Strom:** ja; **Preis:** 33 €; **Geöffnet:** 01.04.–31.10.; **Kontakt:** Šetalište Stjepana Radića 56, 21223 Okrug Gornji, Tel. 021 806105, Fax 021 882554, www.camp-rozac.hr (auch auf Deutsch). **Tipp:** Für den Fußweg in die Stadt gibt es eine Abkürzung, die ein Stück der nervzehrenden Straße abschneidet (Info an der Rezeption); außerdem fahren in der Saison alle 30 Min. Boote zur Altstadt, die nur 50 m vom Campinplatz entfernt ab- und anlegen; und von der Brücke zur Altstadt verkehren Schiffe von Bora Line regelmäßig nach Split; **Weiteres Camp:** Leser empfehlen auch den Platz Labadusa (www.labadusa.com) an der Außenküste von Čiovo (gleiche Anfahrt, ca. 5 km weiter und teils über nicht geteerte Straßen), der sehr schön liegt und etwas Robinson-Atmosphäre hat, und die dortige Konoba Duga mit ihren gegrillten Calamari.

Essen
Restaurant Idro, Matije Gupca 6, Tel. 021 882609, 091 2712710. Lauschiges, kleines Lokal mit schattigem Innenhof, das etwas verborgen an einer Nebengasse liegt (vom Kirchplatz nach Westen und dann gleich rechts). Es werden sehr gute Fisch- und Fleischgerichte serviert, aus frischen Zutaten, die der Koch und Inhaber früh am Morgen auf dem Markt einkauft. Besonders lecker fanden wir die dalmatinische Spezialität Brujet mit Polenta! Bei Reservierung kostenlose Abholung im Umkreis von 15 km.

KAŠTELA – STADT DER KASTELLE (Trogir – Split ca. 20 km)

Zwischen Trogir und Split verläuft die gut ausgebaute Adria-Magistrale etwas vom Meer zurückgesetzt. Näher am Meer und teils direkt am Strand entlang führt die „Straße der Kastelle" durch den lang gestreckten Ort Kaštela, der aus einer Kette von sieben Fluchtburgen hervorgegangen ist, die sich Adel und Klerus aus Split im 16. Jahrhundert auf Küstenfelsen oder kleinen Inseln errichten ließen, als die Türken das Land bedrohten. Um jede der Burgen entstand ein kleiner Ort – und inzwischen sind sie alle zu einem großen Konglomerat aus Altstadtkernen, Wohnvierteln und ausufernder Industrie zusammengewachsen. Hinter gesichtslosen Vierteln und grauen Schloten lässt sich noch immer kleinstädtische, ja teils mittelalterliche Idylle entdecken: Bilderbuchburgen und kleine Kirchlein, Natursteinhäuser, Palmenpromenaden mit beliebten Restaurants, flache Strände sowie lauschige Häfen. Für größere Fahrzeuge kann das unübersichtliche Straßengewinkel allerdings mühsam werden!

Information
TZG Kaštela, Dvorac Vitturi, Brce 1, 21215 Kaštel Lukšić, Tel./Fax 021 227933, www.kastela-info.hr (auch auf Deutsch)

Essen

Konoba Sv. Jure, Kaštel Novi, Obala kralja Tomislava 21, Tel. 021 232759.
Diese sehr reizvoll ausgestattete, rustikale **Konoba** am Meer serviert traditionelle dalmatinische Küche, u. a. stehen Muscheln, Scampi und Hummer aus dem Holzbackofen auf dem Menü.

⑤⑤ Camping Biluš *
55133°N 16,34913°O

Ein kleiner, ruhiger, einfacher und sehr sympathischer Privatplatz in Strandnähe auf einer schattigen Wiese mit alten Bäumen; Küche und Grill; sehr angenehme Atmosphäre und ein sehr netter, wirklich hilfsbereiter Inhaber. **Lage/Anfahrt:** Kaštel Stari, die Straße ist sehr eng, oft zugeparkt und für größere Mobile daher nicht zu empfehlen; **Wasser:** ja; **Abwasser/Chemie-WC:** ja; **Strom:** ja; **Preis:** ca. 22 €; **Geöffnet:** 01.04.–30.09.; **Kontakt:** Obala kralja Tomislava 43, Tel. 021 230543, www.campsplit.com (auch auf Engl.)

▷ *In Salona brodelte einst hauptstädtisches Leben*

SALONA – RUINEN EINER ANTIKEN GROSSSTADT

Bei Solin, 5 km nördlich von Split, liegen die ausgedehnten Ruinen von Salona, der einst 50.000 Einwohner zählenden **römischen Hauptstadt Dalmatiens.** Auf der fruchtbaren Küstenebene hatten schon die Griechen eine Kolonie gegründet, die unter den Römern rasch expandierte. Im 7. Jahrhundert zerstörten Slawen und Awaren die Metropole für immer. Außerhalb der antiken Mauern entstand das neue Solin, das vom 9. bis 11. Jh. Hauptort des kroatischen Königreichs war.

Schilder weisen den Weg (zuerst in Richtung Klis, dann links) zum Parkplatz bei der archäologischen Zone, die touristisch kaum erschlossen ist. Von dort aus kann man im 160 Hektar großen Ausgrabungsgebiet selbst auf Entdeckertour gehen. Zwischen Olivenbäumen und Gestrüpp schlummern die Überreste der antiken Metropole mit Tempeln, Thermen und Theater, Grundmauern, Säulenresten, Gräberfeldern und Resten aus frühchristlicher Zeit. Viele der Funde sind in den Museen von Split ausgestellt.

Information
TZG Solin, Kralja Zvonimira 69, 21210 Solin, Tel. 021 210048, Fax 021 260900, www.solin-info.com (auch auf Deutsch)

Parken
43,54255°N 16,48077°O
Kostenloser Parkplatz direkt bei der Ruinenanlage; nicht sehr groß und ohne Schatten; in Richtung Klis fahren und dann links den Schildern folgen.

Abstecher zur Felsenfestung Klis
Zu dem ca. 8 km nördlich von Split auf 360 m Höhe gelegenen Pass-Städtchen Klis schlängelt sich die E 71 in Richtung Sinj hinauf. Auf dem Felsen, der den Ort überragt, entstand schon im frühen Mittelalter eine Festung, die den Pass ins Landesinnere kontrollierte. Sie fiel 1537 an die Türken, die von hier aus Vorstöße gegen Split unternahmen.

Erst 1648 eroberte ein venezianisches Heer die Burg zurück. Das heutige Aussehen der Festung wurde von den Venezianern und Österreichern geprägt. Aus türkischer Zeit ist nur eine Moschee erhalten, die später in eine Kirche umgewandelt wurde. Auch heute noch bietet die Ruine einen imponierenden Anblick – und einen noch eindrucksvolleren Ausblick über die Bucht von Split.

Parken und Picknick
Fährt man von der Ruine nicht wieder zurück zur Straße Klis-Sinj, sondern folgt weiter der schmalen Straße nach links, so findet man in einer Rechtskurve links einen kleinen Parkplatz. Von dort hat man einen herrlichen Blick auf die Festung und bis hinunter nach Split.

SPLIT – DIE STADT IM RÖMERPALAST

Split ist wahrhaft einmalig! Eine Stadt, die man sich nicht entgehen lassen sollte – auch wenn man zu jenen gehört, die Städte sonst lieber meidet. Aber wo sonst könnte man eine Stadt erleben, die in die Mauern eines riesigen römischen Palastes hineingebaut wurde?!
  Zugleich ist Split aber auch die Metropole Dalmatiens und neben Rijeka die mit Abstand größte Küstenstadt Kroatiens mit ausufernden Wohnvierteln und Industriegebieten. Am einfachsten umfährt

Information
TZG Split (Stadt-Information), Hrvatskog narodnog preporoda 7, 21000 Split, Tel. 021 348600, Fax 021 348604, www.visitsplit.com (auch auf Deutsch)

TZŽ Split-Dalmatien (FVA der Region), Prilaz braće Kaliterna 10/I, p.p. 430, 21000 Split, Tel./Fax 021 490032, 490033, 490036, www.dalmatia.hr (auch auf Deutsch)

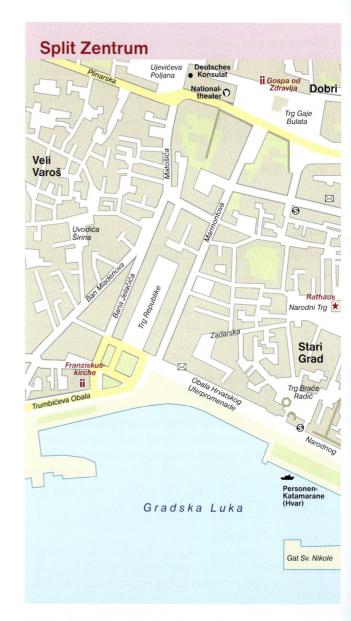

man sie zunächst auf der mehrspurigen Adria-Magistrale und nimmt erst die letzte Ausfahrt (Wegweiser „Zentrum/ Fährhafen") in Richtung Zentrum, ab der man dann fast immer geradeaus bis zum Palast gelangt. Dort folgt man nach links den Schildern zum nahen Fährhafen, um einen Parkplatz zu finden.

Nur wenige Schritte vom Hafen erreicht man bereits die große Attraktion der Stadt: den einmalig gut erhaltenen, weltberühmte **Diokletian-Palast.** Der vom Römerkaiser *Diokletian* zwischen 295 und 305 nahe seiner Geburtsstadt Salona direkt am Meer errichtete,

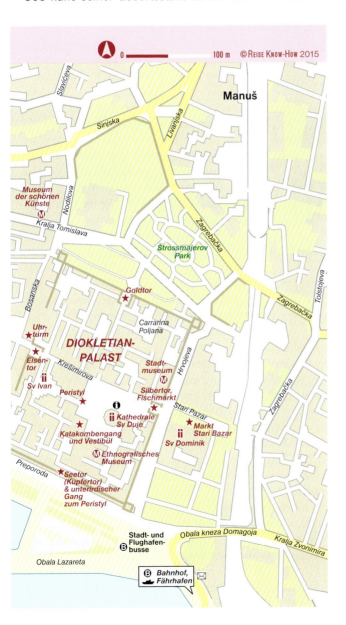

▲ Blick auf die Kathedrale vom Silbertor aus

gewaltige Palast ist 180 Meter breit und 215 Meter lang und hatte mit seinen kaiserlichen Gemächern und Repräsentationsräumen, mit Tempeln, Kasernen und Wohnungen für die Dienerschaft fast 100.000 m² Wohnfläche. Dass die kolossale Anlage zu erheblichen Teilen praktisch im Original erhalten ist, verdankt man nicht zuletzt dem Einfall der Awaren. Als sie 614 Salona in Schutt und Asche legten, flohen dessen Bewohner in die schützenden Mauern des Römerpalastes und richteten sich dort häuslich ein. Die einstige Kaiserresidenz verwandelte sich so in eine Art Stadt in einem einzigen Gebäude. Ihren Müll entsorgten die neuen Palastbewohner, indem sie ihn einfach durch ein Loch im Boden in die Gewölbe-Räume der Keller-Etage warfen. So füllte sich im Laufe von Jahrhunderten das gesamte Untergeschoss mit Unrat und alles blieb original erhalten. Noch immer ist man dabei, weitere Gewölbe freizulegen – und aus ihren Mauern ließen sich auch die Räume darüber exakt rekonstruieren.

Glanzstück des Palasts ist das zentrale **Peristyl**, ein säulenumkränzter Hof, von dem Eingänge in die kaiserlichen Gemächer führten. Heute dienen seine Stufen als Treff der Jugendlichen und im Café Luxor kann man Espresso genießen, wo einst das Volk dem Kaiser zujubelte. Eine Treppe führt in die **Katakomben**, über Gassen erreicht man den **Jupitertempel**, der später zur christlichen Taufkapelle umfunktioniert wurde. Direkt neben dem Peristyl erhebt sich die **Kathedrale Sv. Duje** (einst Mausoleum des Christenverfolgers Diokletian!) mit einer kostbar verzierten Holztür und reichen Schätzen im dämmerigen Inneren. Der Aufstieg zum Turm ist kostenpflichtig und schweißtreibend, aber der Blick auf den Palast lohnt die Mühe!

Allein in seinem dicht gedrängten Geviert gibt es so viel zu entdecken, dass es einen eigenen Reiseführer bräuchte, um alles zu beschreiben. Und daneben schließen sich das mittelalterliche Zentrum um den **Narodni Trg** und die venezianische Altstadt am **Trg Republike** an. Und schließlich lohnt sich auch ein Spaziergang zum **Marjan-Berg** hinauf. Keinesfalls verpassen sollte man die von ausladenden Palmen beschattete **Hafenpromenade**, die übrigens erst durch Auffüllungen entstanden ist, während hier vorher die Palastmauern direkt aus dem Meer aufstiegen. Heute flanieren auf der Promenade am Abend die Einheimischen und es lohnt sich unbedingt, in einem der vielen Straßenlokale gemütlich beim Wein zu sitzen, um die Prozession zu bewundern. Dabei werden Sie feststellen, dass Split nicht zu Unrecht den Ruf genießt, die Stadt mit den schönsten Frauen Kroatiens zu sein!

Fähren

Jadrolinija, Gat. Sv. Duje 4, Tel. 021 338333, Fax 021 338222, www.jadrolinija.hr; zahlreiche Autofähren zu den großen Inseln Brač, Hvar und Korčula, zu kleineren Inseln wie Vis, Šolta und Lastovo und eine Verbindung täglich nach Ancona, Italien. Zwischen Brač und Hvar gibt es keine Autofähre. Um von einer Insel zur anderen zu gelangen, muss man zunächst zurück aufs Festland!

Parken

Am **Fährhafen** gibt es wenige Schritte vom Zentrum einige gebührenpflichtige Parkplätze (Achtung: z. T. enge Ausfahrten). Wer zu einer der Inseln will, kann auch auf den großen **Fährparkplätzen** (43,50169°N 16,44164°O) kostenlos stehen. Aber ruhig ist es natürlich nicht! Besser ist es, auf den Campingplatz Strobeč 56 zu gehen und von dort mit dem Bus in die Stadt zu fahren oder auf dem Camping Rožac 54 bei Trogir (s. S. 184) zu stehen und mit dem Boot einen Ausflug nach Split zu machen.

56 Camping Stobreč ★★★★
43,50428°N 16,52598°O

Sechs Kilometer vom Diokletian-Palast entfernt; auf einer Halbinsel mit schattigem Wald und mit schönem Feinkiesstrand. Es herrscht eine angenehm entspannte und recht ruhige Atmosphäre, wenngleich die Adria-Magistrale nicht ganz außer Hörweite ist. Bushaltestelle (Linie 25) gleich vor der Rezeption mit guter Verbindung ins Zentrum (die Linien 30 und 60 fahren jenseits der Adria-Magistrale ab). Der ideale Platz, um Split zu besichtigen, und das sollte sich niemand entgehen lassen! Gut, preiswert und reizvoll auf der Landspitze gelegen ist das Restaurant Horus mit dalmatinischer und italienischer Küche. **Lage/Anfahrt:** Auf der Adria-Magistrale an Split vorbei in Richtung Dubrovnik und bei Strobeč rechts ab via Put Svetog Lovre den Schildern folgen (nicht zu früh abbiegen); für alle Fahrzeuge problemlos. **Wasser:** ja; **Abwasser:** tadellose Plattform nahe dem Eingang; **Chemie-WC:** ja; **Strom:** ja; **Preis:** ca. 26–37 €; **Geöffnet:** ganzjährig; **Kontakt:** Sv. Lovre 6, Stobreč, Tel. 021 325426, Fax 021 325452, www.campingsplit.com (auch auf Deutsch). **Tipp:** In der Saison reservieren. Es ist der einzige Platz, den ich selbst in der Nachsaison schon randvoll erlebt habe!

VON SPLIT ZUR MAKARSKA RIVIERA

Hinter Split verändert sich die Küstenszenerie bald dramatisch. Kaum hat man die letzten Vororte hinter sich, rücken weiße Felswände dicht an die blaue Adria heran: zunächst das **Mosor-** und das **Omiško-Gebirge,** dann das mächtige **Biokovo-Gebirge.**

Dennoch zeigt die Küste hier kein abweisend kahles Gesicht wie bei Karlobag unterhalb des Velebit. Ganz im Gegenteil! Palmen und mediterrane Gärten säumen lange Kies- und Sandstrände. Kleine Ortschaften versinken in üppigem Grün. Der Fuß des Gebirges ist überzogen von herbgrünen Pinienwäldern oder vom goldenen Gelb des Ginsters. Und unmittelbar dahinter ragen die weißen Kalkfelsen steil empor. Der Kontrast ist einfach überwältigend!

Parken und Baden
43,43936°N 16,64534°O

Zwischen Dugi Rat und Omiš gibt es eine ganze Reihe kleiner, kostenloser Parkstreifen nur wenige Schritte vom Sandstrand und einen etwas größeren Platz mit ein wenig Distanz zur Straße (nahe den o. g. Koordinaten).

OMIŠ – PIRATENFESTUNG AN DER CETINA-SCHLUCHT

(Split – Omiš 22 km)

▣ *Schroff zeigt sich die Cetina-Schlucht*

Unmittelbar am Meer entlang schlängelt sich die Adria-Magistrale nach Omiš an der malerischen Mündung der Cetina, deren Wasser in einem Canyon aus den Kalkbergen hervorbricht. Eingeschlossen zwischen Felsen, Fluss und Meer, war das Städtchen schon immer eine natürliche Festung – ideal für Freibeuter, die es im Mittelalter durch Stadtmauern und eine Burg zu einem wehrhaften Seeräubernest ausbauten. Mit ihren schnellen, wendigen Booten attackierten sie unerschrocken byzantinische und venezianische Handelsschiffe. Selbst vor den vorübersegelnden Kreuzfahrern machten sie nicht Halt. Schließlich bereiteten die Venezianer dem skrupellosen Korsarentreiben ein Ende: 1444 unterwarfen sie das Piratennest und machten es zu einem Bollwerk gegen die Türken.

Im Stadtteil Priko (vor der Brücke links) verbirgt sich das kleine Kirchlein **Sveti Petar** – nur 10 m lang und 6 m breit, aber über tausend Jahre alt! Mit seinem Tonnengewölbe und einer Kuppel in der Mitte verkörpert es eine Mischung byzantinischer, westlicher und altkroatischer Einflüsse und zählt zu den am besten erhaltenen Kirchen dieser Art.

Flache Sandstrände direkt vor dem Ort, von der Cetina angespült, locken zum Badeurlaub. Und hinter der Brücke links gelangt man in die wildromantische **Cetina-Schlucht** mit dem beliebten Ausflugslokal **Radmanove Mlinice** (s. S. 193). In der Schlucht kann man klettern, wandern, eine stille Bootspartie oder eine weniger stille Rafting-Tour erleben. Kurz nach der Mühle steigt die Straße in vielen Serpentinen aus der Schlucht heraus und führt durch einsame und streckenweise reizvolle Landschaft nach Zadvarje bei den häufig gepriesenen **Gubavica-Wasserfällen**, die aber einen Besuch kaum lohnen.

Information
TZG Omiš, Trg kneza Miroslava bb, 21310 Omiš, Tel./Fax 021 861350, www.tz-omis.hr (auch auf Deutsch)

Parken
43,44806°N 16,69458°O
Nach der Cetina-Brücke links Richtung Schlucht abbiegen; hintem ersten Tunnel; großer, ebener und kostenloser Platz mit wenig Schatten zwischen Fluss und Kletterfelsen

Parken und Baden
Nach der Cetina-Brücke gleich rechts abbiegen und ca. 500 m weiterfahren; großer, teils schattiger Schotter- und Wiesenplatz am feinkiesigen Badestrand

Essen
Radmanove Mlinice, 6 km von Omiš in der Cetina-Schlucht, Tel. 021 862073. Das beliebte Ausflugslokal mit idyllischer Gartenwirtschaft wurde inmitten grüner Natur in einer alten Wassermühle eingerichtet. Neben dalmatinischen Spezialitäten wie Schinken, Schafskäse und Lamm am Spieß werden frische Forellen, selbstgebackenes Holzofenbrot und guter Wein serviert. Allerdings ist es in der Saison durch zahlreiche Bootsgruppen recht voll und hat kaum noch Atmosphäre.

⑤⑦ Camping Galeb ***
43,44073°N 16,67979°O

Sehr großer, ebener, weitgehend schattiger Platz mit langem, flachem Sandstrand, wie man ihn weiter südlich selten findet, parzelliert; in der Saison meist sehr voll; das Restaurant Brguja direkt am Sandstrand mit Meerblick serviert eine gute Auswahl an Fleischspeisen, Pizza und Nudelgerichten. **Lage/Anfahrt:** am Ortseingang von Split her rechts; beim Stadion; **Wasser:** ja, Schlauch; **Abwasser:** tadellose Plattform mit guter Zufahrt; **Chemie-WC:** ja; **Strom:** ja; **Preis:** ca. 44 €; **Geöffnet:** ganzjährig; **Kontakt:** Tel. 021 864430, Fax 021 864430, www.kamp.galeb.hr (auch auf Deutsch)

Das Omisko-Gebirge hoch über der Vrulja-Bucht

Hinter Omiš folgt die Straße noch ein Stück weit dicht der Küste. Hier findet man eine ganze Reihe kleiner Parkplätze, von denen es nur wenige Schritte bis zum Kiesstrand sind. Bei **Celina** wird der Platz zwischen Meer und Bergen langsam knapp. Die Straße klettert hinauf in die weiße Karstwelt. Tief unten liegen malerische Buchten und kleine Städtchen, deren rote Dächer sich vom dunklen Blau des Meeres abheben. Steil fallen die Felsen in das klare Wasser der **Vrulja-Bucht** ab (s. Foto rechts). Der reinste Aussichtsbalkon. Und als die Straße hier neu ausgebaut wurde, hat sie einen großen Park- und Rastplatz erhalten, damit man den grandiosen Ausblick auf die Felsen und bis zu den Inseln Brač und Hvar bei einem Picknick genießen kann.

Parken und Baden
43,40571°N 16,79569°O

Am Ortseingang von Lokva Rogoznica, unmittelbar westlich von **Mirnice:** zwei große, schattlose Schotterplätze (kostenlos) beidseits der Straße; mit Tischen und Bänken, WC und Telefon; oberhalb einer herrlichen Kiesbucht, leider zeitweise sehr vermüllt.

Parken und Picknick
43,40246°N 16,87919°O

Hoch über der **Vrulja-Bucht** (s. Foto oben), kurz vor der Abzweigung zur Passstrecke ins Landesinnere liegt ein schöner, nicht ganz ebener Teerplatz mit Mülltonnen und weiter Aussicht (150 m ü. d. M.).

🔴 Camping Sirena ***
43,40636°N 16,77778°O

Reizvoller, erfreulich preisgünstiger und sympathischer Platz (s. S. 53) an einem steilen Hang mit schöner Felsbucht, eigenem Kiesstrand, herrlichem Ausblick und sehr netten Leuten. Kleines Restaurant mit täglich wechselnden, landestypischen Angeboten; Fischernächte mit dalmatischer Livemusik und Bombenstimmung! Wer gerne feiert, findet an der ganzen Küste kaum etwas Besseres.
Lage/Anfahrt: bei Lokva Rogoznica; Achtung: Zufahrten biegen gleich an beiden Enden eines Tunnels ab; **Wasser:** ja, Schlauch; **Abwasser:** Plattform mit Schacht, steile Zufahrt; **Chemie-WC:** ja; **Strom:** z. T. ja; **Preis:** ca. 25 €; **Geöffnet:** ganzjährig; **Kontakt:** Tel./Fax 021 862415, www.autocamp-sirena.com (auch auf Deutsch)

MAKARSKA RIVIERA – PERLENKETTE DER BADEORTE

> **Entfernungen:**
> Split – Vrulja-Bucht 45 km, Vrulja-Bucht – Makarska 19 km, Makarska – Podgora 9 km, Podgora – Drvenik 20 km, Drvenik – Gradac 12 km, Gradac – Ploče 10 km

Hinter der Vrulja-Bucht verkündet eine große Tafel den Beginn der Makarska Riviera. Sie reicht bis hinunter nach Gradac. Hier reiht sich ein Ferienort an den anderen wie Perlen einer Kette: Brela, Baška Voda, Makarska, Podgora und so weiter. Überall reichen die Pinienwälder bis an den Strand heran, sodass man zwischen Sonne und Schatten wählen kann. Und es sind alles Ferienorte, so wie man sie sich wünscht: mit langen, feinen Kies- oder Sandstränden, Palmenpromenaden, üppiger Vegetation und zwanglos mediterraner Atmosphäre.

Information
TZG Brela, Trg A. Stepinca bb, 21322 Brela, Tel. 021 618455, Fax 618337, www.brela.hr (auch auf Deutsch)

BRELA

(Vrulja-Bucht – Brela ca. 5 km)

Das erste Seebad ist das unterhalb der Küstenstraße gelegene und daher vom Verkehr nicht beeinträchtigte Brela, bekannt für seine langen Kiesstrände und seine Strandpromenade, für sauberes Wasser und vor allem für sein Wahrzeichen: einen von Kiefern bewachsenen Felsen nahe dem Strand, von dem man mehrere Meter tief ins Meer springen kann.

BAŠKA VODA

(Brela – Baška Voda ca. 5 km)

Wenige Kilometer weiter folgt schon der nächste Badeort, der bei einer Quelle gegründet wurde und daher den Name Baška Voda (= sprudelndes Wasser) trägt. Wie Brela ist er ein beliebtes Ziel der Badeurlauber mit Pinienwäldern und einem langen Kiesstrand. Wanderpfade führen hinauf in das wilde Biokovo-Gebirge und ein bequemerer Spazierweg zieht sich direkt an der Küste entlang zu dem traditionellen Fischerdorf Bratuš. Etwa 2,5 km weiter lohnt ein Abstecher zum kleinen Ort **Promajna,** der einen recht großen, gebührenpflichtigen Parkplatz besitzt und einen langen, flachen Kiesstrand mit Pinien, Strandduschen und Umkleidekabinen.

Information
TZG Baška Voda, Obala Sv. Nikole 31, 21320 Baška Voda, Tel. 021 620713, Fax 021 678 754, www.baskavoda.hr (auch auf Deutsch)

Parken und Picknick
Brela – Makarska: Entlang der gesamten Strecke gibt es zahlreiche schön angelegte Park- und Picknick-Plätze mit Meerblick; teils Schotter, teils befestigt; einige mit Tischen und Bänken; alle direkt an der Straße.

◁ *Blick über den Hafen auf Makarska*

Tipp

43,34652°N 16,95888°O

Camping Baško Polje ***: Südlich von Baška Voda in einem großen Pinienwald gelegener Platz mit schönem Strand und viel Potenzial, der aber noch etwas ausbaufähig ist. **Geöffnet:** Mai–Mitte Okt.; **Preise:** 31 €; **Kontakt:** Tel. 021 612329, Fax 021 620248, www.club-adriatic.hr/de/camp-basko-polje/(auch auf Deutsch).

MAKARSKA

(Vrulja-Bucht – Makarska 19 km, Baška Voda – Makarska ca. 9 km)

Durch ausgedehnte Pinienwälder senkt sich die Straße hinunter nach Makarska. Wie in einem riesigen Amphitheater schmiegt sich das hübsche Städtchen in eine Bucht am steilen Hang des Biokovo-Gebirges. Seine schmucken Steinhäuser leuchten aus dem Grün der Palmen. Davor glitzert verlockend das Meer und dahinter ragt als dramatische Kulisse der Gipfel des Sveti Jure in den Himmel. 1762 Meter ist er hoch, aber da er direkt an der Küste emporsteigt, wirkt er spektakulärer als mancher der höchsten Alpengipfel. Wer vom Strandleben genug hat, der kann in die Biokovo-Berge hinaufwandern. Ein markierter

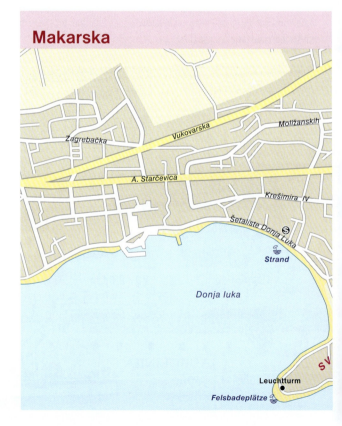

Pfad zum Gipfel des Sveti Jure beginnt gleich am Ortsrand. Dort oben gibt es ein Naturschutzgebiet mit zahlreichen Wildblumen und wenn man Glück hat, kann man sogar Gämsen oder Mufflons beobachten. Markierte Wanderwege führen u. a. von **Makar** und **Veliko Brdo** (3 km nördlich von Makarska) bis zum **Gipfel des Sveti Jure** hinauf (Aufstieg: ca. 5 Std.). Bequemere und ebenfalls schöne Spaziergänge und Wanderungen kann man von der Berghütte **„Vrata Biokova"** (s. S. 199) aus unternehmen, von der ein alter Karrenweg fast ohne Steigung durch die malerische Bergwelt führt. Hauptsächlich jedoch ist **Makarska** ein Badeort, flankiert von herrlichen Kiesstränden mit schattigem Pinienwald. Einen Campingplatz gibt es derzeit nicht, dafür aber eine ganze Reihe (mehr oder weniger!) gebührenpflichtiger Strandparkplätze.

Parken
großer, gebührenpflichtiger Parkplatz am Hafen

Information
TZG Makarska, Obala Kralja Tomislava 16, 21300 Makarska, Tel. 021 612002, Fax 021 616288, www.makarska-info.hr (auch auf Deutsch)

Fähren zur Insel Brač
Makarska-Sumartin (ca. 1 Std.), tägl. 4 Abfahrten (27.6.–31.8.: 5 Abfahrten) in beiden Richtungen
Jadrolinija Agencija Makarska, Tel. 021 679515

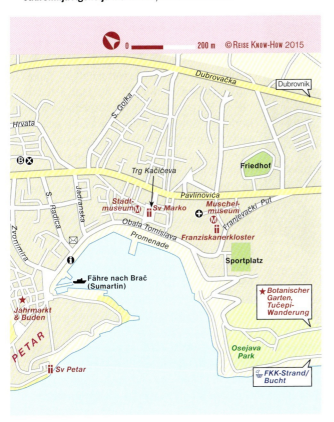

Route 5: Die Küste Mitteldalmatiens
Makarska Riviera – Perlenkette der Badeorte

ABSTECHER AUF DER BIOKOVO-PANORAMASTRASSE

(Makarska – Gorni Tučepi ca. 8 km,
Gorni Tučepi – Vrata Biokova ca. 7 km,
Gorni Tucepi – Straßenende ca. 20 km)

Wer will, kann die wilde Bergnatur hinter Makarska sogar mit dem Fahrzeug erreichen – aber er sollte schwindelfrei und ein sicherer Fahrer sein und zudem ein möglichst kompaktes Reisemobil steuern, denn die Panoramastraße zum **Sveti Jure** hinauf ist wahrhaft abenteuerlich! Gegenüber von Makarska beginnt sie als eine landschaftlich reizvolle Teerstraße (Nr. 512), die bis **Gornji Tučepi** (ca. 8 km) problemlos zu befahren ist. Der Ort ist auch von **Podgora** aus gut zu erreichen. Dahinter setzt sie sich dann als eine ca. 20 km lange Mautstrecke fort, die sich in Schwindel erregenden Serpentinen steil durch die Felsen windet.

Auf dem Kamm erreicht man (ca. 15 km von Makarska und auf rund 900 m Höhe) die traumhaft gelegene, bewirtschaftete **Berghütte „Vrata Biokova".** Die Mautstrecke bis zur Berghütte ist nichts für empfindliche Gemüter: Streckenweise windet sie sich in engen Kehren an nahezu senkrechten Felswänden empor und an kritischen Stellen fehlt oft jegliche Absicherung, sodass man frei über den Abgrund blickt – tausend Meter in die Tiefe! „Atemberaubende Ausblicke" im wahrsten Wortsinn! Weiter folgt die Panoramastraße (nun weniger Schwindel erregend) dem Kamm und erklimmt schließlich am Rand des Biokovo-Naturparks den **Sveti Jure** bis fast zum 1762 m hohen Gipfel. Allerdings ist auch diese Strecke sehr eng und wegen fehlender Ausweichbuchten nur für kompakte Fahrzeuge geeignet (im Sommer öfter Stau).

Die **Gebirgswelt westlich des Sveti Jure** ist zugleich eines der schönsten und ursprünglichsten Wandergebiete Kroatiens. Wegen ihrer einzigartigen Pflanzenwelt mit über 2000 Arten, ihrer Karstphänomene und ihrer grandiosen Landschaft wurde sie als **Biokovo-Naturpark** unter Schutz gestellt.

Information
Naturpark Biokovo, Marineta – mala obala 16, 21300 Makarska,
Tel./Fax 021 616924, www.biokovo.com (auch auf Englisch)

Essen, Aussicht und Reittourismus
Vrata Biokova, Tel. 021 613902, Mobil 098 9245051, www.vratabiokova.com.
Die Berghütte hat eine wirklich traumhafte Lage! Angeboten werden hier eine sehr gute dalmatinische Hausmannskost (Peka-Gerichte) und Kräuterschnaps aus 48 Heilkräutern. Außerdem gibt es Kräutertees, Berghonig, Reit-Exkursionen und Wanderungen.

TUČEPI (Makarska – Tučepi ca. 5 km)

Hinter Makarska folgt als nächste Perle der Badeort Tučepi mit bis an die Küste reichenden Kiefernwäldern, einer Marina und kilometerlangen Sand- und Kiesstränden. Sehenswert ist die romanisch-gotische Kirche Sv. Jure (12./13. Jh.) im alten Zentrum. Daneben befindet sich ein archäologischer Park mit Resten einer römischen Villa Rustica, eines spätantiken Oratoriums, einer mittelalterlichen Kirche und eines Klosters.

Information
TZG Tučepi, Donji ratac, 21325 Tučepi, Tel./Fax 021 623100,
www.tucepi.com (auch auf Englisch)

PODGORA UND IGRANE

(Makarska – Podgora 9 km, Podgora – Igrane 7 km)

Ins Grün der Küstenwälder eingebettet, folgt kurz dahinter der Ort **Podgora** mit seinem Badestrand und einem vielfältigen Freizeitangebot. Von hier führt auch eine Straße nach **Gornji Tučepi** und zur **Biokovo-Panoramastraße** (s. S. 198).

Igrane ist ein etwas kleinerer Badeort mit Kiesstrand und barockem Landhaus. Das wohl bedeutendste Kulturdenkmal der Makarska Riviera ist die frühchristliche Kirche Sv. Mihovil (12./13. Jh.) auf einem Hügel über dem Dorf Igrane mit ihrem vorromanischen Tonnengewölbe.

Information
TZG Podgora, A. Kačića Miošića br. 2, 21327 Podgora,
Tel. 021 678942, Fax 021 625560,
www.tz-podgora.hr (auch auf Deutsch)
TZG Igrane, 21329 Igrane, Tel./Fax 021 627801,
www.igrane.com (auf Engl.)

⑤⑨ Camping Dole **
43,17082°N 17,19684°O

Ein großer, flacher und schattiger Platz mit Pinien und Olivenbäumen, Wiesenfläche und schönem, langem Fels- bzw. Kiesstrand. Er ist einfach und preisgünstig, die Ver-/Entsorgung für Wohnmobile ist dürftig. **Lage/Anfahrt:** 25 km nach Makarska zwischen Živogošće und Drvenik; **Wasser:** nur Kanister; **Abwasser:** nur sehr hoher Schachtdeckel zum Öffnen; **Chemie-WC:** nein; **Strom:** z. T. ja; **Preis:** ca. 27 €; **Geöffnet:** 01.05.–30.09.; **Kontakt:** Tel. 021 628749, Fax 021 628750, www.hoteli-zivogosce.hr (auch auf Deutsch)

⑥⓪ Camping Male Čiste ***
43,16836°N 17,20909°O

Sehr ruhiger und reizvoller Privatplatz mit schattigen Pinien, schöner Kiesstrand; freitags Grillfisch; ab 23 Uhr geschlossen. **Lage/Anfahrt:** ca. 3 km nordwestlich von Drvenik; gute Teerzufahrt; **Wasser:** ja, Schlauch; **Abwasser/Chemie-WC:** tadellose Ver-/Entsorgungsstation mit Plattform, Schacht und Entsorgung für Chemie-WC; **Strom:** ja, z. T. alte Anschlüsse; **Preis:** 25 €; **Geöffnet:** ganzjährig; **Kontakt:** Mobil 098 917319090, www.campmaleciste.com (auf Engl.)

DRVENIK UND GRADAC

(Makarska – Drvenik ca. 29 km, Drvenik – Gradac 12 km)

Drvenik ist der Fährhafen für Sućuraj auf Hvar und bietet einige schöne Sandbuchten. Südlichster Ort der Makarska Riviera ist Gradac

mit einem der schönsten und längsten Strände ganz Dalmatiens, der sich südlich des Hafens in der Bucht **Gornja Vala** erstreckt.

Weiter in Richtung **Ploče** mit dem Fährhafen zur **Halbinsel Pelješac** gelangt man bereits nach Süddalmatien (s. Route 7, Seite 228).

Information
TZO Gradac, Stjepana Radica 1, 21330 Gradac, Tel./Fax 021 697511, www.gradac.hr (auch auf Deutsch)
Info: Tel. 021 628100 (Drvenik); Tel. 021 773433 (Sućuraj/Hvar)

Fähren nach Hvar
Drvenik – Sućuraj (ca. 35 Min.), im Sommer tägl. rund 10 Fähren; Drvenik: Tel. 021 628100; Sućuraj (Hvar): Tel. 021 773 33

Parken
Drvenik: am Fährhafen links; mit Kiesstrand, Toilette, Wasser und Kiosk

Route 5: Die Küste Mitteldalmatiens

Vor der Küste von Split liegen drei große Inseln im Blau der Adria – die „drei schönen Schwestern", wie sie auch genannt werden: Brač, die „Dicke", Hvar, die „Lange" und Korčula, die „Romantische". Jede von ihnen hat ihren ganz eigenen Charakter. Und jede ist groß und abwechslungsreich genug, sodass sich auch mit dem Wohnmobil der Sprung übers Wasser lohnt. Die Split am nächsten gelegene Insel Brač ist bergig, karg und rau. Neben etwas Wein und anspruchslosen Schafen gedeiht hier nicht viel. Doch ihr Stein hat die Insel weltbekannt gemacht – aus dem berühmten „Bračer Marmor" wurde nicht nur der Diokletian-Palast in Split erbaut, sondern auch der Berliner Reichstag und das Weiße Haus in Washington. Das „Goldene Horn" von Bol gilt als einer der schönsten Strände Kroatiens. Weit touristischer und lieblicher ist Hvar, die Lavendel-Insel, auf der es den ganzen Sommer hindurch nach Kräutern duftet. Ihr Schmuckstück ist die gleichnamige Inselhauptstadt, einer der charmantesten kroatischen Badeorte überhaupt. Ihre Nachbarin Korčula ist bekannt für die malerische Festungsstadt Korčula, die nicht zu Unrecht als „Klein-Dubrovnik" bezeichnet wird, sowie für ihre wilden, farbenprächtigen Schwerttänze.

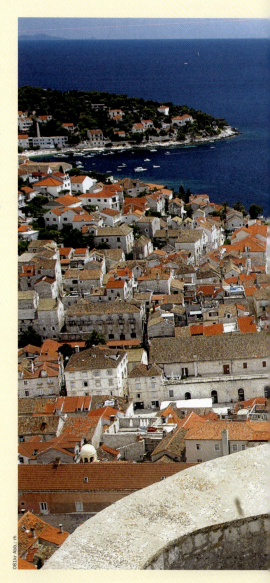

▷ *Blick von der Festung über die Stadt Hvar auf die „Höllen-Inseln"*

ROUTE 6

DIE INSELWELT MITTELDALMATIENS BRAČ, HVAR UND KORČULA

STRECKENVERLAUF

Entfernungen:
Supetar – Postira 9 km, Postira – Pučišća 14 km, Pučišća – Pražnica 7 km, Pražnica – Bol 14 km (Insel Brač); Sućuraj – Jelsa 50 km, Jelsa – Vrboska ca. 6 km, Jelsa – Stari Grad 8 km, Stari Grad – Hvar via Tunnel 16 km, über die Berge 20 km (Insel Hvar); Dominče – Korčula 2 km, Korčula – Vela Luka 48 km (Insel Korčula); Orebić – Lovište 15 km, Orebić – Potomje 22 km, Potomje – Ston 43 km (Halbinsel Pelješac)

Alle drei Inseln sind von Split aus mit der Fähre zu erreichen (Korčula allerdings nur mit der Küstenfähre); außerdem hat jede von ihnen eine weitere Fährverbindung zum Festland (Brač von Sumartin nach Makarska, Hvar von Sućuraj nach Drvenik und Korčula von Dominče zur Pelješac-Halbinsel), sodass man sie in eine Rundstrecke integrieren kann. Leider gibt es jedoch bislang keine Autofähre zwischen Brač und Hvar. Um von der einen zur anderen zu gelangen, muss man zurück zum Festland.

BRAČ –
MARMORINSEL UND GOLDENES HORN

Mit 395 km² ist Brač die drittgrößte Insel der Adria, und ihr 778 m hoher Vidova Gora ist der höchste Berg aller adriatischen Inseln. Verwaltungszentrum und wichtigster Fährhafen ist Supetar. Der schönste Badeort ist Bol, der einzige Ort an der steilen Südküste, mit dem berühmten „Goldenen Horn". Die meisten übrigen Ortschaften liegen an der Nordküste der Insel. Das bergige, nur dünn besiedelte Inselinnere ist überwiegend von Wäldern und Macchia bedeckt.

SUPETAR

(Supetar – Postira 9 km, Supetar – Ložišće 14 km, Ložišće – Milna 6 km einfach, Ložišće – Nerežišća 10 km, Nerežišća – Supetar 8 km)

Von Split kommend, legt die Fähre im Hauptort der Insel an, der nicht gerade wie ein Badeort aussieht, aber außerhalb, in Richtung Leuchtturm, einen langen feinkiesigen Strand besitzt (mit Strandduschen) – und am Leuchtturm selbst einen FKK-Bereich. Dahinter liegen im Pinienwald Hotels, Surf- und Tauchschulen etc. Als Wohnmobilist wird man sich hier allerdings nicht sehr lange aufhalten, sondern nach links in Richtung Postira fahren.

Alternativ kann man zunächst an der Küste entlang nach Westen via Mirca, Sutivan und dem hübschen Ložišće nach **Milna** fahren, das in einer reizvollen Bucht liegt, bei Skippern beliebt ist und am Hafen einen schönen Parkplatz unter Palmen besitzt.

Information
TZG Supetar, Porat 10, 21400 Supetar, Tel. 021 630900,
www.supetar.hr (auch auf Englisch)
TZO Milna, 21405 Milna, Riba bb, Tel. 021 636233, Fax 021 636505,
tzo-milna@st.t-com.hr

Fähren
Supetar – Split, 7- bis 9-mal täglich (Fahrtdauer 50 Min.),
Tel. Supetar 021 631357, Tel. Split 021 338333

Parken und Baden
Kurz nach dem Fähranleger Supetar erstreckt sich links an der Straße ein ebener Parkplatz mit Bäumen, Toilette, Mülltonnen und einem kleinen Strand; im Sommer gebührenpflichtig.

Bald zieht sich die Straße dicht am Meer entlang – mit schattigen Pinien, Blicken auf das blaue Wasser und gelegentlichen kleinen Badestränden.

Parken und Baden
43,38011°N 16,57903°O
kostenloser, kleiner Parkplatz mit etwas Schatten bei einem Kies-/Felsstrand

ABSTECHER ZUR VIDOVA GORA

(Supetar – Splitska 5 km – Škrip 3 km – Nerežišća 5 km – Vidova Gora 6 km)

Knapp fünf Kilometer hinter Supetar zweigt rechts ein schmales und von hohen Steinmauern begrenztes Sträßlein zum nur wenige Kilometer entfernten Museumsdörfchen **Škrip** ab – und der Abstecher lohnt sich!

Das älteste Dorf der Insel sieht noch fast aus wie vor Jahrhunderten: mit grauen Steinmauern, ganz aus Naturblöcken errichteten und mit Steinplatten gedeckten Häusern, einer altkroatischen Kirche aus dem 9. Jahrhundert mit Fürstengruft, illyrischen Mauerresten und einem wuchtigen Wehrturm, in dem heute ein sympathisches kleines Museum untergebracht ist.

Hinter Škrip geht es weitere 5 km durch einsame Berglandschaft, ehe man auf 400 m **Nerežišća** erreicht, ein unscheinbares Bergdorf, das jedoch im Mittelalter Sitz der Fürsten von Brač war. Hier biegt man links auf die Straße Nr. 113 in Richtung Sumartin.

◹ *Ein fantastischer Blick zum Goldenen Horn belohnt den Wanderer auf dem Vidova-Gora-Gipfel*

Etwa 4 km weiter zweigt rechts ein einspuriges, aber gut geteertes Sträßlein ab, das in die einsame Bergwelt der **Vidova Gora** hineinführt. Diese Strecke durch das unter Naturschutz stehende, wilde Hochplateau bis hinauf zum mit ca. 780 m höchsten Berggipfel aller Adria-Inseln ist eine der landschaftlich eindrucksvollsten Routen Kroatiens. Sie führt zunächst durch herrlichen Wald aus mächtigen, steinalten Schwarzkiefern. Dann wird der Wald immer lichter, die Bäume werden zerzauster, kleiner und verkrüppelter. Schließlich ist eine weite, baumlose Hochfläche erreicht. Sie endet beim Sendemast direkt an der Schwindel erregenden Abbruchkante hoch über der Südküste. Der Ausblick auf Bol, Hvar und das aus dem blauen

> **Felsenkloster Blaca**
>
> *Das 1588 in wilder Bergeinsamkeit gegründete Kloster klebt wie ein Schwalbennest unterhalb einer steilen Felswand. Die verschachtelte, museale Eremitenstätte ist nur noch von einem Verwalterehepaar bewohnt. Besonders sehenswert ist die original erhaltene, historische Sternwarte des Astronomen und letzten Mönches von Blaca, Don Milićević. Zu erreichen ist das Kloster allerdings bis heute nur zu Fuß. Entweder von Nerežišća aus (zunächst evtl. einige Kilometer auf einer sehr schlechten und für Wohnmobile nicht geeigneten Piste, dann 40 Minuten zu Fuß) oder ab Bol (mit dem Boot zur Uvala Blaca und dann ca. 30 Minuten bergauf). Nach einer dreijährigen Rekonstruktion und Sanierung der Felsen über dem Kloster ist das Eremitage-Museum Blaca wieder für Besucher zugänglich; geöffnet Juni–Okt. Di–So 9–17 Uhr, Info: Tel. 021 637092.*

Öltröge

Aus dem Stein von Brač wurden nicht nur berühmte Bauwerke gefertigt, sondern in überaus mühsamer Arbeit auch mannshohe Steintröge gehauen, die mehrere tausend Liter Olivenöl fassten. Inzwischen wurden diese riesigen Behälter durch Metall- und Kunststoff-Tanks verdrängt – und zum Teil einfach in die Landschaft der Vidova Gora entsorgt. Einer von ihnen (einer der kleineren!) wurde bei der Konoba „Vladimir Nazor" zur Telefonzelle umfunktioniert!

Wasser leuchtende „Goldene Horn" ist wahrhaft atemberaubend. Einen schöneren Picknickplatz kann man kaum finden. Zudem lockt wenige Schritte entfernt die rustikale *Konoba* „Vladimir Nazor" mit Wein, Oliven, Käse und Schinken.

Parken und Picknick

Entlang der ca. 6 km langen Stichstraße gibt es mehrere herrliche Parkplätze in wildromantischer Natur; besonders schön ist der nach ca. 5 km erreichte größere Wiesenplatz mit gigantischen Steintrögen (falls sie noch da sind, s. Exkurs).

POSTIRA UND PUČIŠĆA

(Supetar – Postira 9 km, Postira – Pučišća 14 km)

An einer Bucht etwas abseits der Küstenstraße Supetar – Postira liegt das stille Dörfchen **Splitska** mit einigen Parkmöglichkeiten am Strand.

Parken und Baden
43,37735°N 16,59632°O
kleiner, sonniger und kostenloser Parkplatz bei einer schönen Kiesbucht am Ortseingang von Splitska; kurz danach ein schattiger Parkplatz mit WC seitlich der Bucht

Dann klettert die Straße etwas höher den Hang empor und hinter **Postira** verlässt sie schließlich die Küste und zieht sich durch das karge Innere der Insel, ehe man hoch über **Pučišća** schließlich wieder das Meer erblickt. Die mit 1700 Einwohnern „größte Stadt" der Insel liegt an einer tief eingeschnittenen Bucht und ist das Zentrum des Kalkstein-Abbaus sowie der Steinmetzkunst. Links des Hafens liegt die Steinmetzschule, in der man den angehenden Meistern bei der Arbeit zusehen kann.

▷ *Die Hafenfront
von Pučišća*

Information
TZG Pučišća, Trg Hrvatskoga skupa 1, 21412 Pučišća, Tel./Fax 021 633555, www.tzo-pucisca.hr (auch auf Deutsch)
TZG Postira, Tel./Fax 021 632966, www.dalmacija.net/postira

Parken
43,34845°N 16,72983°O
Am Ortseingang liegt gleich links ein sehr großer, ebener, relativ ruhiger, aber nicht sonderlich schöner Kiesplatz ohne Schatten, von dem es nur wenige Schritte zum Hafen sind.

BOL UND DAS GOLDENE HORN

(Pučišća – Pražnica 7 km, Pražnica – Bol 14 km)

Von Pučišća windet sich die Straße landeinwärts zum Inselrücken empor und erreicht nach 7 km **Pražnica.** Unmittelbar danach stößt man auf die Inselstraße Nr. 113, auf der man nach rechts biegend ebenfalls das Sträßchen zur Vidova Gora (s. S. 206) erreichen kann. Man folgt ihm jedoch 3 km nach links und biegt bei **Gornji Humac** rechts auf die Straße Nr. 115, die sich bald (breit und gut ausgebaut) die steile Südküste der Insel hinunterzieht. Drunten lockt **Bol,** das touristische Zentrum der Insel, mit dem berühmten **Zlatni rat** (Goldenes Horn). Diese – tatsächlich wie ein Horn – 600 m weit ins kristallklare Wasser hinausragende Landspitze aus feinem Kies und Sand ist ein Bade- und Surferparadies – und ein Produkt eigenartiger, gegenläufiger Meeresströmungen in der Engstelle zwischen den Inseln Brač und Hvar. Je nach momentaner Strömungsrichtung ist die Spitze des Horns in die eine oder andere Richtung gekrümmt! Auch der Ort selbst ist ganz auf den Strandtourismus ausgerichtet und doch ein reizvoller Ort mit einer hübschen Uferpromenade und gemütlichen Cafés. Allerdings auch mit einer Enttäuschung: Es gibt keine Stellplätze am Meer und nicht einmal einen Campingplatz mit Strandzugang, denn abgesehen vom „Horn" selbst ist die Küste einfach zu steil. Dafür gibt es oberhalb des Goldenen Horns einen großen, schattigen und im Sommer gebührenpflichtigen Parkplatz.

Sehenswert ist das **Dominikanerkloster** aus dem 15. Jahrhundert mit Klostermuseum, das reizvoll auf einer Landzunge am östlichen Rand von Bol liegt. Daneben steht ein schönes altkroatisches Kirchlein aus dem 10. Jahrhundert. Ein lohnender Ausflug kann zum Felsenkloster Blaca führen (s. S. 206).

Information
TZO Bol, Porat bolskih pomoraca bb, 21420 Bol, Tel. 021 635638, Fax 021 635972, www.bol.hr (auch auf Deutsch)

Wandern
Sehr schöne, markierte Wanderwege führen von Bol hinauf zum ca. 780 m hohen Gipfel **Vidova Gora** (s. S. 206) und der rustikalen Berggaststätte „Vladimir Nazor" mit offenem Kamin und einfachen, aber köstlichen Gerichten (Aufstieg ca. 2 Std.; Wanderstiefel erforderlich). Oder man lässt sich mit dem Boot zur Badebucht Uvala Blaca südöstlich von Bol fahren, von wo man in etwa einer halben Stunde durch Weinberge und Wald zum **Kloster Blaca** (s. S. 206) hinaufwandern kann.

Surfschule Big Blue
Bol ist dank günstiger Windbedingungen ein Mekka der Windsurfer. Und einen besseren Lehrer als den Leiter der Surfschule Big Blue auf Brač wird man kaum irgendwo sonst an der Adria finden, denn Professor Ivica Dolenc, genannt „Johnny", ist einer der Spitzen-Surfer des kroatischen Surfcups und Coach des Nationalteams. Seine Schule liegt direkt am Strand von Bol und hat nicht nur Kurse für Anfänger und Fortgeschrittene mit neuestem Equipment im Programm, sondern außerdem spezielle Funboard-Kurse. Daneben bietet die Schule übrigens auch Tauchkurse und andere Sportangebote. Surfschule Big Blue, Podan Glavice 2, 21420 Bol, Mobil 091 4497087, www.bigbluesport.com/de

Parken und Baden
43,25923°N 16,63148°O
Mehrere große Parkplätze zum Teil im schattigen Pinienwald gibt es nahe dem Zlatni Rt; schön – aber ohne sonstige Einrichtung und im Sommer sehr voll; 01.06.–30.09.; gebührenpflichtig. Versuchen Sie in der Saison nicht, sonst irgendwo zu parken – es gibt überall Wächter!

Route 6: Die Inselwelt Mitteldalmatiens

Am Goldenen Horn lässt es sich hervorragend surfen

61 Camping Mario ★★★
43,26476°N 16,65098°O

Nahe dem Ortseingang am Hang, nicht am Strand und weit vom Goldenen Horn gelegen und kaum Schatten; als Urlaubsplatz weniger geeignet. **Lage/Anfahrt:** vor dem Ortseingang links; **Wasser:** ja, aber ungünstig gelegene Zapfstelle; **Abwasser:** Entsorgungs-Plattform mitten in der Einfahrt; **Chemie-WC:** ja; **Strom:** ja; **Geöffnet:** 01.05.-15.10.; **Preis:** ca. 16 €; **Kontakt:** Tel. 021 635028, www.kampmario-bol.com (auch auf Deutsch). **Hinweis:** Keiner der Campingplätze von Bol liegt am Strand oder nahe dem Goldenen Horn! Aber Camp Mario bietet seinen Gästen einen kostenlosen Shuttledienst dorthin.

Da Bol am Ende einer Sackgasse liegt, muss man zurück den Berg hinauf bis Gornji Humac fahren. Dort biegt man rechts auf die Straße Nr. 113 und erreicht nach ca. 16 km durch das karge Binnenland den kleinen Hafenort **Sumartin** mit Verbindungen zum Festland (Fortsetzung ab **Makarska,** s. S. 196). Wer weiter nach Stari Grad auf der Insel Hvar möchte, der muss zurück nach Supetar und von dort mit der Fähre zunächst nach Split fahren!

Fähren

Sumartin – Makarska, täglich drei Verbindungen: ab Sumartin wochentags 6, 11 und 15.30 Uhr, sonn- und feiertags 8, 11 und 18 Uhr; ab Makarska wochentags 9, 12.30 und 18.30 Uhr, sonn- und feiertags 9, 12.30 und 19.30 Uhr, die Fahrtdauer beträgt 60 Min. **Info:** Tel. 021 648224 (Sumartin/Brač), Tel. 021 679515 (Makarska). **Achtung:** Erkundigen Sie sich nach den aktuellen Zeiten und planen Sie Ihre Ankunft in Sumartin entsprechend, sonst müssen Sie u. U. lange warten!
Sućuraj – Drvenik s. S. 201

HVAR – DIE LAVENDEL-INSEL

Hvar ist mit 300 km² die viertgrößte Adria-Insel und hat 11.000 Einwohner. Sie ist 68 km lang und maximal 10,5 km – über lange Strecken sogar kaum 5 km – breit. Die schönsten Badeorte sind Hvar, Jelsa und Stari Grad.

Dank ihrer geschützten Lage (durch ihre Nachbarin Brač gegen kalte Festlandswinde abgeschirmt) besitzt sie das mildeste Klima aller Adria-Inseln und wird deshalb auch häufig im Winter besucht. Der Fremdenverkehr konzentriert sich auf den Westteil zwischen Jelsa und Hvar. Die restlichen zwei Drittel zwischen Jelsa und Sućuraj hingegen sind nur sehr dünn besiedeltes Buschland.

Tanken
Tankstellen befinden sich in Hvar, Jelsa und Vrboska; die in Hvar liegt nicht an der Zufahrtsstraße, sondern etwas abseits in einem Ortsteil vor dem Zentrum links (beschildert).

SUĆURAJ

(Sućuraj – Jelsa ca. 50 km)

Wer von Split die Küste herunterkommt oder von Brač nach Makarska übergesetzt hat, um als nächstes Ziel Hvar anzusteuern, folgt der Route 5 bis zum kleinen Fährhafen von **Drvenik** (Fähren s. S. 201). Eine halbe Stunde später ist bereits Sućuraj nahe der östlichsten Spitze von Hvar erreicht und man kann nun gut 50 km weit der recht guten Straße folgen, die sich auf dem Rücken der lang gestreckten Insel durch den kaum besiedelten Ostteil zieht.

Information
TZG Sućuraj, 21469 Sućuraj, Tel./Fax 021 717288, www.tz.sucuraj.com (auch auf Engl.)

Parken
großer Teerplatz am Fähranleger mit schönem Blick auf Bucht und Dorf

---

Abstecher zur Hirtensiedlung Humac
*An der Hauptstraße etwa 8 km östlich von Jelsa und ca. 6 km nach dem Weiler Poljica zeigt ein Schild den kurzen Weg (zuerst Teer, dann noch einige Meter Schotter) zur archaischen Hirtensiedlung Humac. Die seit dem 14. Jahrhundert von Hirten und Bauern immer nur zeitweise bewohnte Siedlung ist eine Art Freilichtmuseum, das mit seinen grauen Feldsteinhütten und historischen Gerätschaften das schwere Leben der Hirten anschaulich macht. Der Weiler, der während der Weinlese noch heute zum Übernachten genutzt wird, steht vollständig unter Denkmalschutz. In der Saison bietet das Touristbüro Jelsa Führungen an.
Info: Tel./Fax 021 761017*

Route 6: Die Inselwelt Mitteldalmatiens

Parken und Baden

Ca. 1 km hinter **Zastražišće** zweigt rechts ein kleines, aber recht gutes Sträßchen nach **Velika Stiniva** ab, das ca. 2,5 km weiter an einer traumhaften Kiesbucht mit ebenem, aber schattenlosem Teerparkplatz endet.

⑫ Camping Mlaska *
43,13706°N 17,14363°O

Schön gelegener Platz inmitten einsamer Natur mit schattigen Terrassenplätzen nahe dem Meer (z. T. FKK), gutem Restaurant und schönem Sandstrand; die Sanitäranlagen sind recht alt und einfach, z. T. mit defekten Türen. Vorsicht: Nach Regen kann das Gelände morastig sein! **Lage/Anfahrt:** ca. 4 km nach Sućuraj rechts eine schmale, aber gute Straße hinunter; **Wasser:** ja; **Abwasser:** ja, Schacht; **Chemie-WC:** Abwasserschacht, Zufahrt nicht ideal; **Strom:** ja; **Preis:** ca. 24 €; **Geöffnet:** ganzjährig; **Kontakt:** Tel. 098 425661, Fax 021 773371, www.mlaska.com/de

Nachdem man über eine Stunde lang nicht viel mehr als ödes Buschland gesehen und sich schon längst gefragt hat, warum Hvar wohl als Ferien- und Lavendel-Insel gepriesen wird, senkt sich die Straße zur Nordküste hinunter und der „Ferien-Teil" beginnt. Man fährt durch grünen Pinienwald an kleinen Badebuchten vorüber, passiert einen einladenden Parkplatz und kurz vor **Jelsa** die ersten sehr belebten Campingplätze.

Parken und Baden
43,15656°N 16,71945°O

großer, flacher und bislang kostenloser Beton-Parkplatz für die Gäste eines längst geschlossenen Hotels; schöne Badebucht mit Kai, WC-Ruine; Vorsicht: Der Platz ist teils unterspült!

⑬ Camping Grebišće ****
43,15844°N 16,71093°O

Platz in einer kleinen Felsbucht mit sehr engen Wegen; in der Saison überlastet; mir hat der nahe gelegene Campingplatz „Holiday-Jelsa" besser gefallen. **Lage/Anfahrt:** an der Zufahrt nach Jelsa von Osten her erster Platz; **Wasser:** ja; **Abwasser/Chemie-WC:** nach Auskunft der Rezeption soll es eine Ver-/Entsorgungsstation geben; ich konnte sie nicht finden; **Strom:** ja; **Preis:** 33–39 €; **Geöffnet:** 1.5.–31.10.; **Kontakt:** Tel./Fax 021 761191, www.grebisce.hr (auch auf Deutsch)

⑭ Camping Holiday-Jelsa **
43,16073°N 16,70819°O

Sehr schöner privater Platz im Kiefernwald mit sehr freundlichem und hilfsbereitem Personal und gutem Restaurant; Womo-Plätze direkt über dem Strand (schöner Felsstrand mit Platten und Badeleiter); leider verläuft direkt hinter den Womo-Plätzen eine (noch öffentliche) Straße durch den Platz, die allerdings nachts relativ wenig befahren ist; Top-Sanitär-Anlagen, die renoviert und tadellos sauber sind! **Lage/Anfahrt:** östlich von Jelsa direkt an der Zufahrtstraße; **Wasser:** Wasseranschluss und Ausguss direkt am Stellplatz; **Abwasser:** Entsorgungsplattform am oberen

Ausgang; **Chemie-WC:** tadellose Entsorgungsstellen in den Sanitäranlagen; **Strom:** ja; **Preis:** 36 €; **Geöffnet:** ganzjährig; **Kontakt:** Tel./Fax 021 761140, www.hvar-croatia.com/holiday (auch auf Deutsch)

JELSA UND VRBOSKA

(Jelsa – Vrboska ca. 6 km)

Das romantische, einst für seinen Schiffsbau berühmte Küstenstädtchen **Jelsa** ist dank seiner schönen Strände und seines geschützten Hafens neben Hvar der beliebteste Touristenort auf der Insel. Zahlreiche Restaurants und Cafés säumen den Dorfplatz und die palmenbeschattete Hafenpromenade, dennoch ist die Atmosphäre angenehm ruhig und entspannt. Taxiboote fahren zu den vorgelagerten Badeinseln und an der Küste entlang führt ein schöner Spazierweg zum Nachbarort Vrboska.

Mit dem Fahrzeug muss man einen weiten Bogen um die Bucht herum machen, um nach **Vrboska** zu gelangen. Das einfache Fischer- (und zunehmend auch Ferien-)dorf mit nur 500 Einwohnern birgt hinter seinen Häusern versteckt eine Sehenswürdigkeit, die einzigartig an der gesamten Adria ist: Die wuchtige **Festungskirche Sv. Marija** mit 15 m hohen, fensterlosen Mauern (Mo–Sa 10–12 Uhr). Sie wirkt wie ein trutziger Festungsbau – nur ein kleiner Glockenturm verrät, dass es sich tatsächlich um ein Gotteshaus handelt. Der hervorragend erhaltene Renaissancebau wurde nach dem türkischen Angriff von 1571 als Fluchtburg für die Dorfbewohner errichtet. Sehenswert ist auch das Fischereimuseum mit vielen Exponaten und einem re-

Seine Lage macht Jelsa zu einem bevorzugten Touristenort

▷ *Keine Burg, sondern eine Kirche: Sv. Marija*

konstruierten Fischerhaus (Tel. 021 77021, geöffnet tägl. 10–12.30 und 18.30–21 Uhr).

Information
TZG Jelsa, Riva bb, 21465 Jelsa, Tel./Fax 021 761017, www.tzjelsa.hr, www.jelsa-online.com
TZG Vrboska, Vrboska bb, 21463 Vrboska, Tel. 021 774137, Fax 021 717255, www.vrboska.info (auch auf Deutsch)

Parken
Jelsa: am Ortseingang links gebührenpflichtiger Parkplatz
Vrboska: außerhalb der Saison sehr schöne Plätze direkt am Hafenbecken

Fähren
Jelsa – Bol – Split, Juni–Sept. wochentags 6 Uhr, sonntags 7 Uhr ab Jelsa; in Gegenrichtung tägl. 16 (Fr 16.30) Uhr ab Split; Fahrzeit mit dem schnellen Katamaran 1¾ Std.

Achtung Tunnel! Gegenüber der Abzweigung nach Jelsa führt eine schmale Holperstraße via Pitve nach **Zavala** an der Südküste. Versuchen Sie es nicht! Es sei denn, Sie haben ein Fahrzeug, das maximal 2,20 m hoch ist, denn der ca. 1,8 km lange Tunnel ist nur 2,20 m breit und auch nur 2,20 m hoch! Ein Hinweis an der Zufahrt fehlt und das etwas verblasste Schild am Tunnel ist leicht zu übersehen. Wer mit einem höheren Fahrzeug hineinfährt, kommt etwa bis zur Tunnelmitte, steckt dann fest und muss fast einen Kilometer rückwärts fahren! Ich weiß, wovon ich rede – ich hab's gemacht!

STARI GRAD

(Jelsa – Stari Grad 8 km, Vrboska – Stari Grad 9 km)

Von Jelsa führt die breit und gut ausgebaute Straße durch fruchtbares Tiefland nach Westen zur Abzweigung nach Stari Grad. Der Name bedeutet „alte Stadt" – und tatsächlich gilt die bereits von den Griechen gegründete Siedlung als die älteste der Insel. Dank der Autofähre von Split, die hier anlegt, ist Stari Grad heute das Verkehrs- und Wirtschaftszentrum der Insel. Doch es wäre schade, die Stadt nur als Durchgangstor zu betrachten. An der Uferpromenade laden gemütliche Bars und Cafés zum Verweilen ein und am palmengesäumten Platz steht das **Tvrdalj Schloss,** der Renaissancepalast des kroatischen Dichters *Petar Hektorović* mit einem Fischteich und Laubengang im stillen Innenhof.

Der Fährhafen liegt etwas außerhalb in Richtung Hvar. Im Sommer stauen sich davor oft lange Autoschlangen und lassen erkennen, dass man gut daran tut, sich zeitig einzureihen, um noch einen Platz auf dem Schiff zu bekommen.

Information
TZG Stari Grad, Obala dr. F. Tuđmana 1, 21460 Stari Grad, Tel. 021 765763, Fax 021 718333, www.stari-grad-faros.hr (auch auf Engl.)

Fähren
Stari Grad – Split (2 Std). Es gehen täglich nur 3–4 Fähren (an Wochenenden im Sommer max. 5–7 Schiffe) und die Nachfrage ist groß. Es ist daher ratsam, 1–2 Stunden vor Abfahrt in der Reihe zu stehen. Information: Tel. 021 765048, Fax 021 717153

HVAR – MONDÄNER KURORT UNTER PALMEN

(Stari Grad – Hvar via Tunnel ca. 16 km, über die Berge ca. 20 km)

Von Stari Grad führt die neu gebaute Straße Nr. 116 durch einen (ausreichend hohen und breiten!) Tunnel zur Südseite der Insel und dann an der Küste entlang über Milna. Sie ist bestens ausgebaut und bietet schöne Ausblicke aufs Meer – nur fehlen leider geeignete Parkplätze für ein Picknick mit Meerblick.

Fast an der Westspitze der Insel erreicht man ihre Hauptstadt Hvar, die sich in das behagliche Flair eines Kurorts der Jahrhundertwende hüllt und als einer der charmantesten Orte der gesamten Adria gilt. Eine elegante Hafenpromenade, gesäumt von Palmen und mondänen Hotels, ziert ihre Seeseite und der große **Hauptplatz** ist eingefasst von historischen Bauten: der romanischen Kathedrale Sv. Stjepan, dem Bischofspalast und dem venezianischen Arsenal, das einst

Information

TZG Hvar, Trg Sv Stjepana 16, 21450 Hvar, Tel./Fax 021 741059, www.tzhvar.hr (auch auf Deutsch)

Jadrolinija, 21450 Hvar, Tel. 021 741132

als Parkgarage für die Handelsschiffe diente. Darüber befindet sich das Theater von 1612, eines der ältesten Stadttheater ganz Europas.

Durch enge Gassen mit steilen Treppen und zwischen subtropischen Gärten, die in üppigem Grün und Blumenschmuck versinken, gelangt man dann hinauf zur **Spanischen Festung.** Umweht von frischer Luft und Blumenduft genießt man von dort einen wirklich traumhaften Blick über die Stadt und hinaus auf die **Pakleni Otoci,** die „Höllen-Inseln", die vor der Bucht von Hvar im Wasser schwimmen (s. Foto S. 202). Diese kleinen Eilande mit ihren herrlichen Wäldern, Sandstränden und Buchten zählen zu den schönsten Badeinseln der Adria.

Parken
43,17219°N 16,44685°O

Stadtparkplatz: Vor der Altstadt liegen mehrere große, gebührenpflichtige, meist schattenlose Parkplätze mit Toilette; näher am Zentrum werden Sie nichts finden.

43,17577°N 16,43924°O

Festungsparkplatz: Über der Altstadt, nur einen kurzen Spaziergang von der Festung entfernt liegt ein teils schattiger, nicht ganz ebener, kostenloser Parkplatz etwas abseits der Straße an einer schmalen (fahrbaren) Zufahrt zur Festung. Man kann auch oben parken und zu Fuß zur Stadt hinuntersteigen. Einen schöneren und ruhigeren Parkplatz findet man oben nahe der Festung, wenn man der Straße

☐ *Der Hauptplatz von Hvar hat historischen Charme*

Nr. 116 ein kurzes Stück weiter in Richtung Vira folgt. Sie zieht sich nach links den Berg hinauf; nach weniger als einem Kilometer geht es links ab.

Wer über die neue Straße in die Inselhauptstadt gekommen ist, sollte wenigstens für die Rückfahrt die alte Strecke durch die Berge via **Brusje** nehmen (am Ortsausgang in Richtung Vira gleich rechts hinauf). Das kleine, kurvige Sträßchen schlängelt sich der Länge nach über den Inselrücken – zwischen Olivenhainen, Feigenbäumen, Weingärten und Kräuterwiesen. Unterwegs kann man weite Ausblicke genießen, Ziegenhirten begegnen und Eseln, die am Straßenrand grasen. Und vor allem wird man dann vielleicht endlich verstehen, warum Hvar die „Lavendel-Insel" genannt wird – und dass es diese Blüten auf Hvar doch nicht nur in Säckchen an Touristenständen gibt! Im Sommer fährt man im Hochland hinter Brusje tatsächlich durch weite Flächen von blühendem Lavendel – teils wild oder verwildert – und zudem durch Kräuterwiesen, die nach Rosmarin, Basilikum und Majoran duften.

Parken
43,16736°N 16,53713°O
kostenloser kleiner Parkplatz auf dem Kamm nahe einer Kažuni-Ruine; schöner Ausblick; Fußweg zur Kapelle Sv. Nikolai

KORČULA – ROMANTISCHE INSEL DER WILDEN SÄBELTÄNZE

Mit 276 km² ist die 47 km lange und höchstens 8 km breite Insel Korčula die kleinste, aber bevölkerungsreichste des Trios. Die gleichnamige Inselhauptstadt (4000 Einw.) ist eine wunderschöne, oft als „Klein-Dubrovnik" gerühmte Festungsstadt und das überragende Urlaubszentrum der Insel. Größter Ort ist aber die Hafenstadt Vela Luka (4500 Einw.) an der Westküste. Das Inselinnere ist nur spärlich besiedelt. Berühmt ist Korčula für seine lebendigen Traditionen mit farbenprächtigen Ritterspielen und weltbekannten Klapa-Chören.

Die meisten Besucher kommen von der Halbinsel Pelješac via Orebić (Anschluss an Route 7, s. S. 232). Es gibt aber auch eine Autofähre von Split (Anschluss an Route 5, s. S. 188) nach Vela Luka, sodass man die Insel in eine Rundstrecke einbauen kann. Außerdem wird die Stadt von der Küstenschnellfähre Dubrovnik – Rijeka angelaufen (Vorbuchung obligatorisch!), welche die einzige Möglichkeit bietet, von Hvar aus direkt nach Korčula zu gelangen.

Beachten Sie: Korčula ist aus praktischen Gründen der Streckenführung in diese Route integriert. Verwaltungsmäßig gehört es – ebenso wie die Halbinsel Pelješac – zur Region Dubrovnik-Neretva (Süddalmatien).

Information
TZŽ Dubrovnik-Neretva, Vukovarska 24, PP 259, 20000 Dubrovnik, Tel. 020 324999, Fax 020 324224, www.visitdubrovnik.hr (auch auf Deutsch)

KORČULA – RITTERSPIELE UNTER PALMEN

(Dominče – Korčula ca. 2 km)

Information
TZG Korčula, Obala
Dr. Franja Tudjmana 4,
20260 Korčula,
Tel. 020 715701,
Fax 020 715866,
www.visitkorcula.eu
(auf Englisch),
www.korculainfo.com
(auch „beinahe" Deutsch)

Am einfachsten und günstigsten erreicht man sowohl die Stadt als auch die Insel Korčula mit der Fähre von Orebić (s. S. 222) aus, die wenige Kilometer außerhalb von Korčula bei Dominče anlegt.

Die Stadt Korčula gilt vielen als eine Art Taschenausgabe der weltberühmten Festungsstadt Dubrovnik – etwas kleiner, vielleicht etwas weniger berühmt, aber mindestens ebenso schön! Nur durch einen schmalen Damm mit der übrigen Insel verbunden, schiebt sich die von wuchtigen Mauern, Türmen und Zinnen beschützte Altstadt in den schmalen Meereskanal hinaus, der Korčula von der Halbinsel Pelješac trennt. Im Meeresblau leuchten die weißen Segel ein- und auslaufender Jachten. Und jenseits des Kanals erhebt sich kahl und schroff der fast 1000 m hohe Gipfel des Sveti Ilija. Faszinierend sind jedoch nicht nur die Lage und das perfekt erhaltene, **mittelalterliche Stadtbild** von Korčula, sondern auch die planmäßige und durchdachte Anlage der Stadt: Alle wichtigen Gebäude liegen an der vom Landtor ausgehenden Hauptachse, von der wie Blattrippen die Seitengassen abzweigen, die so angeordnet sind, dass sie kalte Winterwinde abhalten, kühlende Sommerbrisen hingegen in die Häuser leiten.

Da ganz Korčula eine **Museumsstadt** und fast jeder Stein darin eine Sehenswürdigkeit ist, wage ich hier keinen Versuch, auch nur die wichtigsten Attraktionen zu umreißen, sondern verweise auf einschlägige Reiseführer. Wichtig ist es hingegen, in einer halbwegs ruhigen Zeit zu kommen (möglichst nicht, solange ein Kreuzfahrtschiff am Kai liegt, dessen in die Tausende gehende Passagiere durch die engen Gassen flanieren) und sich Zeit zu lassen für einen geruhsamen Entdeckungs-Bummel.

Marco Polo – ein Korčulaner?
Die strategisch günstige Lage an dem schmalen Pelješki-Kanal, durch den seit der Antike eine der wichtigsten Handelsrouten in der östlichen Adria führt, machte Stadt und Insel Korčula zu einem oft und heftig umkämpften Ort. Einer der blutigsten Kämpfe war die Seeschlacht von 1298 zwischen Genua und Venedig, nach der dem siegreichen Genua nicht nur die Stadt und große Reichtümer in die Hände fielen, sondern auch ein unbekannter venezianischer Seemann, der einem Mithäftling abenteuerliche Reiseberichte in die Feder diktierte. Sein Name: Marco Polo. Geboren sei der frühe Fernreisende, so behaupten die Korčulaner, nirgends anders als in Korčula. Tatsächlich hat man in alten Taufregistern der Stadt eine Eintragung mit dem Namen Polo gefunden. Und so besitzt denn Korčula heute ein ausgeschildertes Marco-Polo-Geburtshaus, von dessen Turm man den schönsten Blick über die Dächer der mittelalterlichen Museumsstadt genießt. Dass das Haus erst gut 200 Jahre nach dem Tod des erwiesenermaßen 1324 in Venedig verstorbenen Marco Polo gebaut wurde, stört weder die Aussicht noch die Korčulaner – ebenso wenig wie die Tatsache, dass ihr „Beweistäufling" erst im Jahr 1520 eingetragen ist …

Parken
Dominče: großer, ebener Teerplatz am 5 km außerhalb von Korčula gelegenen Fährhafen Dominče
Korčula: Am Ortseingang ist ein Kaufhaus mit Parkfläche. Beste Option für Wohnmobile ist jedoch eine Übernachtung auf dem Camping Kalac **65**, von dem man in ca. 15 Min. auf einem schönen Fußweg am Meer und durch einen Park zur Altstadt gelangt.

Moreška – der wilde Säbeltanz von Korčula

Im Rahmen des großen Festtages für den Stadtheiligen Sv. Theodor (29. Juli) findet in Korčula seit fast 400 Jahren Ende Juli eine große Moreška-Aufführung statt. Das farbenprächtige Ritterspiel, bei dem in komplizierten, akrobatischen Tanzformationen mit klirrenden Säbeln gefochten wird, geht auf ein Ereignis aus dem 16. Jahrhundert zurück. In den nicht ungefährlichen Zweikämpfen wird um die Königsbraut Bula gestritten. Entführt hat sie der schwarz kostümierte Königssohn Moro, Anführer der in türkischen Diensten kämpfenden Mauren. Der rot kostümierte König Osman, der zugleich das christliche Abendland verkörpert, besiegt nach langen Gefechten die Streiter aus dem Orient und erobert seine Braut zurück. Die Moreška wird in der Saison mehrfach wiederholt. Kleinere Programm-Auszüge kann man öfters im Park neben dem Hotel „Park" erleben.

△ Historienspektakel vor dem Stadttor: der Säbeltanz Moreška

Fähren

Orebić – Dominče (ca. 20 Min.), etwa 14 Fähren täglich
Korčula direkt: Küstenschnellfähre Dubrovnik – Rijeka via Hvar (Reservierung erforderlich); **Info:** Jadrolinija Korčula, Plokata 21, Tel. 020 715410, Fax. 020 711101, Tel. 020 714075 (Orebić/Pelješac)

Ausflug nach Mljet

Von Korčula werden Tagesausflüge zur Insel Mljet (siehe Route 7, s. S. 242) angeboten, die von hier aus schneller und günstiger zu erreichen ist als ab Dubrovnik. Die

Route 6: Die Inselwelt Mitteldalmatiens

Restaurant

Adio Mare, Ulica Marko Pola 1, Tel. 020 711253. Rustikales und sehr beliebes Restaurant im Konoba-Stil in einem Kellergewölbe nahe dem Marco-Polo-Haus mit Dachterrasse und schönem Blick.

Ausflugsboote legen dienstags bis samstags um 9 Uhr von Korčula ab und brauchen für die Überfahrt nach Pomena etwa eine Stunde. Gegen 16 Uhr ist man zurück in Korčula. Information: TZG Korčula (s. S. 218)

65 Camping Kalac***
42,95627°N 17,13650°O

Großer, etwas urwaldhafter Platz, 2 km südöstlich der Altstadt mit teils stark eingewachsenen Parzellen; mit Sportanlagen, Fahrrad-, Surfbrett-, Bootsverleih, Tennis-, Segel-, Tauchschule; langer Strand mit etwas Sand und flachem Wasser; Busse und schöner Fußweg (ca. 15 Min.) zur Altstadt. **Lage/Anfahrt:** vom Fähranleger nach ca. 600 m rechts zum Hotel „Bon Repos"; **Wasser:** ja; **Chemie-WC:** ja; **Strom:** ja; **Preis:** ca. 35 €; **Geöffnet:** Mitte Mai–Mitte Sept.; **Kontakt:** Dubrovačka cesta 19, Tel. 020 726693, www.korcula-hotels.com (auf Engl.); **Tipp:** Sicher nicht der Platz für einen Badeurlaub – aber perfekt als Basis, um stressfrei Korčula zu besuchen.

VON KORČULA NACH VELA LUKA

Parken und Baden

Pupnatska Luka: Wenige Parkmöglichkeiten etwas oberhalb, von denen ein kurzer Fußweg zum Strand führt; im Sommer evtl. sehr voll und mit wenig Platz zum Wenden.

Fahrt durch die Weinberge bei Lumbarda

(Korčula – Vela Luka 48 km)

Durch malerischen Zypressenwald zieht sich die Inselstraße von der Festungsstadt den Hang hinauf nach **Žrnovo,** wo im Ortsteil Postrana das Kastell des Humanisten *Jakov Baničević* (1466–1532) steht. Dahinter fährt man durch Weinberge, in denen noch viele der traditionellen, mit Steinplatten gedeckten Häuschen zu sehen sind.

Einige Kilometer nach dem Dorf **Pupnat** führt eine schmale, aber inzwischen geteerte Geländepiste hinab zu der wenig besuchten Traumbucht **Pupnatska Luka:** türkisgrünes, kristallklares Wasser und weißer Strand, dahinter Feigen- und Johannisbrotbäume, eine lauschige Konoba inmitten der Natur und eine Handvoll Wochenendhäuschen und Fischerhütten.

Blato, die größte Stadt im wenig besiedelten Inselinneren, ist bekannt für ihr Ritterspiel Kumpanija, das noch älter ist als die Moreška und alljährlich am 23.4. ausgetragen wird.

Mit Blick auf das grafische Muster der Gärten im fruchtbaren Blatsko Polje geht es weiter zur Hafenstadt **Vela Luka,** deren Name durch den Ohrwurm „Vela Luka" in ganz Kroatien zu einem Begriff geworden ist. Hübsch ist die Hafenpromenade mit hohen Palmen, Cafés und Restaurants, überragt vom Turm der Pfarrkirche Sv. Josip (19. Jh.), aber sonst hat die Stadt wenig Charme.

In der Umgebung findet man einige sehr schöne **Badebuchten,** Boote fahren zu den vorgelagerten Inselchen **Ošjak** (ein Natur-

▷ *Am Hafen von Vela Luka*

schutzgebiet mit Wald und reicher Vegetation) und **Proizd** (mit einem FKK-Strand und Restaurant). Und in der Grotte **Vela Špilja**, die 1974 nordöstlich des Orts entdeckt wurde, bietet sich die wohl romantischste Möglichkeit, die Melodie „Vela Luka" zu genießen: dargebracht vom berühmten Klapa-Chor des Ortes in dieser akustisch und atmosphärisch einzigartigen Kulisse.

Information
TZG Vela Luka, Obala 3 br. 19, 20270 Vela Luka, Tel./Fax 020 813619, www.tzvelaluka.hr (auch auf Deutsch)

Parken
zahlreiche Parkmöglichkeiten auf großen ebenen Teerflächen am Hafenkai

Fähre
Von Juni bis Sept. fährt tägl. um 10.15 und 17.30 Uhr eine Autofähre von Vela Luka nach Split; die Überfahrt dauert etwa 3 Stunden; Info: Tel./Fax 020 812015; der Hafen liegt etwas westlich der Stadt.

66 Camping Mindel ★★★
42,98393°N 16,67062°O
Einfacher, aber sympathischer Privatplatz mit ca. 120 Stellplätzen unter schattigen Mandel- und Olivenbäumen; zu Fuß 5–20 Minuten von verschiedenen Kies- und Felsstränden entfernt. Netter und hilfsbereiter Betreiber; enge Zufahrt; Stellplätze nur für kompakte Mobile. **Lage/Anfahrt:** Stani 192; ca. 5 km westlich von Vela Luka; **Wasser:** ja; fragen Sie an der Rezeption und man wird Ihnen helfen; **Abwas-**

ser: noch keine Entsorgungsplattform (geplant); **Chemie-WC:** ja, neben der Sanitäranlage; **Strom:** ja; **Preis:** ca. 14,60 €; **Geöffnet:** ganzjährig; **Kontakt:** Stani 192, 20270 Vela Luka, Tel./Fax 020 813600, www.mindel.hr (auch auf Engl.); **Tipp:** Fußpfade führen zu traumhaften Buchten.

PELJEŠAC – HALBINSEL DER WEINBAUERN UND AUSTERNZÜCHTER

Die maximal 7 km breite, aber 70 km lange Halbinsel hat kaum 8000 Bewohner und ist zudem vom Tourismus relativ wenig berührt. Sie besteht aus einem mächtigen Gebirgszug, dessen höchster Gipfel, der 960 m hohe Sv. Ilija, vor allem bei Wanderern, Jägern und Naturfreunden beliebt ist. An den kargen Karsthängen wird hauptsächlich Wein angebaut. Besonders berühmt sind die schweren Rotweine Dingač und Postup (s. Exkurs S. 226). Die einzige touristische Region auf der Halbinsel ist die äußerste Nordwestküste zwischen Orebić und Lovište.

Information
TZŽ Dubrovnik-Neretva (s. S. 234)
Beachten Sie: Die Halbinsel Pelješac ist aus praktischen Gründen der Streckenführung in diese Route integriert; verwaltungsmäßig gehört sie – ebenso wie Korčula – zu Süddalmatien (Region Dubrovnik-Neretva).

Fähren
Neben der Straßenanbindung bei Ston gibt es eine Fähre **zwischen Ploče und Trpanj:** in beide Richtungen täglich 4 Verbindungen (Fahrzeit: ca. 1 Std.). Die Fähre **Orebić – Dominče** (5 km außerhalb der Stadt Korčula) verkehrt in der Saison nahezu rund um die Uhr 18-mal täglich (Fahrzeit: ca. 20 Min.). **Information:** Jadrolinija Ploče, Neretljanskih gusara 6, Tel. 020 679321; Jadrolinija (Korčula), Plokata 21. travanj bb, Tel. 020 715410; Jadrolinija Trpanj (Pelješac), Tel. 020 743911

OREBIĆ – DIE STADT DER KAPITÄNE

(Orebić – Viganj 7 km, Orebić – Lovište 15 km)

Von Dominče, dem Fährhafen Korčulas, ist es nur ein Katzensprung hinüber zum malerisch am Fuß des hoch aufragenden Berges Sv. Ilija gelegenen Hafenort **Orebić** (1500 Ew.), benannt nach einer Kapitänsfamilie des 16. Jahrhunderts. Er ist das touristische Zentrum des Pelješac mit prachtvollen subtropischen Gärten und den Villen der pensionierten Adriakapitäne. An die große Vergangenheit als Seehafen mit einst 33 eigenen Großseglern erinnert das **Seefahrtmuseum** *(Pomorski Muzej)* am Trg Mimbelli. Herrlich ist es aber auch, einfach ziel- und planlos durch die von verschwenderischer Blumenfülle gesäumten Pflastergassen und entlang der Uferpromenade zu bummeln.

Vom westlichen Ortsende führt ein lohnender Spaziergang über einen steilen Teerweg hinauf zum **Franziskanerkloster** (15. Jh.), dessen rotes Dach aus gelben Ginsterhainen ragt und dessen Kirchturm mit den Zypressen um die Wette gen Himmel strebt (s. Foto rechts). Die schlichte kleine Loggia vor der Kirche bietet einen grandiosen Blick hinüber nach Korčula. Gute Kondition und Ausrüstung vorausgesetzt, kann man vom Kloster auf einem Pfad in etwa 4 Stunden den Gipfel des **Sveti Ilija** erreichen, an dessen Hängen noch Mufflons und Schakale leben.

Information
TZG Orebić, Zrinsko Frankopanska 2, 20250 Orebić, Tel. 020 713718, Fax 020 714 001, www.visitorebic-croatia.hr/de

Schlank wie eine Zypresse streckt sich der Kirchturm des Franziskanerklosters in den Himmel

Parken
Am Fährhafen befinden sich mehrere gebührenpflichtige Parkplätze.

67 Camping Nevio ★★★★
42,98330°N 17,19799°O

Ein wunderschön und sehr gelungen angelegter Platz an der steilen Küste, der 2005 eröffnet wurde. Einige Mobile können direkt am Strand stehen, die Zufahrt ist steil, aber problemlos. Herrlicher Meerblick; exzellenter Pool; kostenloses WLAN; sehr sauber! Einer der absoluten Spitzenplätze. **Lage/Anfahrt:** kurz vor Orebić links; gut beschildert; **Wasser/Abwasser:** alle Stellplätze mit Wasser, Abwasser und Strom; **Chemie-WC:** ja; **Strom:** ja; **Preis:** 24–39 €; **Geöffnet:** ganzjährig; **Kontakt:** 20250 Orebić, Tel. 020 713100, Fax 020 713950, www.nevio-camping.com

Von Orebić zieht sich die schmale Straße eng an der Küste entlang nach Westen zu den Badestränden der ebenfalls von üppiger Vegetation verwöhnten Orte **Kučište** und **Viganj** (7 km) und weiter über die Ausläufer des Sv.-Ilija-Massivs nach **Lovište** (15 km von Orebić) nahe dem Westkap der Halbinsel.

68 Camping Palme ★★★★
42,97658°N 17,12939°O

Für mich eine der ganz großen Entdeckungen, nachdem ich den Platz leider viel zu lange übersehen hatte! Ein kleiner Privat-Campingplatz, der vom Betreiber Ivo Mrcic mit sehr viel Liebe und hohen Ansprüchen an Qualität und Umweltschutz eingerich-

Tipp
Empfohlen wird auch **Camping Trstenica** ★★★★ (Kneza Domagoja 50, Tel. 020 713348, www.kamp-trstenica.com, auch auf Deutsch) gleich neben dem Hauptstrand von Orebić.

Route 6: Die Inselwelt Mitteldalmatiens

Peljesac

tet wurde – und weiter wird. Nur durch eine Ortsstraße (kein Durchgangsverkehr) vom Strand getrennt; mit eigenem Steg und imposanten alten Palmen; Wiesenfläche mit schattigen Olivenbäumen; sympathische kleine Bar; Einrichtungen für Windsurfer, WLAN, viele gewonnene Preise und eine Atmosphäre, wie keiner der „Großen" sie bieten kann. **Lage/Anfahrt:** Kučište 45, ca. 5 km westlich von Orebić, schmale Straße direkt am Meer; **Wasser:** ja; **Abwasser:** ja, geeignete Plattform; **Chemie-WC:** ja, aber in Kombination mit Bio-Kläranlage, also bitte die Chemie sehr sparsam einsetzen; **Strom:** ja; **Preise:** ca. 32–35 €, WLAN 1 €/Tag; **Geöffnet:** 1.6.–1.10.; **Kontakt:** Kučište 45, Tel./Fax 020 719164, www.kamp-palme.com (auch auf Deutsch)

Tipp
Danach folgen weitere Plätze, die alle recht „vom Winde verwöhnt", also mehr für Surfer als für Badegäste interessant sind.

ÜBER DEN RÜCKEN DER HALBINSEL

(Orebić – Trpanj 24 km, Orebić – Potomje 22 km, Potomje – Trstenik 7 km, Trstenik – Ston 36 km)

Gemütlicher Abend unter den Ölbäumen des sympathischen Campingplatzes Palme 68

Fährt man von Orebić in Richtung Osten, so klettert die Straße bald an den Felsen entlang hoch auf den Inselrücken empor und eröffnet einige herrliche Ausblicke über die kleinen Inselchen im Pelješki-Kanal und auf Korčula. Nach etwa 16 km ab Orebić zweigt links eine Straße ab, die durch eine wilde Gebirgslandschaft 8 km zum Fährhafen **Trpanj** führt, von dem man nach Ploče gelangt.

Fähren
Trpanj – Ploče (s. S. 222), Information: Ploče,
Tel. 020 679321, Trpanj (Pelješac) Tel. 020 743911

Weiter führt die gut ausgebaute Inselstraße über die weite Hochebene und durch kleine, verschlafene Bauerndörfchen. Man passiert das für seine Weine berühmte Winzerdorf **Potomje**, ehe es am Hang einer tief eingeschnittenen Bucht wieder hinunter geht. Der einst lebhafte Hafen **Trstenik,** von dem früher Fähren hinüber zur Nachbarinsel Mljet verkehrten, liegt heute still und verwaist. Viele Häuser sind verlassen und malerisch eingewachsen. Am langen Kiesstrand zieht sich eine von Tamarisken beschattete Promenade entlang. Auch wenn der Strand, seit der Fährbetrieb eingestellt wurde, nicht mehr gepflegt wird: Zu einer stillen Badepause im touristischen Abseits lädt er immer noch ein.

Parken und Baden
einige Parkplätze am Kiesstrand von **Trstenik**

Auch bei dem vergessenen Küstendorf **Žuljana** (gegenüber am anderen Ufer der breiten Bucht, über eine gut 3 km lange, desolate Stichstraße von Westen oder über eine 5 km lange bessere Straße von Osten her zu erreichen) warten schöne, einsame Badebuchten auf Liebhaber von Strandromantik nach Robinsonart.

Parken und Baden
einige Parkmöglichkeiten direkt am herrlichen Kiesstrand; bei der Touristinformation von Žuljana rechts ab

Durch Weinfelder gelangt man zu einer Bucht an der Nordostküste der Halbinsel mit Austern- und Muschelzuchten sowie einem Restaurant, das allerlei Meeresgetier aus eigener Produktion anbietet, das ich aber bislang nicht probieren konnte. Dann geht es noch einmal rund 20 km zwischen zwei Bergzügen durch einsame Landschaft, ehe man am dünnen „Stiel" der Halbinsel die Doppelortschaft Ston erreicht.

STON – DIE LÄNGSTE VERTEIDIGUNGSMAUER EUROPAS

(Orebić – Veliki Ston ca. 64 km)

Dort, wo zwei flache Meeresengen die Halbinsel fast vom Festland abschnüren, liegt die Doppelstadt Ston, von der man zuerst Veliki Ston erreicht. Die im 14. Jahrhundert von der Stadtrepublik Ragusa, dem heutigen Dubrovnik, streng geometrisch angelegte Ortschaft ist im September 1996 durch ein schweres Erdbeben stark beschädigt worden – konnte aber seither weitgehend wieder restauriert werden.

Anschluss
Etwa 4 km nach Ston gelangt man wieder auf die Adria-Magistrale (s. Route 7, S. 232).

Königliche Rotweine: Dingač und Postup

Ganz Dalmatien ist für seine Rotweine berühmt, doch die besten davon kommen von der felsigen Halbinsel Pelješac: Der dunkelrote Dingač und der rubinrote Postup. Beide gedeihen nur auf diesem so karg wirkenden Felsenriegel. Ersterer wird rings um das Dorf Dingač angebaut, nach dem er seinen Namen trägt. Man gewinnt ihn aus der kleinen Plavač-Traube, die erst geerntet wird, wenn sie fast schwarz und halb vertrocknet ist. Ihren außergewöhnlich hohen Zuckergehalt verdankt diese Traube aber auch der intensiven Sonneneinstrahlung an der Südseite der Halbinsel und insbesondere der extremen Neigung der Rebhänge, die bis zu 75 Grad steil ins Meer abfallen, sodass die Trauben zusätzlich durch die Reflektion des Meeres erwärmt werden. Der volle, frisch und harmonisch schmeckende Dingač erreicht daher einen Alkoholgehalt von 15 %, bei einem Restzucker von über 30 g/l – weshalb ihn die Winzer zu Braten, Wild und Käse aus Likörgläsern trinken.

Nicht minder qualitätvoll ist der Postup, der unter ähnlichen Bedingungen bei den Orten Trstenik und Mokalo angebaut und ebenfalls aus der Plavač-Traube gekeltert wird. Seit 1967 trägt er das Gütesiegel als Qualitätswein und auch im Alkohol- und Zuckergehalt ähnelt dieser königliche Tropfen dem Dingač.

Fast schadlos überstanden hat die Katastrophe jedoch die große Sehenswürdigkeit der Stadt – die längste Verteidigungsmauer Europas. Den Hang hinauf zieht sie sich mehr als 5 km lang quer über die gesamte Landenge bis zum Wehrdorf **Mali Ston** – 5 bis 10 m hoch und mit etwa vierzig Türmen und Bastionen befestigt. Angelegt hatte dieses gewaltige Festungswerk die mächtige Handels- und Hafenstadt Ragusa, um die zu ihrem Staatsgebiet gehörende Halbinsel Pelješac zu schützen. Vor allem aber zum Schutz der wertvollen und gewinnträchtigen Salinen von Ston, die bereits von den Illyrern angelegt wurden und bis heute in Betrieb sind.

Neben der Salzgewinnung dienen die flachen Lagunen der Meeresarme auch zur einträglichen **Austernzucht.** Preiswert und garantiert frisch kann man die Delikatesse in dem uralten, vom Erdbeben verschont gebliebenen Wehrdorf Mali Ston kosten, das sich malerisch um ein kleines Hafenbecken gruppiert und von den Festungen Koruna und Podzvizi überragt wird.

Hier werden Austern gezüchtet

Information
TZO Ston, 20230 Ston, Pelješki put 1, Tel./Fax 020 754452, www.ston.hr (auch auf Deutsch)

Parken
Parken kann man entlang der Stadtmauer von Veliki Ston oder am Ortsrand von Mali Ston.

Essen
Koruna, Mali Ston, Tel. 020 754999, Fax 020 754642, www.vila-koruna.hr (auf Engl.). Das vor der Stadtmauer gelegene Restaurant mit großen Bassins direkt im Speisesaal bietet hervorragende Austern und zahllose andere Meeresfrüchte aus eigener Zucht; Feinschmecker aus Italien kommen eigens hierher, um die Muscheln und Meeresfrüchte zu genießen.

⑲ Camping Prapratno ***
42,81781°N 17,67583°O

Schöner, teils schattiger, teils sonniger Wiesenplatz an einer hübschen Kiesbucht. **Lage/Anfahrt:** von Veliki Ston ca. 3 km in Richtung Orebić, dann bei der Rechtskurve links hinunter; **Wasser:** mit Kanister; **Abwasser:** Schacht ganz am Ende des Platzes; **Chemie-WC:** im WC; **Strom:** ja; **Preis:** ca. 28 €; **Geöffnet:** 01.05.–30.09.; **Kontakt:** Tel. 020 754000, Fax 020 754344, www.duprimorje.hr

Süddalmatien umfasst die „Gespanschaft" (Županije) Neretva-Dubrovnik – vom fruchtbaren Neretva-Delta bis zur Festungsstadt Dubrovnik und bis zum Konavle-Tal mit der Halbinsel Pelješac, dem romantischen Korčula, der Honiginsel Mljet und dem Archipel der Elaphyten. Die lange Anreise über die kurvenreiche Adria-Magistrale lässt den Touristenstrom hier etwas dünner werden. Doch der lange Weg lohnt sich, vor allem auch, weil diese Küste und ihre Inseln weniger überfüllt sind als die Touristenzentren Istriens. Hier hat man noch Chancen auf stille Plätzchen, an denen man ungestört stehen und baden kann. An Vielfalt und Kontrasten ist auch in Süddalmatien kein Mangel: vom fruchtbaren Sumpfland des Neretva-Deltas mit seinen Sandstränden bis zu kargen Felsenküsten, von den Austernbänken bei Ston bis zur „kroatischen Toskana" des Konavle-Tals, von steinigen Bergregionen, in denen Mufflons und Schakale leben, bis zur subtropischen Üppigkeit der Insel Mljet und von den belebten Badezentren wie Cavtat bis zu den stillen Buchten der Inseln. Außerhalb der touristischen Zentren ist die Infrastruktur allerdings noch weniger ausgebaut. Die Campingplätze sind meist einfacher – dafür kann man aber liebevoll angelegte Privatplätze entdecken.

▷ *Im Hof des Klosters Sv. Klara, Dubrovnik*

ROUTE 7

SÜDDALMATIEN: VOM NERETVA-DELTA ZUR FESTUNGSSTADT DUBROVNIK

STRECKENVERLAUF

> **Entfernungen:**
> Ploče – Neum 34 km, Neum – Slano 34 km, Slano – Trsteno 14 km, Trsteno – Dubrovnik ca. 15 km, Dubrovnik – Cavtat ca. 15 km

ZWISCHEN PLOČE UND DUBROVNIK

Das glanzvolle Finale am Südende der Makarska Riviera bildete Gradac mit der Bucht Gornja Vala, in der einer der schönsten Strände der ganzen östlichen Adria zum Baden lockt (s. Route 5, S. 201). Danach verlässt die Adria-Magistrale für ein kurzes Stück die Küste und windet sich einen Bergrücken empor, hinter dem überraschend und in sattem Grün der bei Anglern sehr beliebte **Bačinska Jezera** aus dem Tal hervorleuchtet. Weit weniger reizvoll als dieser See ist die gesichtslose Industrie- und Hafenstadt **Ploče**: mehr ein Sprungbrett für die Fähre zur Halbinsel Pelješac (s. S. 222) als ein Ort zum Verweilen.

Fähren
Ploče – Trpanj (s. S. 222), Information: Tel. 020 679321, Tel. 020 743911 (Trpanj/Pelješac)

DAS NERETVA-DELTA – SUMPFLANDSCHAFT IM KARST

(Ploče – Neum 34 km)

Information
TZG Ploče, Vladimira Nazora 45, 20340 Ploče, Tel./Fax 020 679510

Bei Ploče erreicht man das Neretva-Delta, eine amphibische Landschaft aus Wasser und ein wahres Vogelparadies. Das fruchtbare Schwemmland ist ein einziger üppiger Garten. Hier fährt man die Ernte nicht mit dem Wagen ein, sondern mit kleinen Kähnen. An der Straße bieten zahlreiche Stände frisch geerntetes Obst und Gemüse feil. Kleine, aber gute Sträßchen ziehen sich zwischen Schilf und

> **Die Neretva-Piraten**
> *Jahrhundertelang war das unwegsame Sumpfland des Neretva-Deltas Machtzentrum der berüchtigten Neretvaner, eines slawischen Stammes gefürchteter Seeräuber. Bis hinauf nach Omiš dehnte sich ihr Reich Paganien im 9.–13. Jahrhundert und umfasste zeitweise sogar die Inseln Brač, Hvar, Korčula und Mljet. Ende des 14. Jahrhunderts wurden sie vom bosnischen Königreich unterworfen, ihre Macht zerfiel und schließlich konnte sich Venedig das Piratenreich einverleiben.*

Wasserflächen zur Küste mit fast menschenleere Sandstrände hin. Kurz hinter der Abzweigung nach Opuzen klettert die Straße aus dem Delta wieder am Hang empor und eröffnet einen herrlichen Blick auf das grafische Muster der strahlenförmig verlaufenden Kanäle, Felder und Wasserflächen. Größere Parkflächen rechts der Straße laden dazu ein, diesen Ausblick bei einer Kaffeepause zu genießen.

Parken und Picknick
großer Schotterplatz mit Panoramablick dort, wo die Straße aus dem Delta emporsteigt

DER KORRIDOR VON NEUM

Kaum hat man diese eigenartige und so gar nicht in das sonstige Bild der Küste passende Sumpfebene hinter sich, da folgt als Gegenstück zu dieser launischen Eigenart der Natur ein politisches Kuriosum: der Korridor von Neum. Staatsrechtlich gehört der 8 km schmale Meereszugang mit riesigen Hotels und Villen zu **Bosnien-Herzegowina.** Zu sozialistischer Zeit hat sich die Politprominenz hier ihre Sommervillen errichtet, neben riesigen Hotelburgen für die zweite Garnitur. Inzwischen wurden reguläre Grenzkontrollstellen eingerichtet und da das Kuriosum inzwischen eine **EU-Außengrenze** ist, geht nun ohne Pass oder Ausweis nichts mehr. Tatsächlich wurden schon Urlauber zurückgewiesen, die einen Ausflug nach Dubrovnik machen wollten, aber den Pass an der Rezeption vergessen hatten! Und im Sommer bilden sich nun oft lange Warteschlangen verärgerter Urlauber. Einige Zeit wurde mit Hochdruck an einer Straßenbrücke gearbeitet, die kurz vor Klek zur Halbinsel Pelješac führen und so den Korridor von Neum umgehen sollte, doch dann wurde das Projekt eingestellt und

Die Felder und Deiche im Neretva-Delta bilden bizarre Muster

Route 7: Süddalmatien
Zwischen Ploče und Dubrovnik

> **Das Kuriosum von Neum**
> Bereits im 17. Jahrhundert hatte die Republik Ragusa (Dubrovnik) den schmalen Korridor von Neum den Osmanen überlassen: als schützende Pufferzone zu den venezianischen Gebieten. Als nach dem Zweiten Weltkrieg die Grenzen der jugoslawischen Teilrepubliken festgelegt wurden, blieb der Korridor bestehen und verschaffte Bosnien-Herzegowina einen Zugang zum Meer, der auch 1995 im Abkommen von Dayton erhalten blieb und Süddalmatien seither zur Exklave macht. Der schmale Meereszugang umfasst einige Badestrände – aber keinen geeigneten Hafen. Als Gegenleistung für freie Passage durch den bosnischen Landkorridor gewährt Kroatien dem Nachbarland freien Zugang zum Hafen von Ploče.

man dachte stattdessen über einen Tunnel nach. Seit dem EU-Beitritt Kroatiens 2013 rechnet man wieder damit, dass der Bau der Brücke 2015 beginnen kann.

Information

FVA Bosnien-Herzegowina, Branilaca Sarajeva 21/II, 71000 Sarajevo, Tel. +387 33 580999, Fax +387 33 580998, www.bhtourism.ba (auch auf Engl./ teils Deutsch)
Herzegowina: Tel. +387 (0)36 355090, Fax +387 (0)36 355096, www.hercegovina.ba (auch auf Engl.)
Botschaft von Bosnien und Herzegowina, Ibsenstrasse 14, 10439 Berlin, Tel. 030 81471210, Fax 030 81471211; Tivoligasse 54, 1120 Wien, Tel. 01 8118534; Thorackerstrasse 3, 3074 Muri b. Bern, Tel. 031 3511051, Fax 031 3511079

ENTLANG DER LANDENGE VON STON

(Neum – Abzweigung Halbinsel Pelješac 18 km, Abzweigung – Slano 16 km, Slano – Trsteno 14 km, Trsteno – Dubrovnik ca. 15 km)

Information
TZG Slano, 20232 Slano, Trg Rudera Boskovica 1, Tel./Fax 020 871236, tzo-dubrovacko-primorje@du.t-com.hr

Parken
kleiner, ebener und teils schattiger Parkplatz am Hafen

Hinter Neum folgt die Straße dicht an der Küste und durch kaum besiedeltes Land dem Kanal von Ston, über den hinweg man die Halbinsel Pelješac erblickt. Im seichten Wasser des Kanals erkennt man die Bojen und Leinen der zahlreichen Austern- und Muschelzuchten, für welche die Region um Ston bekannt ist, und passiert dann die Abzweigung zur Halbinsel **Pelješac** (s. S. 222). Inzwischen gibt es hier auch einen Stand, der frische Muscheln verkauft.

Auch dahinter zieht sich die Straße durch menschenleere und kaum erschlossene Küstenlandschaft bis nach **Slano.** Der kleine und recht ruhige Badeort liegt zwischen Kiefernwäldchen und Olivenhainen an einer reizvollen, 2 km langen Bucht mit schönen Stränden.

Etwa 14 km weiter erreicht man den inmitten üppiger Vegetation gelegenen Ort **Trsteno**, einst Residenz der bekanntesten Dubrovniker Familien *Gučetić (Gozze)*, die hier einen sehenswerten Park angelegt haben, einen der ältesten und schönsten Renaissanceparks des Landes (das heutige Arboretum). Zwei riesige, mehrere Jahrhunderte alte Platanen fallen bereits an der Ortsdurchfahrt ins Auge. Leider gibt es hier kaum Parkmöglichkeiten und die Zufahrt ist sehr eng. Ich konnte aber bei der Riesenplatane parken und die wenigen Schritte zu Fuß hinuntergehen.

Information
Trsteno und Orašac:
TZG Dubrovnik (s. u.)

⓻⓪ Autocamp Trsteno ***
42,71472°N 17,97773°O

Sympathischer, familiärer Platz mit Terrassen in parkartiger Landschaft am Hang, nahe dem Arboretum und 10 Min. vom felsigen Strand entfernt; schöne Gaststätte. **Lage/Anfahrt:** Am nördlichen Ortseingang von Trsteno rechts hinab (recht steil und schmal, aber auch mit Standard-Womos problemlos; Wendemöglichkeit vorhanden). **Wasser:** ja; **Chemie-WC:** nein; **Strom:** ja; **Preis:** ca. 16 €; **Geöffnet:** 1.5.–1.10.; **Kontakt:** Tel. 020 751060, Fax 020 751010, camping-trsteno@trsteno.hr

Beim Dörfchen **Zaton** schlingt sich die Straße um eine weitere kleine Bucht herum, dann steht man vor den Pforten der Adriaperle Dubrovnik. Vor einiger Zeit musste man noch einen gut 10 km langen Umweg um die fjordartige Bucht machen (die Kroatien hier fast bis zur Ostgrenze durchschneidet!), heute kann man sie auf einer Brücke überqueren, die mit Stahlseilen an einem einzigen Pfeiler hängt.

◁ *Imposant: die Brücke bei Dubrovnik*

Route 7: Süddalmatien

Zwischen Ploče und Dubrovnik

DUBROVNIK – BOLLWERK ZWISCHEN ORIENT UND OKZIDENT

Versuchen Sie am besten gar nicht erst, mit dem Wohnmobil bis vor die Tore der Altstadt zu gelangen, denn erstens ist dies stressig und zweitens werden Sie dort garantiert keinen Parkplatz finden und müssen dann sowieso wieder zurückfahren. Biegen Sie lieber gleich rechts ab und fahren sie in Richtung zum **Fährhafen** im Stadtteil **Gruž** (Schilder mit Schiffssymbol). Sie können Ihr rollendes Zuhause dann auf dem großen, gebührenpflichtigen Platz am Hafen abstellen und den Stadtbus (Linie 6) ins Zentrum nehmen (ca. 2 km) oder um die Hafenbucht herumfahren und den Schildern zum **Campingplatz „Solitudo"** folgen, denn erstens stehen Sie dort auf einem der besten Plätze Süddalmatiens, nicht weit vom Strand und der Bushaltestelle, und zweitens lohnt es sich, für Dubrovnik mehr als ein paar Stunden Zeit zu haben. (Sollten Sie allerdings doch bereits vor dem Stadttor stehen, so können Sie rund 800 m weiter in Richtung Cavtat fahren und versuchen, auf dem Parkplatz der Seilbahn eine Lücke zu finden).

Die **Altstadt** von Dubrovnik mit ihren riesigen Mauern und mittelalterlichen Kirchen, Klöstern und Patrizierpalästen ist ein Gesamtkunstwerk und Kulturdenkmal, das in Europa seinesgleichen sucht. Mit kulturhistorischen Schätzen von Weltrang und mediterranem Charme ist die als Weltkulturerbe geschützte Festungsstadt ein faszinierendes Reiseziel und zugleich Sprungbrett zu den subtropischen Naturparadiesen der süddalmatinischen Inseln.

Information

TZG Dubrovnik
(Stadt-Information),
Brsalje 5, 20000 Dubrovnik,
Tel. 020 323887,
http://experience.dubrovnik.hr (auch auf Deutsch)

TZŽ Dubrovnik-Neretva
(Region Süddalmatien),
Vukovarska 24, PP 259,
20000 Dubrovnik, Tel. 020 427591, Fax 020 324224,
www.visitdubrovnik.hr
(auch auf Deutsch)

Infobüros in Dubrovnik

PILE, Branitelja Dubrovnika 7, 20000 Dubrovnik,
Tel. 020 427591
GRUZ, Obala S. Radica 32, 20000 Dubrovnik,
Tel. 020 417983
LAPAD, Setaliste kralja Zvonimira 25, 20000 Dubrovnik,
Tel. 020 437460, **Öffnungszeiten aller Büros:** Mo–So 8–20 Uhr, im Winter außer Do tägl. 9–15 Uhr

Parken
42,65966°N 18,08589°O
Fährhafen Gruž: großer, ebener und beleuchteter, aber teurer und nicht sonderlich ruhiger Teerplatz direkt am Fährhafen

Ragusa – Dubrovnik: eine kleine Stadtgeschichte

Als die Awaren 605 die Römerstadt Epidaurum (heute Cavtat) eroberten, flüchteten die Überlebenden auf einen steil aus dem Meer aufragenden Felsen. Sie nannten ihre neue Heimat „Ragusa" (vermutlich von „Lausa", griechisch für „Fels"). Gegenüber, am Fuße des Berges Srd, siedelten die Slawen und nannten ihren Ort „Dubrava" (von „Dubr", slawisch für „Eiche"). Beim Verfall des Oströmischen Reichs gelang es den Ragusanern, ihre ökonomisch günstige, strategisch jedoch höchst prekäre Lage am Schnittpunkt zwischen Orient und Okzident auszunutzen, indem sie sich zum Mittler zwischen den konkurrierenden Kräften machten. Selbst als Venedig 1204 Byzanz eroberte und Ragusa unter venezianische Herrschaft geriet, konnte die Handelsmetropole sich beträchtliche Freiheiten bewahren.

1526 wurde Ragusa zu der mit allen Attributen staatlicher Souveränität ausgestatteten „Freien Stadtrepublik Ragusa". Ihre Blütezeit währte bis ins 17. Jahrhundert und ihr Stadtbild wurde durch venezianische Kirchen und Paläste geprägt. Niemandem ist es je gelungen, das monumentale Bollwerk einzunehmen. So war es übermenschlichen Kräften vorbehalten, den strahlenden Stern fast zum Erlöschen zu bringen. Am Morgen des 6. April 1667 verwüstete ein Erdbeben die Stadt und vernichtete ihre Kunstschätze. Nur etwa 2 Prozent ihrer rund 20.000 Einwohner überlebten die Katastrophe. Doch exakt nach den alten Plänen bauten sie ihre Stadt neu auf. Ihren alten Glanz hat sie danach nicht wieder erreicht und 1808 fiel alle Regierungsgewalt an Napoleons Statthalter und die stolze Stadtrepublik erlosch. Den Namen Ragusa behielt sie weiterhin. Erst nach dem Zweiten Weltkrieg wurde Ragusa als Dubrovnik zu einem Teil von Titos Vielvölkerstaat. Als die Serben die Stadt 1991 vom Berg Srd herunter mit Granaten beschossen, drohte der Untergang eines einzigartigen Kulturerbes. Doch die Schäden hielten sich in Grenzen und heute ist praktisch nichts mehr davon zu sehen.

Eindrucksvoller könnte der Eintritt in das historische Herz von Dubrovnik kaum sein als durch das gewaltige **Pile-Tor** an der Nordseite. Nicht nur, dass es als Bauwerk und Befestigung imponiert – zugleich ist es fast wie das Tor in eine andere Welt: Aus dem Verkehrschaos des Brsalje-Platzes wechselt man in ein autofreies Idyll, das jedem Historienfilm als Kulisse dienen könnte. Breit und schnurgerade schneidet die Placa (oder Stradun) genannte Pflasterstraße durch das historische Ensemble und markiert den Verlauf des einstigen Kanals, der die Felsinsel vom Festland trennte. Alle Gebäude entlang dieser Flaniermeile sind aus demselben gelbweißen Stein erbaut, mit dem auch der Boulevard gepflastert ist. Die großen Steinplatten glänzen wie frisch gewachst und poliert, denn in vielen Jahrhunderten haben Millionen von Füßen sie spiegelblank geschliffen.

Gleich hinter dem Pile-Tor erreicht man den von einer schmucken Kuppel gekrönten **Großen Onofrio-Brunnen** und links führt eine steile Treppe hinauf zum Wehrgang der **Stadtmauer** und zum **Minčeta-Turm,** von dem sich einer der schönsten Blicke auf die Altstadt eröffnet. Und egal, was man sonst anschaut oder nicht: Ein Spaziergang auf dieser einzigartigen Mauer (am besten bei Sonnenuntergang!) sollte bei keinem Dubrovnik-Besuch fehlen! Von dort oben überblickt man die ganze Pracht der Stadt- und Festungsanlage wie auf einem Stadtplan im Maßstab 1 : 1. Geschaffen hat dieses monumentale Bollwerk der Architekt *Juraj Dalmatinac,* der die Stadt Mitte des 15. Jahrhunderts (mit Finanzhilfe des Vatikans!) als äußersten Vorposten des Christentums gegen den türkischen Balkan ausbaute. Bis zu 25 Meter hoch und sechs Meter mächtig türmen sich die Felsquader der fast 2 km langen Zyklopenmauer. 15 Wehrtürme und vier Bastionen ergänzen die Anlage.

Zwischen der kleinen Erlöserkapelle am Pile-Tor und der an den Stradun grenzenden Klosterkirche führt eine schmale Gasse zum **Franziskanerkloster.** Es besitzt einen herrlichen Kreuzgang mit filigranen Doppelsäulen um den stillen Innenhof mit Orangenbäumen und Oleander herum. Zu seinen größten Kostbarkeiten zählt jedoch die seit 1317 unverändert erhaltene **Klosterapotheke,** eine der ältesten der Welt.

Am anderen Ende des Stradun gelangt man auf die weite **Placa Luža,** seit Jahrhunderten das Zentrum allen städtischen Lebens. Ihre Mitte markiert das mittelalterliche

Die monumentale Stadtmauer beim Pile-Tor

Symbol der freien Handelsstadt, eine große Roland-Säule. Um den Platz erheben sich die repräsentativen Sitze der drei tragenden Säulen Ragusas (Kaufleute, Ratsherren und Kirche): Der **Sponza-Palast** der Kaufleute, eines der wenigen Bauwerke, die das Erdbeben von 1667 überstanden haben, die schlichte, aber monumentale, von einer mächtigen Kuppel überspannte **Marienkathedrale (Kathedrale Sv. Gospa)** und der **Ratspalast**, der bis heute noch als Rathaus dient.

Direkt daneben erstreckt sich der **Rektorenpalast** mit seiner prachtvoll verzierten Renaissance-Loggia und dem Arkaden-Innenhof. Über seinem Portal liest man die Maxime der Stadtrepublik: „Obliti privatorum, publica curate" – „Vergesst den Privatkram, sorgt für die Öffentlichkeit!"

Vom Stradun und den Plätzen führend Dutzende von Gassen in ein faszinierendes Labyrinth der Entdeckungen: historische Bauwerke, Kunstschätze und zahllose Restaurants. Nehmen Sie sich Zeit zum Bummeln und Genießen!

Der Wunschkopf
An der Fassade der Franziskaner-Klosterkirche entdeckt man rechts neben dem Portal einen etwa in Kniehöhe aus der Wand ragenden Reliefkopf. Wer den Balanceakt schafft, mit beiden Beinen und ohne sich festzuhalten auf der schmalen, glatten und abschüssigen Fläche des Kopfes zu stehen, dessen Wunsch geht in Erfüllung – so heißt es. Die Dubrovniker schwören auf ihren Wunschkopf – und wie die starken Abnutzungen zeigen, wird er seit Generationen fleißig genutzt.

Fähren
Der **Fährhafen** der Stadt Dubrovnik liegt etwa 2 Kilometer nördlich der Altstadt im Stadtteil Gruž. Ab hier fahren z. B. die internationale Autofähre nach Bari/Italien, die nationale Eilfähre nach Rijeka (mit vielen Zwischenstopps) und eine regionale Autofähre nach Sobra/Mljet. Man kann von hier aber auch mit einer der diversen Personenfähren zu den Elaphiten-Inseln Šipan, Lopud und Koločep fahren.
Jadrolinija-Büro, Obala S. Radiča 40, Tel. 020 418000, Fax 020 418111

Essen
Weinbar Taverna Arsenal, Pred Dvorom 1 (im ehemaligen Arsenal), Tel. 020 321065. Das ehemalige „Stadtcafé" ist eines der beliebtesten Lokale, in dem sich Einheimische wie Besucher gleichermaßen treffen – allerdings mehr wegen des Ambientes als wegen der Küche. Man sitzt entweder auf der belebten Terrasse zur Placa hin oder, was Fremde oft nicht wissen, auf der stillen Meeresterrasse mit Blick auf den alten Hafen, das Fort Revelin und die Villen von Ploče.
Ragusa 2, Zamanjina 12, Tel. 020 321203. Das Ragusa 2 ist ein traditionsreiches, seit 1929 bestehendes Restaurant in der Altstadt und bietet gute dalmatinische Küche.

71 Camping Solitudo ★★★
42,66149°N 18,07028°O

Große Anlage mit mehreren Plätzen (die einzige im Stadtgebiet); gut, aber teuer; wenig Schatten; nachts Autolärm; belebter Strand und Pool wenige 100 m entfernt; gute Ver-/Entsorgungsstation nahe der Rezeption, in der Saison mit Warteschlangen; Buslinie 6 zur Altstadt (Haltestelle ca. 500 m vom Platz). **Lage/Anfahrt:** Richtung Fährhafen Gruž und den Schildern zur Hotel-Halbinsel folgen; der Platz ist

in weitem(!) Umkreis ausgeschildert, trotzdem kann man sich im Gewirr des Stadtverkehrs verfransen; **Wasser:** ja, Station nahe dem Eingang mit Schlauchanschluss; **Abwasser:** tadellose Plattform mit Schacht nahe dem Eingang; **Chemie-WC:** ja; **Strom:** ja; **Preis:** ca. 50–52 €; **Geöffnet:** 01.04.–31.11., **Kontakt:** V. Lisinskog 17, Tel. 020 465010, Fax 020 448688, www.camping-adriatic.com/solitudo-camp-dubrovnik (auch auf Deutsch). **Tipp:** Camping Kate (s. S. 240) ist nur 8 km von Dubrovnik entfernt, gute Bus-/Bootsverbindungen zur Altstadt und nur halb so teuer!

Route 7: Süddalmatien

CAVTAT UND DAS KONAVLE-TAL

(Dubrovnik – Cavtat ca. 15 km)

Verlässt man Dubrovnik nach Süden in Richtung Cavtat, so klettert die Küstenstraße am steilen Fuß des Berges Srd empor und bietet herrliche Panoramablicke auf die an drei Seiten vom Meer umgebene Altstadt (mehrere Parkplätze am Straßenrand; schönster Blick am Morgen). Dann geht es wieder hinunter zur **Župski-Bucht** mit den kleinen Badeorten **Srebreno** und **Mlini,** an der Kroatien zwischen der bosnischen Grenze und dem Meer gerade noch einen Kilometer breit ist.

ⓖ Camping Kupari **
42,62396°N 18,18832°O

Ein alter und eher einfacher, aber preisgünstiger Platz in Strandnähe, allerdings ohne eigenen Strand. Es ist ruhig und schattig und selten sehr voll. **Lage/Anfahrt:** in Srebreno an der Tankstelle links; **Wasser:** ja; **Abwasser:** Betonschacht mit nicht ganz einfacher Zufahrt; **Chemie-WC:** ja; **Strom:** ja; **Preis:** 22 €; **Geöffnet:** April–Okt.; **Kontakt:** Tel. 020 487307, Fax 020 487307, www.campkupari.com (auch auf Deutsch)

ⓖ Camping Kate ***
42,62459°N 18,20802°O

Ein ausgesprochen sympathischer, kleiner Privatplatz oberhalb des Meeres mit schönem Ausblick, viel Grün, Hangterrasse, WLAN und einem netten und sehr hilfsbereiten jungen Mann an der Rezeption, der etwas deutsch und englisch spricht; Taxiboote und Busse nach Dubrovnik. **Lage/Anfahrt:** hinter Soline unmittelbar rechts der Küstenstraße; **Wasser:** Schlauch gegenüber der Entsorgungsstation; **Abwasser:** an der Einfahrt links Betonplatte mit Loch; nicht ganz ideale Zufahrt; **Chemie-WC:** möglich; in der Abwasser-Entsorgung; **Strom:** ja; **Preis:** ca. 25 €; **Geöffnet:** April–Okt.; **Kontakt:** Tupina 1, 20207 Mlini, Tel. 020 487006, Fax 020 487006, www.campingkate.com (auch auf Deutsch)

Information
TZG Cavtat & Konavle,
Zidine 6, 20210 Cavtat,
Tel. 020 479025,
Fax 020 478025, www.visit.cavtat-konavle.com/de

Etwa 15 km südlich von Dubrovnik, auf einer bewaldeten Halbinsel jenseits der Župski-Bucht, zweigt rechts eine Straße zum Feriestädtchen **Cavtat** ab, besser bekannt unter seinem antiken Namen Epidauros. Seine malerische Altstadt, die luxuriösen Hotels, eine traumhafte Promenade, schöne Strände und diverse Kulturdenkmäler haben den Ort zu einer Touristenattraktion ersten Ranges gemacht.

Parken
großer Parkplatz am Ende der Stichstraße, knapp 3 km hinter der Abzweigung; Felsstrand und schöner Spazierweg

Von Cavtat nach Südosten erstreckt sich zwischen bewaldeten Küstenbergen und dem 1234 m hohen Snježnica-Massiv bis zur Bucht von Kotor das 20 km lange **Konavle-Tal** (Konavosko Polje), das wegen seiner zahlreichen Zypressen, Olivenhaine und Weinberge und seines milden Klimas als die „Toskana Dalmatiens" bezeichnet wird. Dieses fruchtbare Tal im Südzipfel Dalmatiens ist dafür bekannt, dass dort alte Bräuche und Feste auch bis heute noch gepflegt und gelebt werden.

Besonders gerühmt wird auch seine traditionelle Küche. Die wohl beste Möglichkeit, ihre Köstlichkeiten kennenzulernen, bietet das **Restaurant „Konavski dvori"** in einer alten Mühle am romantischen Wildbach Ljuta (bei Gruda links abbiegen und der kleinen Straße ca. 3 km folgen). Hier stimmt einfach alles – nicht zuletzt das traumhafte Ambiente der Gartenwirtschaft im kühlen Schatten der Bäume direkt am rauschenden Wasser.

Essen

Konavoski Dvori, 20217 Pridvorje, Ljuta, Tel. 020 442526, Fax 020 791453, www.esculaprestaurants.com/?konavoskidvori (auf Engl.), tägl. 12–24 Uhr. Das romantische Restaurant in einer alten Mühle hat viele Tische im Freien unter schattigen Bäumen am kühlenden Wildbach Ljuta. Früher wurden vor allem ausgezeichnete Lammgerichte, frische Forellen und exzellentes selbstgebackenes Brot geboten, serviert von hübschen Mädchen in regionaler Tracht. Inzwischen umfasst die Karte ein weit breiteres Spektrum an Spezialitäten aus verschiedenen Regionen Kroatiens und die Qualität kann sich noch immer sehen lassen.

⓴ Autocamp Monika ***
42,45277°N 18,42863°O

Ein sehr familiärer Platz mit schön angelegten Terrassen über einer stillen, eigenen Bucht mit kleinem Sandstrand. Sehr mildes Mikroklima ganz ohne Bora und mit Wassertemperaturen über 19°C schon Anfang Mai; gutes Restaurant mit herrlichem Meerblick. Božo und Monika produzieren außerdem Bio-Olivenöl und guten Wein. Ein wahrer „Geheimtipp" und so weit im südlichsten Winkel des Landes, dass man ihn vielleicht sogar verraten darf, ohne dass der Platz gleich überrannt wird. **Lage/Anfahrt:** Von Dubrovnik nach Süden und einige Kilometer hinter Gruda rechts abbiegen; sehr gut ausgeschildert. In Molunat links steil hinunter. **Wasser:** ja; **Abwasser:** ja, tadellose Plattform; **Chemie-WC:** ja; **Strom:** ja; **Preis:** 27 €; **Geöffnet:** ganzjährig; **Kontakt:** Božo Metković, 20219 Molunat, Tel./Fax 020 794557, www.camp-monika.hr (auch auf Deutsch). **Aktivitäten:** In der näheren Umgebung gibt es neben erstklassigen Bademöglichkeiten u. a. das Tauchcenter Molunat (Tel. 020 794352), Adventure Dalmatia (www.adventuredalmatia.com, auch auf Engl.), Reitzentrum und ATV Safaris (Tel. 020 798899, Fax 020 798819, www.kojankoral.hr) und Möglichkeiten für schöne Radtouren. Drei gute Faltblätter inklusive Karte verteilt das TZG Cavtat & Konavle (s. S. 240).

Tipp

Abstecher nach Herzegowina: Der Grenzübergang bei Dabeli brijeg ist in der Saison überlastet. Dann kommt man schneller und problemloser über die Grenze, indem man die westlich verlaufende Parallelstrecke über Pločice und Vitaljina wählt.

MLJET – HONIGINSEL MIT SUBTROPISCHER PFLANZENPRACHT

◨ *Üppiges Grün prägt die Insel Mljet*

Mljet ist die südlichste und die grünste aller dalmatinischen Inseln. Touristisch ist das stille Naturparadies kaum erschlossen und deshalb der perfekte Ort für Naturliebhaber. Die knapp 100 km² große „Honiginsel" (wie der aus dem Griechischen abgeleitete Name lautet) ist nur von 1200 Menschen bewohnt und zu 80 % von herrlichen Eichen-, Pinien- und Kiefernwäldern bedeckt. Dank dieser unberührten Natur wurde ein Teil der Insel zum Nationalpark erklärt. Der Legende zufolge haben hier einst die wilden Amazonen gelebt und in der Meeresgrotte soll Odysseus sieben vergnügliche Jahre bei der Nymphe Kalypso verbracht haben.

Neben üppiger Natur, eigenartigen Salzseen und der **Klosterinsel Sv. Marija** sind es die stillen Strände, die den Besuch von Mljet lohnen. Besonders schön ist die Sandbucht Saplunara beim Dorf Korita, am Ostende der Insel. Fährhafen ist **Sobra** an der Bucht im Nordosten der Insel. Hier legen die Küstenfähren Split – Dubrovnik an und in der Saison tägliche Personen- und Autofähren von Dubrovnik.

Hauptattraktion der Insel ist jedoch der **Nationalpark Mljet,** der ihr westliches Drittel umfasst. Der 31 km² große Nationalpark wurde 1960 gegründet, um die üppige und artenreiche Pflanzenwelt der

Insel zu schützen. Neben Kiefern- und Steineichenwäldern gedeihen Lorbeer-, Johannisbrot- und Olivenbäume, Mastixsträucher und Myrten. Die einst ebenfalls sehr reiche Vogel- und Reptilienwelt wurde allerdings durch den zur Schlangenbekämpfung eingeführten Mungo stark dezimiert. Das Kernstück des Nationalparks bilden die beiden natürlichen **Salzseen Veliko Jezero** und **Mali Jezero,** die durch Kanäle mit dem Meer verbunden sind. Entstanden sind sie aus Karstsenken, die sich durch das Ansteigen des Meeres mit Wasser gefüllt haben. Ein besonders beliebtes Touristenziel ist die „Insel auf der Insel" im Veliko Jezero mit einem Benediktinerkloster.

Da die einzige Autofähre von Dubrovnik nach Sobra auf Mljet nur einmal täglich verkehrt, etwa 2 Stunden braucht und für Wohnmobile nicht gerade billig ist, empfiehlt es sich, den Nationalpark bei Pomena per Tagesausflug von Korčula aus zu besuchen (s. S. 218).

Information Mljet
Nationalpark-Verwaltung, Pristanište 2, 20226 Goveđari, Tel. 020 744041, Fax 020 744041, www.np-mljet.hr (auch auf Engl.)
TZO Goveđari, 20226 Goveđari, Tel. 020 744186, Fax 020 744086
TZO Babino Polje, 20225 Babino polje, Tel./Fax 020 745125
Mljet Travel Guide, www.mljettravel.com (auf Engl.)

Fähren
Fähren verkehren von Prapratno/Pelješac und Dubrovnik via Šipan (zweimal tägl.) nach Sobra auf Mljet, außerdem bieten viele Agenturen Tagesausflüge an;
Info: Tel. 020 754247 (Prapratno); Tel. 020 418000 (Dubrovnik); Tel. 020 746134 (Sobra/Mljet)

◁ *Blick auf das Kloster Sv. Marija*

ANHANG

ÜBERSICHT STELL- UND CAMPINGPLÄTZE

GPS-Koordinaten der im Buch beschriebenen Stell- und Campingplätze (Kartendatum WGS84). Die aufgeführten Stell- und Campingplätze können als Waypoint-Liste auf der Produktseite dieses Buches unter www.reise-know-how.de heruntergeladen werden.

Route 1

Nr.	Name, Ort	Länge/Breite	Seite
1	Camping Pineta	45,48687°N 13,49218°O	65
2	Camping Stella Maris	45,45005°N 13,52242°O	66
3	Camping Finida	45,39248°N 13,54199°O	67
4	Camping Park Umag	45,36729°N 13,54722°O	67
5	Camping Mareda	45,34306°N 13,54833°O	68
6	Camping Sirena	45,31565°N 13,57567°O	69
7	Lanterna	45,29860°N 13,59352°O	70
8	FKK-Camp Ulika, Plava Laguna	45,25709°N 13,58381°O	71
9	Camping Bijela Uvala	45,19153°N 13,59667°O	71
10	Camping Porto Sole	45,14172°N 13,60201°O	78
11	Stellplatz Farm Pino	45,22014°N 13,72889°O	81
12	Stellplatz Motovun	45,33491°N 13,82504°O	87
13	Camping Polari	45,06340°N 13,67458°O	94
14	Camping Valalta Naturist	45,12282°N 13,63118°O	94
15	Camping Veštar	45,05431°N 13,68585°O	95
16	Camping Village Stoja	44,85963°N 13,81475°O	98
17	Camping Indije	44,82446°N 13,85349°O	100
18	Camping Village Medulin	44,81454°N 13,93202°O	101
19	Kranjski Camp	44,80681°N 13,91635°O	101
20	Camping Oliva	45,08089°N 14,14577°O	103

Route 2

Nr.	Name, Ort	Länge/Breite	Seite
21	Camping Sibinj	45,04415°N 14,87823°O	113
22	Kamp Škver	44,99390°N 14,89976°O	113
23	Camping Turist Grabovac	44,973530°N 15,64788°O	119
24	Bluesun Camp Paklenica	44,28702°N 15,44621°O	121

Route 3

Nr.	Name, Ort	Länge/Breite	Seite
25	Camping Kovacine	44,96314°N 14,39713°O	127
26	Camping Slatina	44,82083°N 14,34293°O	129
27	Camping Bijar	44,69941°N 14,39696°O	130
28	Camping Baldarin	44,61110°N 14,51731°O	131
29	Camping Lopari	44,68102°N 14,39584°O	132
30	Camping Čikat	44,53597°N 14,45064°O	134
31	Camping Njivice	45,16993°N 14,54696°O	136
32	Autocamp Bor	N45.02266 E14.56300°O	137
33	Camper Stop Krk	45,02954°N 14,58164°O	137
34	Camping Pila	45,01595°N 14,62838°O	138
35	FKK-Camp Konobe	44,99097°N 14,63076°O	138
36	Camping Zablaće	44,96714°N 14,74523°O	140
37	Naturist Camp Bunculuka	44,96906°N 14,76680°O	140
38	Camping San Marino	44,82337°N 14,73691°O	144

Route 4

Nr.	Name, Ort	Länge/Breite	Seite
39	Camping Straško	44,53878°N 14,88596°O	149
40	Camping Šimuni	44,46523°N 14,96710°O	150
41	Camping Zaton	44,23451°N 15,16662°O	154
42	Camping Filko	44,00509°N 15,36733°O	164
43	Camp Đardin	43,96099°N 15,42899°O	165
44	Camping Soline	43,92818°N 15,45514°O	165
45	Camping Kozarica	43,91113°N 15,49965°O	166
46	Autocamp Oaza Mira	43,88613°N 15,53305°O	167
47	Camping Jezera-Lovišća (Jezera)	43,79184°N 15,62771°O	168
48	Autocamp Slanica (Murter)	43,80692°N 15,58664°O	168
49	Camping Resort Solaris	43,69930°N 15,87937°O	172
50	Camping Marina	43,79982°N 15,94324°O	173

Übersicht Stell- und Campingplätze

Route 5

Nr.	Name, Ort	Länge/Breite	Seite
51	Camping Jasenovo	43,65088°N 15,95188°O	178
52	Camping Adriatic	43,60657°N 15,92210°O	180
53	Camping Vranjica Belvedere	43,51193°N 16,19421°O	184
54	Camping Rožac	43,50514°N 16,25817°O	184
55	Camping Biluš	43,55133°N 16,34913°O	186
56	Camping Stobreč	43,50428°N 16,52598°O	191
57	Camping Galeb	43,44073°N 16,67979°O	193
58	Camping Sirena	43,40636°N 16,77778°O	194
59	Camping Dole	43,17082°N 17,19684°O	200
60	Camping Male Čiste	43,16836°N 17,20909°O	200

Route 6

Nr.	Name, Ort	Länge/Breite	Seite
61	Camping Mario	43,26476°N 16,65098°O	210
62	Camping Mlaska	43,13706°N 17,14363°O	212
63	Camping Grebišće	43,15844°N 16,71093°O	212
64	Camping Holiday-Jelsa	43,16073°N 16,70819°O	212
65	Camping Kalac	42,95627°N 17.13650°O	220
66	Camping Mindel	42,98393°N 16,67062°O	221
67	Camping Nevio	42,98330°N 17,19799°O	223
68	Camping Palme	42,97658°N 17,12939°O	223
69	Camping Prapratno	42,81781°N 17,67583°O	227

Route 7

Nr.	Name, Ort	Länge/Breite	Seite
70	Autocamp Trsteno	42,71472°N 17,97773°O	233
71	Camping Solitudo	42,66149°N 18,07028°O	238
72	Camping Kupari	42,62396°N 18,18832°O	240
73	Camping Kate	42,62459°N 18,20802°O	240
74	Autocamp Monika	42,45277°N 18,42863°O	241

KLEINE SPRACHHILFE KROATISCH

WÖRTER RUND UMS WOHNMOBIL

A

Abblendlicht	oboreno svjetlo
abdichten	zaptivanje
Abschleppen	šlepati
Abschleppseil	saila za šlepanje
Abschleppwagen	vozilo za šlepanje
abstellen/parken	ostaviti/parkirati
Abwasser	odpadne vode
Achse	osovina
Alarmanlage	alarmni uređas
Ampel	semafor
Anlasser	anlaser
Anschluss/Adapter	priključak/adapter
Antriebsräder	pogonski točkovi
Auspuff	auspuh
Auto	auto

B

Bahnübergang	prijelaz za vlak
Batterie	baterija
Batterie laden	bateriju napuniti
Baustelle	gradiliste
befahrbar (nicht befahrbar)	prohodan (nije prohodan)
Benzin	benzin
Benzinpumpe	benzinska pumpa
beschädigt	oštećen
Blinker	žmigavac
Breite	širina
Bremsbelag	kočione obloge
Bremse	kočnice
Bremsen (die)	kočiti
Bremsflüssigkeit	ulje za kočnice

C, D

Chemie-Toilette	hemiski toalet
defekt	kvar
dicht	zaptivanje
Dichtung	zaptivka
Diesel	dizel
Differential	diferencjal

E

Einbahnstraße	jednosmjerna ulica
Einspritzpumpe	pumpa za ubrizgavanie
eng, schmal	usko
entleeren/entsorgen	isprazniti
erlaubt	dozvoljeno
Ersatzrad	rezerni kotač
Ersatzteil	rezerni dio

F

Feder	opruga
Fernlicht	dugo svjetlo
Feuerlöscher	aparat za gašenje požara
Frostschutzmittel	antifriz
Führerschein	vozačka dozvola

G

Gang	brzina
Gasflasche	boca za gas
gebrochen	slomljen
geöffnet	otvoren
Gepäckträger	nosač prtljaga
geschlossen	zatvoreno
Geschwindigkeit	brzina
gesperrt	blokiran
Getriebe	mjenjač
Gewicht	težina
Glühbirne	sijalica
Grauwasser	mutna voda

H

Haarnadelkurve	oštra krivina
Halteverbot	zabrana zaustavljanja
Handbremse	ručna kočnica
Hebel	poluga
Heizung	grijanje
Hilfe	pomoć
Höhe	visina
Hupe	sirena

K

Kabel	kabal
Kanister (Benzin-)	kanister (benzin)
Kardanwelle (Antriebswelle)	kardansko vratilo (pogonsko vratilo)
Karosserie	karoserija
Keilriemen	kaišnik
Kfz-Kennzeichen	tablica
Kolben	klip
Kreuzung	krizanje
Kugellager	kuglični ležaj
Kühler	hladnjak
Kühlschrank	vitrina za hlađenje
Kupplung	kvačilo
Kurve	krivina
Kurzschluss	kratki spoj

L

Länge	dužina
langsames Fahrzeug	sporo vozilo
Lastwagen	teretno vozilo
leer	prazan
Lenkrad	volan
Lenkung	upravljanje
Licht ein- und ausschalten	svjetlo uključiti isključiti
Lichtmaschine	dinamo mašina
Luftfilter	zračni filter
Lüftung	zračenje

M, N

Massekabel	kabal za masu
Messstab	štap za mjerenje
Motor	motor
Motoröl	motorno ulje
Mutter	matica
Nabe	prirubnica
niedrig	nizak

O, P

Ölwechsel	mjenjanje ulja
Panne	kvar
Parkplatz	parking
Parkverbot	zabrana parkiranja
Propangas	propan gas

R

Rad	kotač
Radkappe	radkapa
Radkreuz	ključ za maticu
Radmutter	matica za kotač
Radwechsel	zamjena kotača
Rastplatz	mjesto za odmor
Reifen	guma
Reifendruck	pritisak u gumi
reparieren	popraviti
Reserverad	rezerni kotač
Rücklicht	zadnje svjetlo
Rückspiegel	ogledalo

S

Sackgasse	slijepa ulica
Schalter	prekidač
Scheibenwischer	brisač
Scheinwerfer	far
Schlauch	šlauf
Schlüssel	ključ
Schmutzwasser	prljava voda
Schneeketten	lanci za snijeg
Schraubenschlüssel	ključ za šarafe
Schraubenzieher	šafziger
Sicherung	osigurač
Starthilfe-Kabel	kablovi za startovanje
Stau	zaustavljanje
Steckdose	šteker ženski
Stecker	šteker muški
steil	strm
Stoßdämpfer	amortizer
Stoßstange	branik
Strom	struja

T

Tank	rezervar
tanken	točiti
Tankstelle	benzinska pumpa
Tempolimit	ograničenje brzine
Trinkwasser	voda za piće

Kleine Sprachhilfe Kroatisch

U

Überbrückungskabel	produžni kablovi
übernachten	prenoćište
Umleitung	promjena smjera
undicht	ne zaptiva
Unfall	nezgoda

V

Ventil	ventil
Ventilator	ventilator
Ver-/Entsorgung	snabdjevanje/ odvoženje
verboten	zabranjeno
Vergaser	karburator
Verletzte (Schwer-)	povređen (teško povređen)
Versicherung	osiguranje
voll tanken	pun rezervar
Vorfahrt	prednost

W

Wagenheber	dizalica za auto
Wasserpumpe	pumpa za vodu
Wassertank	rezervar za vodu
Werkstatt	radionica
Werkzeug	alat
Windschutzscheibe	vjetrobransko staklo
Wohnmobil	kamping vozilo
Wohnmobilist	vozač kamping vozila
Wohnmobil-Stellplatz	quickstop, kamperstop

Z

Zündkerze	svjećica
Zündschlüssel	kontakt ključ
Zündung	paljenje
Zylinder	cilindar
Zylinderkopf	glavava cilindra

HÄUFIGE GEBRAUCHTE BEGRIFFE

Berg	brdo	Markt	pijaca
Bucht	uvala	Platz	trg
Burg	kula	Rathaus	općina
Dorf	selo	Schloss	zamak
Ebene	ravan	Schlucht	zaliv
Fluss	rijeka	See	jezero
Gebirge	planine	Stadt	grad
Hafen	luka	Strand	mjesto
Hochebene	visoravan	Straße	ulica
Insel	ostrvo	Tal	dolina
Kirche	crkva	Teich	močvara
Kloster	manastir	Turm	toranj

Kleine Sprachhilfe Kroatisch

Das komplette Programm zum Reisen und Entdecken von

REISE KNOW-HOW

- **Reiseführer** – alle praktischen Reisetipps von kompetenten Landeskennern
- **CityTrip** – kompakte Informationen für Städtekurztrips
- **CityTrip PLUS** – umfangreiche Informationen für ausgedehnte Städtetouren
- **InselTrip** – kompakte Informationen für den Kurztrip auf beliebte Urlaubsinseln
- **Wohmobil-Tourguides** – alle praktischen Reisetipps für Wohnmobil-Reisende
- **Wanderführer** – exakte Tourenbeschreibungen mit Karten und Anforderungsprofilen
- **KulturSchock** – Orientierungshilfe im Reisealltag
- **Kauderwelsch Sprachführer** – vermitteln schnell und einfach die Landessprache
- **Kauderwelsch plus** – Sprachführer mit umfangreichem Wörterbuch
- **world mapping project™** – aktuelle Landkarten, wasserfest und unzerreißbar
- **Edition REISE KNOW-HOW** – Geschichten, Reportagen und Abenteuerberichte

Zu Hause und unterwegs – intuitiv und informativ
▶ **www.reise-know-how.de**

- **Immer und überall** bequem in unserem Shop einkaufen
- Mit **Smartphone, Tablet** und **Computer** die passenden Reisebücher und Landkarten finden
- **Downloads** von Büchern, Landkarten und Audioprodukten
- Alle **Verlagsprodukte** und **Erscheinungstermine** auf einen Klick
- **Online** vorab in den Büchern **blättern**
- Kostenlos **Informationen**, **Updates** und **Downloads** zu weltweiten Reisezielen abrufen
- **Newsletter** anschauen und abonnieren
- Ausführliche **Länderinformationen** zu fast allen Reisezielen

Weitere Titel für die Region von REISE KNOW-HOW

Kroatisch – Wort für Wort plus Wörterbuch

Dragoslav Jovanovic
978-3-89416-908-4
336 Seiten | Band 98+

Umschlagklappen mit Aussprache und wichtigen Redewendungen, umfangreiches Wörterbuch mit **über 10.000 Einträgen**
Kroatisch – Deutsch, Deutsch – Kroatisch

12,80 Euro [D]

Generell sind in den **Kauderwelsch Sprachführern** Grammatik und Aussprache einfach und schnell erklärt. Wort-für-Wort-Übersetzungen machen die Sprachstruktur verständlich und helfen, das Sprachsystem kennenzulernen. Die Kapitel sind nach Themen geordnet, um sich in verschiedenen Situationen zurechtfinden und verständigen zu können – vom ersten Gespräch bis zum Arztbesuch. In einer Wörterliste sind die wichtigsten Vokabeln alphabetisch einsortiert und ermöglichen so ein rasches Nachschlagen. Einige landeskundliche Hinweise runden die handlichen Sprachführer ab. In den **Kauderwelsch*plus*** Sprachführern befindet sich zusätzlich ein **umfangreiches Wörterbuch**, für alle, die noch intensiver in der jeweiligen Landessprache kommunizieren wollen.

www.reise-know-how.de

Foto: Daniela Schetar

CityTrip Dubrovnik

Daniela Schetar, Friedrich Köthe
978-3-8317-2490-1

11,95 Euro [D]

Mit begleitendem Service für Smartphones, Tablets & Co.:
→ GPS-Daten aller beschriebenen Örtlichkeiten
→ Stadtplan als GPS-PDF
→ Verlauf des Stadtspaziergangs
→ Mini-Audiotrainer Kroatisch

Viele reisepraktische Infos | Sorgfältige Beschreibung der interessantesten Sehenswürdigkeiten | Historische Hintergründe der Stadt | Geschichte der Region | Detaillierte Stadtpläne | Empfehlenswerte Unterkünfte | Restaurants aller Preisklassen | Erlebnisreicher Stadtrundgang | Mit City-Faltplan zum Herausnehmen | 144 Seiten

www.reise-know-how.de

REGISTER

A

Adriatic, Camping 180
Alkohol 26, 58
Am Fuss des Velebit 119
Anreise 14
Ausflüge 19
Auslandsschutzbrief 37
Austernzucht 226
Autocamp 53
Autocamp Bor 137
Autocamp Monika 241
Autocamp Oaza Mira 167
Autocamp Slanica 168
Autocamp Trsteno 233
Automobilklubs 38, 40

B

Bačinska Jezera 230
Bakar 111
Baldarin, Camping 131
Bankautomaten 31
Banken 32
Barrierefreies Reisen 19
Baška 139
Baška Voda 195
Beli 125
Bijar, Camping 130
Bijela Uvala, Camping 71
Biluš, Camping 186
Binnenland Istriens 79
Biograd na Moru 165
Biokovo-Panoramastraße 198
Biserujka-Höhle 142
Bluesun Camp
    Paklenica 121
Bol 208
Bor, Autocamp 137
Botschaft 19
Brač 204
Brela 194
Brestova 124
Brijuni-Inseln 99
Brot 21
Bucht von Soline 141
Bucht von Tar 68
Buje 88
Bunculuka,
    Naturist Camp 140
Buzet 85

C

Camp Đardin 165
Camper Stop Krk 137
Camping 53
Camping Adriatic 180
Camping Baldarin 131
Camping Bijar 130
Camping Bijela Uvala 71
Camping Biluš 186
Camping Čikat 134
Camping Dole 200
Camping Filko 164
Camping Finida 67
Camping Galeb 193
Camping Grebišće 212
Camping Holiday-Jelsa 212
Camping Indije 100
Camping Jasenovo 178
Camping Jezera-Lovišća 168
Camping Kalac 220
Camping Kate 240
Camping Kovacine 127
Camping Kozarica 166
Camping Kupari 240
Camping Lopari 132
Camping Male Čiste 200
Camping Mareda 68
Camping Marina 173
Camping Mario 210
Camping Mindel 221
Camping Mlaska 212
Camping Nevio 223
Camping Njivice 136
Camping Oliva 103
Camping Palme 223
Camping Park Umag 67
Camping Pila 138
Camping Pineta 65
Camping Polari 94
Camping Porto Sole 78
Camping Prapratno 227

Register

Camping Resort Solaris 172
Camping Rožac 184
Camping San Marino 144
Camping Sibinj 113
Camping Šimuni 150
Camping Sirena 69, 194
Camping Slatina 129
Camping Soline 165
Camping Solitudo 238
Camping Stella Maris 66
Camping Stobreč 191
Camping Straško 149
Camping Turist Grabovac 119
Camping Valalta Naturist 94
Camping Veštar 95
Camping Village Medulin 101
Camping Village Stoja 98
Camping Vranjica Belvedere 184
Camping Zablaće 140
Camping Zaton 154
Cavtat 240
Cetina-Schlucht 192
Čikat, Camping 134
Čiovo 184
Cittanova 68
Cres 124, 126
Crikvenica 112

D
Digitale Karten 37
Diplomatische Vertretungen 19
Dole, Camping 200
Drvenik 200
Dubrovnik 234
Dugi Otok 160

E
Einkaufen 20
Einreisebestimmungen 22
Entsorgung 58
Essen und Trinken 23

F
Fähre 17, 27
Fährgesellschaften 28
Farm Pino, Stellplatz 81
Fažana 99

Feiertage 29
Felsenfestung Klis 187
Felsenkloster Blaca 206
Feste 29
Feuer 57
Filko, Camping 164
Finida, Camping 67
FKK 54
FKK-Camp Konobe 138
FKK-Camp Ulika 71
Fotografieren 30
Freistehen 51
Fremdenverkehrsämter 34

G
Galeb, Camping 193
Gasversorgung 31
Geld 31
Gesundheit 32
Glagoliza 84
Go-Box 14
Goldenes Horn 208
Goldenes Kap 91
Golf 41
Gorgonia, Stellplatz 162
GPS-Koordinaten 9
Gradac 200
Grebišće, Camping 212
Grožnjan 87
Grüne Versicherungskarte 23

H
Halbinsel Medulin 100
Handy 49
Haustiere 33
Hirtensiedlung Humac 211
Holiday-Jelsa, Camping 212
Hum 82
Hvar 211, 215

I
Igrane 199
Indije, Camping 100
Informationen 34
Insel Murter 167
Internetseiten 36
Islamische Feiertage 29

J

Jablanac 119
Jasenovo, Camping 178
Jelsa 213
Jezera-Lovišća, Camping 168

K

Kalac, Camping 220
Kalifront-Halbinsel 144
Kamenjak, Regionalpark 101
Kamp Škver 113
Karstphänomene 82, 118
Karten 36
Kartensperrung 41
Kaštela 185
Kate, Camping 240
Kažuni 86
Klettern 41
Klima 39
Konavle-Tal 240, 241
Konobe, FKK-Camping 138
Konsulat 19
Korčula 217
Koromačna-Bucht 129
Korridor von Neum 231
Košljun 137
Kovacine, Camping 127
Kranjski Camp 101
Krk 135, 136
Krka-Nationalpark 173
Krk-Most 112, 136
Kroatische Küche 23
Kroatische Zentrale für Tourismus 35
Kuna 31, 56
Kupari, Camping 240
Küste von Rovinj 89

L

Labin 102
Landeswährung 31, 56
Lanterna, Camping 70
Limski-Kanal 89
Lopar 144
Lopari, Camping 132
Lošinj 132
Lovran 108

M

Makarska 196
Makarska Riviera 194
Male Čiste, Camping 200
Mali Lošinj 133
Mali-Lošinj-Bucht 133
Mareda, Camping 68
Marina-Bucht 181
Marina, Camping 173
Mario, Camping 210
Martinšćica 129
May, Karl 121
Menschen mit Behinderung 19
Merag 135
Milna 205
Mindel, Camping 221
Mlaska, Camping 212
Mljet 242
Monika, Autocamp 241
Moreška 219
Mošćenička Draga 107
Motovun 86
Motovun, Stellplatz 87
Murter 167

N

Nationalpark Mljet 242
Naturist Camp Bunculuka 140
Naturist Camping 54
Naturpark Kamenjak 100
Naturpark Velebit 114
Neretva-Delta 230
Netzspannung 48
Nevio, Camping 223
Nin 153
Njivice, Camping 136
Notrufnummern 38, 41
Novalja 148
Novigrad 68
Novi Vinodolski 112

O

Oaza Mira, Autocamp 167
Obzovo-Gebirge 139
Oliva, Camping 103
Omiš 192
Opatija 108

Oprtalj 86
Orebić 222
Osor 129

P

Pag 148, 150
Pager Spitzen 21, 151
Paklenica-Nationalpark 120
Panne 37
Parken 38, 52
Parkplätze 52
Park Umag, Camping 67
Pašman 158
Pazin 80
Pelješac 222
Pila, Camping 138
Pineta, Camping 65
Plitvicer Seen 116
Ploče 230
Podgora 199
Polari, Camping 94
Polo, Marco 218
Poreč 72
Porto Sole, Camping 78
Post 38
Postira 207
Povljana 152
Prapratno, Camping 227
Preko 158
Prepaid-Datenkarten 50
Primošten 178
Prizna 120, 148
Produkte der Region 21
Pučišća 207
Pula 96
Punat 138
Pupnatska Luka 220

R

Rab 142
Rabac 103
Radfahren 42
Regionale Feste 29
Regionalpark Kamenjak 101
Reiseveranstalter 35
Reisezeit 39
Reiten 43

Rijeka 109
Riviera von Opatija 106
Riviera von Poreč 70
Riviera von Umag 64
Roč 82
Rogoznica 178, 180
Rovinj 90
Rožac, Camping 184
Ruinenstadt Dvigrad 95
Rundfunk 40

S

Salona 187
Sandstrand von Sakarun 162
San-Marino-Bucht 144
San Marino, Camping 144
Savudrija 64
Segeln 43
Senj 115
Šibenik 169
Sibinj, Camping 113
Sicherheit 40
Šimuni, Camping 150
Sirena, Camping 69, 194
Skradin 173
Škrip 205
Slanica, Autocamp 168
Slatina, Camping 129
Soline, Camping 165
Solitudo, Camping 238
Souvenirs 21
Sperrnotruf 41
Split 188
Splitska 207
Sport 41
Sportangeln 44
Sportschifffahrt 43
Stari Grad 215
Stella Maris, Camping 66
Stellplatz Camper Stop Krk 137
Stellplätze 52
Stellplatz Farm Pino 81
Stellplatz Gorgonia 162
Stellplatz Motovun 87
Stincina 120
Stobreč, Camping 191
Ston 225

Straško, Camping 149
Straßenkarte 36
Straßenverhältnisse 46
Strom 48
Sućuraj 211
Sumartin 210
Surfen 209
Sveti Juraj 119
Sveti Jure 198

T
Tanken 48
Tauchen 44, 161
Telašćica-Naturpark 163
Telefon 48
Tennis 45
Top Camping Croatia 55
Trinkgeld 50
Trogir 181
Tropfsteinhöhle Baredine 74
Trsteno 233
Trsteno, Autocamp 233
Tučepi 199

U
Übernachten 51
Ugljan 158
Ulika, FKK-Camping 71
Umag 66
Umsatzsteuer 57
Unfall 37
Uskoken 115

V
Valalta Naturist, Camping 94
Valbiska 136
Valun 128
Vela Luka 220

Velebit-Küste 113
Veli Lošinj 135
Verkehrsregeln 57
Versicherung 22, 23, 38
Ver- und Entsorgung 58
Verunić 161
Veštar, Camping 95
Vidova Gora 205
Vignette 14
Village Medulin, Camping 101
Village Stoja, Camping 98
Vinodolski-Riviera 111
Vodice 168
Vorwahl 48
Vraner See 128, 166
Vranjica Belvedere, Camping 184
Vrbnik 140
Vrboska 213
Vrsar 75
Vrulja-Bucht 193

W
Waldpark Komrčar 143
Wandern 45
Wasserfälle 174
Wein 88, 179
Windsurfen 45
Winnetou 121

Z
Zablaće, Camping 140
Zadar 154
Zaton, Camping 154
Žigljen 148
Zlatni rat 208
Zoll 61
Zrće-Bucht 149
Župski-Bucht 240

ÜBER DEN AUTOR

Rainer Höh, 1955 geboren, ist durch seine Bücher und Artikel zu Outdoor-Themen bekannt geworden. Seit rund 20 Jahren ist er aber auch für verschiedene Wohnmobil- und Allrad-Zeitschriften tätig. Er hat ein Buch zum Thema „Wohnmobil-Reisen in den USA" verfasst und eine Reihe spezieller Wohnmobil-Reiseführer herausgebracht. Für den REISE KNOW-HOW Verlag verfasste er neben zahlreichen Outdoor-Büchern u. a. das „Wohnmobil-Handbuch". Zusammen mit seinem Bruder Peter Höh hat er für denselben Verlag die Reihe der Wohnmobil-Tourguides begründet. In dieser Reihe sind neben dem vorliegenden Band vom selben Autor auch Bücher zur Bretagne und zur Provence erschienen.

Mit gemieteten Reisemobilen hat der Autor weite Teile Nordamerikas erkundet, mit seinem eigenen Reisemobil bereiste er zu allen Jahreszeiten Europa vom Mittelmeer bis zum Polarkreis und von Irland bis zum Baltikum. Kroatien (damals als Teil Jugoslawiens) hat er 1971 erstmals besucht – allerdings noch nicht per Wohnmobil, sondern mit dem Moped. Aber seine erste Reise mit dem selbst ausgebauten Campingbus führte 1989 wieder an die kroatische Küste. Während der Kriegsjahre hat er vor allem Istrien und die Kvarner Inseln besucht, um Texte für Bildbände zu verfassen.

Sofort nach dem Krieg hat er dann zusammen mit seinem Bruder Peter die gesamte Küste und alle größeren Inseln Kroatiens intensiv bereist. Seither besucht er das Land regelmäßig, um seine Bücher zu aktualisieren und neue Informationen zu sammeln.

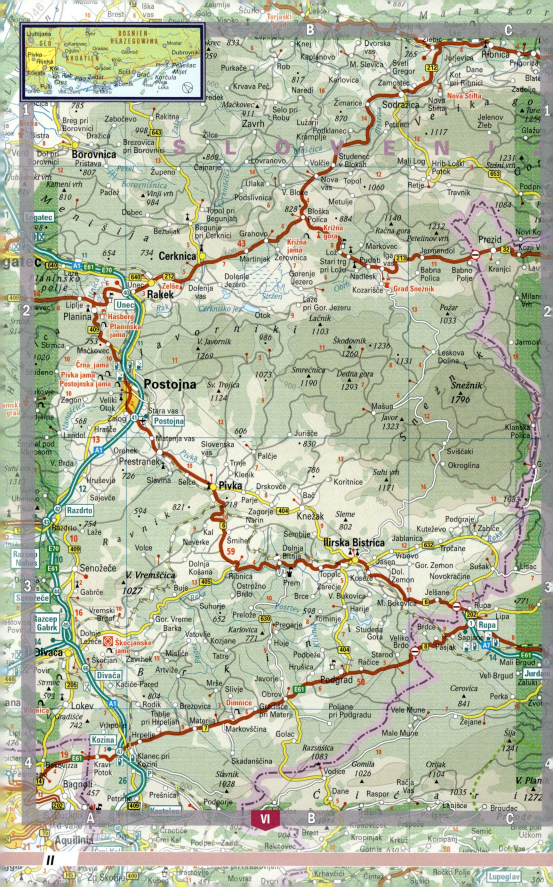

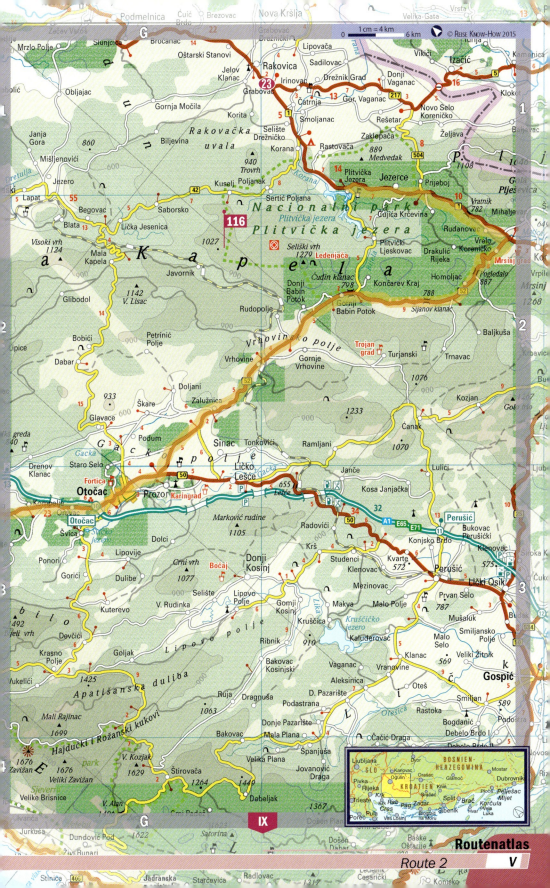

Route 1 und Rundfahrt „Binnenland"

Routen 2 und 4

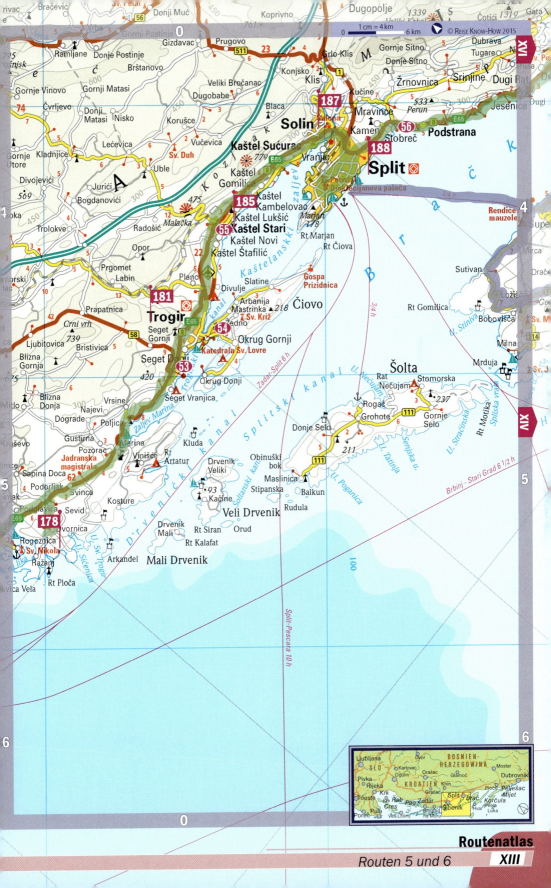

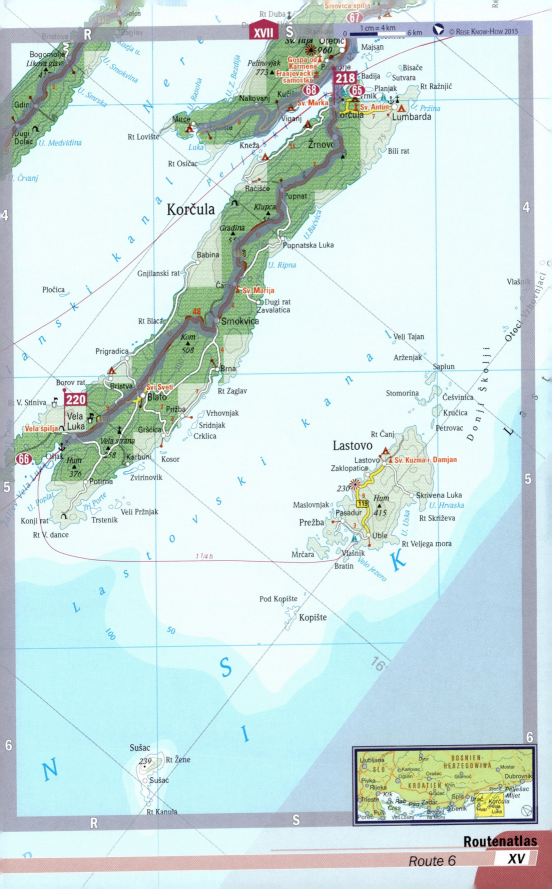

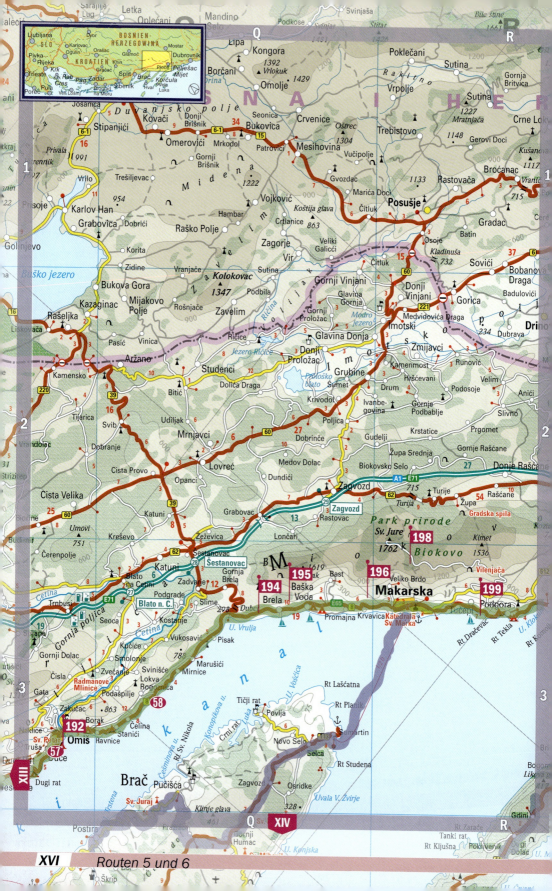

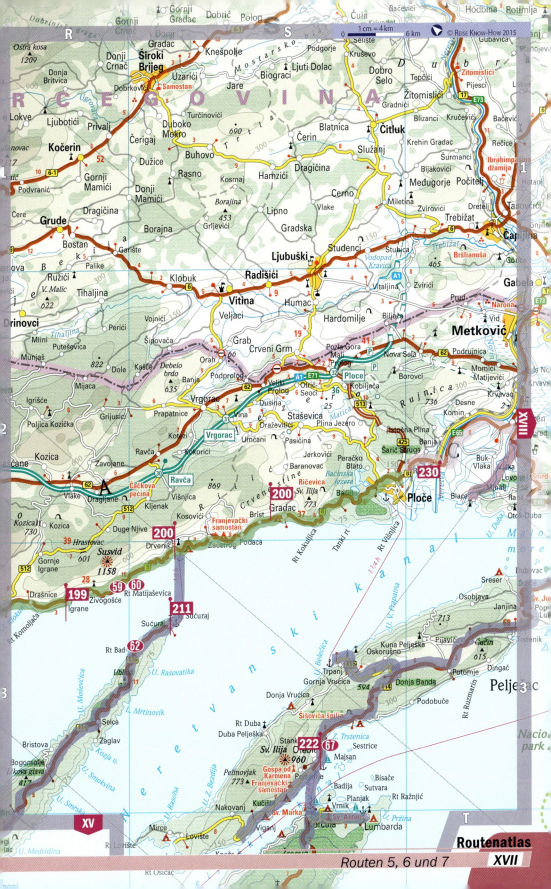

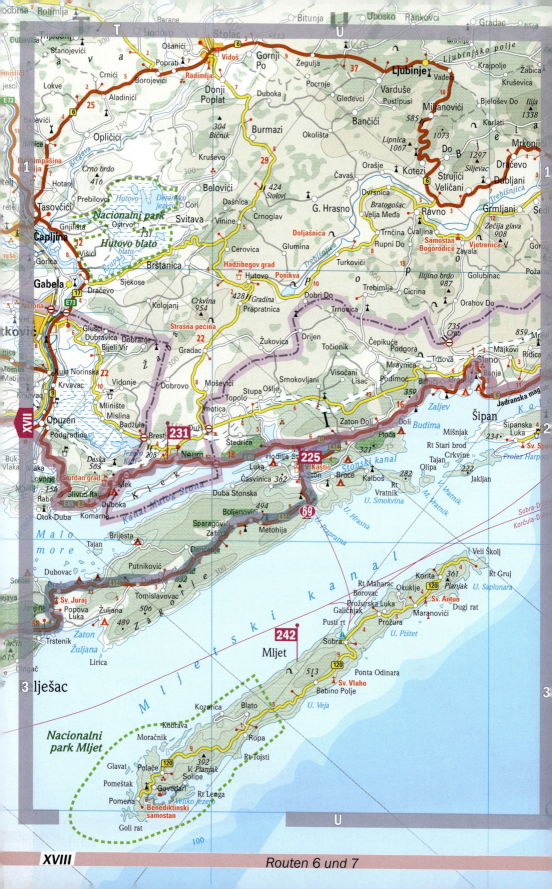

Routenübersicht

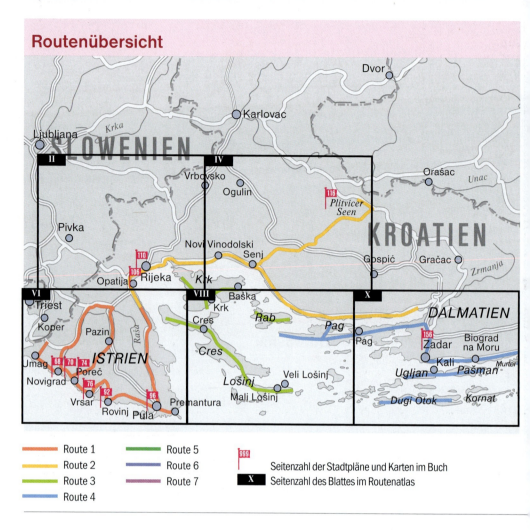

Legende der im Routenatlas verwendeten Symbole

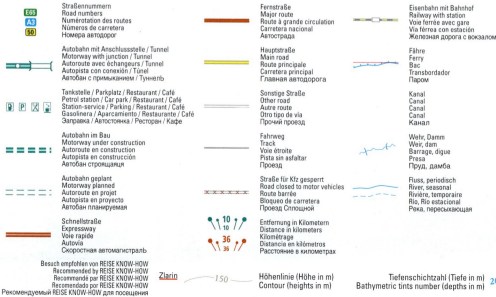